中國學術思想 研究輯刊

十 三 編

林 慶 彰 主編

第 1 冊

《十三編》總目

編 輯 部 編

由春秋時期的筮策占斷論《易經》之詮釋與應用

李 國 璽 著

張景岳〈醫易義〉研究

李 玉 芳 著

花木蘭文化出版社

國家圖書館出版品預行編目資料

由春秋時期的筮策占斷論《易經》之詮釋與應用　李國璽　著
／張景岳〈醫易義〉研究　李玉芳　著 — 初版 — 新北市：花
木蘭文化出版社，2012〔民 101〕
目 2+102 面 + 目 2+102 面：19×26 公分
（中國學術思想研究輯刊 十三編：第 1 冊）
ISBN：978-986-254-784-7（精裝）
1. 易經　2. 研究考訂　3. 中國醫學
030.8　　　　　　　　　　　　　　　　101002013

ISBN-978-986-254-784-7

9 789862 547847

中國學術思想研究輯刊
十三編　第一冊　　　　　　　　　ISBN：978-986-254-784-7

由春秋時期的筮策占斷論《易經》之詮釋與應用
張景岳〈醫易義〉研究

作　　　者　李國璽／李玉芳
主　　　編　林慶彰
總 編 輯　杜潔祥
出　　　版　花木蘭文化出版社
發 行 所　花木蘭文化出版社
發 行 人　高小娟
聯絡地址　新北市永和區中正路五九五號七樓
　　　　　　電話：02-2923-1455／傳真：02-2923-1452
網　　　址　http://www.huamulan.tw 信箱 sut81518@gmail.com
印　　　刷　普羅文化出版廣告事業
封面設計　劉開工作室
初　　　版　2012 年 3 月
定　　　價　十三編 26 冊（精裝）新台幣 42,000 元

《十三編》總目

編輯部　編

《中國學術思想研究輯刊》十三編　書目

易學研究專輯

詩經學研究專輯

禮學研究專輯

綜　論

儒家思想研究專輯

名家思想研究專輯

荀學思想研究專輯

《中國學術思想研究輯刊》十三編
各書作者簡介・提要・目次

第一冊　由春秋時期的筮策占斷論《易經》之詮釋與應用

作者簡介

　　李國璽，淡江大學中國文學系學士，中央大學哲學研究所碩士，臺灣大學哲學研究所博士。主要研究領域爲先秦道家、周易經傳與陰陽五行。在爲學方法上主張由文字、聲韻與訓詁等研究角度切入，並結合西方哲學與語言學研究來進行研究，材料收集上並不設限，經、史、子、集皆並重。另外著有《秦漢之際陰陽五行政治思想源流研究》。

提　要

　　《左傳》、《國語》二書所記載的筮例，晚於《易經》，但又略早於《易傳》，處於經傳成書的中間時期。由筮例的記載來得到解答。

　　由於《易經》爲中國哲學之重要經典。欲了解《易經》，並探究其本然風貌。必透過《左傳》、《國語》，二書所載之例於時間上接近《易經》的成書年代，故其所載對《易經》之思維方式應也就較接近周代對《易經》一書之思考方式。筆者乃由符號語言切入，從而再思考不同〈易傳〉的解釋《易經》的進路。借由分析或研究《左傳》及《國語》筮例之解析，透過古人對《易經》的詮釋與運用方式，能對此書有進一步的理解。

　　《周易》所蘊含的義理是由「象」作開展的，捨此則不能窮究其理路。由於筮例中，並未討論「象」的意義，對「象」的解釋甚少，僅只是直接運用而已，由了解「卦象」的概念，進而再探討卦象在筮例的使用。並討論筮例中對「象」的觀點爲何。了解其中所蘊涵的哲理。再通過對語言的了解，可以知道

卦象的含義。在《左傳》、《國語》中，卦爻辭也是判定吉凶的準則。但在《易經》的卦爻辭中，其對應外在事物的關係並不明確，並且擬由筮例對《易經》語言的運用模式，討論其呈現出的思維方法。原因乃是古人所運用的語言形式，必是由其思維方式選擇而來，是故，藉由討論其語言模式，必能看出其所蘊涵的思想方法。由討論《易經》的比喻語言形式，以及比喻語言在運用上的意義，說明其推演上的效果。是故藉由對卦象、卦名、卦辭、爻辭之解析，進而呈現《易經》之風貌。

目　次

張景岳〈醫易義〉研究

作者簡介

　李玉芳

提　要

　　中國醫學之精深博大是無庸置疑的，追本溯源，其理論基礎源自於中國經典《易經》，爲醫者除必需熟讀《內經》外，更強調必須將《易經》徹底研讀。中國醫學理論，大體上是以陰陽爲其中心思想，爲了證明中醫與《易經》之關聯，故吾人藉明代張景岳所著《類經附翼》中〈醫易義〉一篇，來加以闡述易理醫用之義，並大約概述中國醫學之淵源。本篇論文共分六章。

　　中醫強調「陰陽調和」的重要性，認爲人體內若陰陽失調就會生病，唯有使陰陽恢復平衡，人體才能恢復健康，這與《易經》中的陰陽思想是不謀而合的。爲了證明中醫與《易經》之關聯，故吾人欲藉明代張景岳所著《類經附翼》中〈醫易義〉一篇，來加以闡述易理醫用之義，並大約概述中國醫學之淵源。因爲〈醫易義〉一篇內容淺顯易懂，能將易理醫用之旨義娓娓道來，從《易經》八卦取象自然開始，到如何爲中醫取法發展學理，言簡意賅無不切中核心，不失爲初入中醫門檻之墊腳石。

目　次

第二冊　《詩經》飲食品類研究

作者簡介

　　江雅茹，1975年生，臺灣師大國文系碩士班肄業，東華中文系碩士班畢業，現為東華中文系博士班研究生。著有長篇小說《摯情》、學術論著《詩經飲食品類研究》及〈《詩經‧木瓜》研究〉、〈《詩經‧旱麓》「黃流」研究〉、〈〈錯斬崔寧〉的主題思想與情節設計〉、〈試探《詩經》之魚類嘉殽〉、〈試探《詩經》、《左傳》對三良事件的看法〉、〈《文心雕龍》與《詩經》〉、〈《詩經‧王風‧丘中有麻》毛傳、鄭箋訓釋商榷〉等單篇論文十餘篇。夢想成為專業學者、業餘作家和賢妻良母，事隔這麼多年，卻一樣也沒實現，但至少現在已踏出了第一步。

提　要

　　本論文以《詩經》飲食相關詩篇為研究文本，在傳統《詩》學研究的基礎上，結合史學、禮學、文字學、考古學、文化人類學研究方法，試探討《詩經》中所見飲食品類的物質文明和精神文化內涵。論文先探析《詩經》時代封建與宗法制度、祭祀與禮樂文化之背景，並歸納文本所反映的飲食現象；繼而論述飲食品類的相關課題。在飲食成品方面，探討食物品類、飲料品類和盛裝器具；在食材與食物製作方面，探討穀類、肉類、蔬果類食材，以及生食、熟食、加工、調味的食物製作方式；在祭祀之禮和燕饗之禮的飲食象徵意義方面，主要探討祭祀活動和宴飲場合飲食品物的文化象徵意義。生食

與熟食的對比，象徵自然與文化的對比；五味調和的追求，代表飲食不再只是物質層次的基本生理需求，更多了精神層次的感官享受。中國飲食文化追求「和」的現象，在飲食、養身、人際互動、超自然崇拜和追求天人和諧，都可看出這樣的總體均衡和諧觀念的文化傳統。《詩經》中所見經濟生產活動和報本、祈年的宗教信仰，體現出人與自然關係的和諧；燕饗活動、宗廟祭祀，以及祭祀後的賜胙和親族燕飲，體現出人際關係的和諧；從詩文保存的飲食資料來看，烹調飲膳所追求色、香、味之和諧美，表現在主副食之別及其多樣化上，以及對烹飪、調味、營養和味感美學的要求，以食物養身、以味道養欲和以酒醴養情的心理，都是個人有機體的和諧均衡的表現。

目　次

第三冊　牟庭《詩切》研究

作者簡介

張曉芬，台灣大學中文系畢，中正大學中文所碩士畢，輔大中文所博士畢，曾任教景文高中專任教師兼導師，東南技術學院講師，今任教於國立陸軍專校國文專任教師。

曾發表過：「郭店楚簡〈性自命出〉的反善之道」；「試從《蘇氏易傳》的思無邪探究其性命之學」；「屈萬里先生的學識與爲人」等文計二十多篇。

提　要

牟庭，乾嘉考據學者。其名不見經傳，但其對學術上貢獻功不可泯；尤其在《詩經》、《尚書》詮解上，頗有許多獨特見解，一發新意，可謂對詩經與尚書學方面，開拓許多新的視野與研究觀點。本論文即對其《詩經》著作——《詩切》作一研究。其說詩主實事求是，以考據訓詁方式闡明詩旨，是以發現許多不同前人的說法，如有：「諧音雙關」明析詩中文意、以刺、比興、喻，說詩等等，所以其論詩之旨可謂比姚際恆、方玉潤、崔述等人大膽，並大異於前人詩教說詩，當然，更不同於《詩序》之附會政教立場，從中可看出許多民間風謠的切近人性、情理的觀點。此外，牟庭尚對歷來詩經學史上於詩旨之眾說紛紜，加以批判，並提出所謂"七害五迂"之弊，以說明自己一套論詩、說詩、賞詩的獨到見解。總之，個人覺得在詩經學術研究史上，牟庭：《詩切》是一不可忽略之著作；尤其創新觀點，更是值得我們深入研究，並加以闡發的，相信對於詩經學的研究，定可發現許多前人尚未發現的新意。

目　次

第四冊　饗禮考辨

作者簡介

　　周聰俊，1939 年生，台灣台北人。1965 年台灣師範大學國文系畢業，1975 年及 1981 年先後兩度再入母校國文研究所深造，1978 年獲文學碩士學位，1988 年獲博士學位。曾任台灣科技大學、清雲科技大學教授。著有《說文一曰研究》、《饗禮考辨》、《裸禮考辨》、《三禮禮器論叢》等書。

提　要

　　饗禮久佚，莫知其詳。後之學者，各持所據，立說互殊。此其是非異同，固有待於澄清也。竊以爲饗禮雖佚，然未盡失，其散見於經傳者，猶可考而知之。檢諸《左傳》，其所載饗事，例近七十，此爲最可靠之資料，而殷契周彝所見饗事，例亦不尠，皆有可資探尋饗禮原委，補經傳之闕佚者。爰本斯意，乃就饗禮相關問題進行探討。凡前人諸說爲是者則取之，其有所疑則爲詳考愼辨，冀得其實。其中於前賢時修之說，雖多所辨難，然凡有所立，或有所破，要皆稱情而發，求當於理，不敢逞其客氣，爲汗漫之辭也。全文凡分五章，首章緒論，次章饗義考辨，三章饗禮內容考辨，四章饗禮施用範圍，五章結論。歸納本書主要論點，凡有六端：一曰饗禮本天下之通義，非天子諸侯所擅。二曰大饗雖不食體薦，非並殽饌皆不食。三曰饗禮賜物，未必皆酬幣。四曰人臣饗君及后夫人饗饋之事，或本其時禮法之所許。五曰鼎數以十二爲極，鉶不得與其數。六曰《左傳》「命宥」，說者多家，似皆未盡其義，疑「命宥」乃天子

躬親嘉勉，勤勞於王事之辭。餘則概見於篇節之中，不復贅述。

目 次

第五冊　崇祖敬天思想理論與實踐

作者簡介

王祥齡，文化大學哲學研究所博士，逢甲大學中國文學系專任副教授。

提　要

本書是以哲學理論建構儒家祭祀禮儀理論的第一本專著。以自然宗教爲基本架構，但比自然宗教更進一步地建立在中國哲學信仰上，從人性本質認識的發生及思惟方式的轉化過程，到自覺主體理解的反映形式上，建構了儒家祭祀禮儀哲學宗教學與美學的文化理論。

目　次

高　序

王　序

自　序

第六、七冊　論先秦儒家思想中禮的人文精神

作者簡介

　　劉振維，臺灣宜蘭人，祖籍遼寧海城。國立臺灣大學哲學學士（1993）、碩士（1996）、博士（2002）。博士論文題為《論先秦儒家思想中禮的人文精神》。

現任職於朝陽科技大學通識教育中心副教授。研究領域包含中國人性論、儒家、道家、中國哲學史、臺灣書院與儒學，以及通識教育等。已出版《從「性善」到「性本善」──一個儒學核心概念轉化之探討》（臺中：光鹽出版社，2006）、《論佛教中國化之「佛性」概念對儒家人性論論述的影響──兼論中國哲學之哲學問題》（香港：香港大學饒宗頤學術館，2009）、《論《今文尚書》中的天命觀與政治哲學》（臺北：花木蘭文化出版社，2010）等書；主編（與耿慧玲、鄭煒明、龔敏），《琴學薈萃：第一屆古琴國際學術研討會論文集》（濟南：齊魯書社，2010）；發表學術論文如〈由周敦頤論「誠」看宋明理學詮釋先秦儒學的蘊義暨其所開展的新氣象〉（《止善》，10 期，2011.06.）等四十餘篇。先後參與臺灣、中國大陸、香港、瑞典隆德等舉辦之學術會議四十餘場。

提　要

　　從《論語》、《孟子》、《荀子》以及《禮記》的先秦儒家典籍中，「禮」的概念是先秦儒家思想的共通點。然而，「禮」本身內涵十分複雜。因此，本文僅就「禮的人文精神」這一面向進行探討。所謂「人文精神」，乃指「人文化成」的傳統義，也就是身為一個人，應使這樣的人具有何樣的內蘊。這樣的內蘊，是透過後天學習與教育而啟發的，使人自覺有別於禽獸，養成自身具有氣質、道德意識與涵養的文明人，故能主動正行於正確的規範之中，展現出人道之盛與人文之美，實現出一個整全而理想的社會秩序。如是的自覺與意願，從文獻的解析來看，先秦儒家在探討人之事實（如人情、人心、人性）時，並未將其視如西洋哲學所言之「本質」、「本體」之先天內在義。所據之論皆可廣受公評。

　　本文首先整理人們對「禮」字的理解，顯然難以獲一簡單公式陳述。其次，綜合察考了孔子前之典籍、以及春秋戰國時諸子對「禮」的看法。從分析與歸納中可知，絕大多數的典籍與哲學家，對「禮」是採取肯認的態度，但是其所重視的是外在規範之儀文數度這一面，如此正襯托出先秦儒家論「禮」之「人文精神」的特色。先秦儒家基本上均認為，「禮」不僅僅只是外在的儀文數度，更在於其所依循的精神實質以及表現出來的精神特質。較特別是，《尚書》提出「禮」由「天」降的說法，這點在孔、孟、荀的論述中找不到直接遺留的痕跡，《左傳》有「禮以順天，天之道」，《禮記》亦僅有「承天道」的說明而已。另外，《左傳》所標舉出關於「禮」的意義，如禮儀之分、禮之功用在治國安民、禮為人生規範、特別重視祭祀與軍戎等，先秦儒家則是一一繼承與深化。

　　接次，本文分別闡述了孔子、孟子、荀子以及《禮記》對「禮」之人文精神的見解。孔子對於「禮」的見解，是站在周文「貴賤不愆」所表現出社會整體秩序之上，強調「爲國以禮」。孔子希冀「復禮」，但理論的說明則是透過對「仁」的詮釋，欲人理解自身職分及其責任之承荷，倘若人人如此正行，「禮」之秩序即便可以實現，是爲「克己復禮爲仁」。孟子論「禮」，與仁義智等同排列，著重於人心內在之道德傾向，故其理論主在證明人如何成就具體的道德行爲。孟子認爲，窮盡人心的隱動，利用天賦才能（如思、良知、良能），培養、擴充如仁、義、禮、智般的良善之心（如四端），使之根植於內在心中，貞定固著而成爲人之性，依人之性發出的行爲表現必然是良善的，是爲孟子「性善」意旨；「禮」的實踐即是如此。荀子認爲，「禮」純粹是人後天的作爲，是改善先天欲望需求毫無節制所產生爭亂（人之性惡）最佳規範的方法，「養人之欲，給人之求」是其目的。荀子對人之事實的理解，認爲「人生而有欲」，無法以任何方式禁制，但可透過人心中天賦之「知」、「慮」能力以制欲，若能達到「虛壹而靜」之「大清明」的狀態，即能清楚認識聖人制「禮」的完善。因此，人的學習對象就是「禮」，故言「禮者，人道之極也」。荀子所謂「化性起僞」，乃指人之性無法變更，但可透過後天規範予以貞定，這方法就是人所作爲的「禮」。《禮記》一書，對於諸種儀文提出義理上的根據，正所謂「禮之所尊，尊其義也」。《禮記》同時指出，「禮」的起源有三方面，基於社會變革的需要、報本返始的宗教情懷以及基於人情之實而建立的。「禮」之變更，《禮記》提出「以承天之道，以治人之情」的原則。「天道」指「天」之意志「無爲而物成」，聖人效法其運行不已故而制禮，以之規範人之情之實（如七情、飲食男女），導於正軌。正是在這意義下，《禮記》與孔、孟、荀一樣，均十分強調教育的重要，鉅細靡遺地提出了教育方法、教育目標以及爲師之道，足以作爲現代教育思考方向的參考。

　　先秦儒家諸子對「禮」之理論深化面向各有不同，若說孔子「爲國以禮」所揭示的方向是「禮」的實踐，那麼孟子的關懷就是發揮使「禮」之德性意義之道德性得以完善的可能，荀子則發揮了「禮」作爲社會完滿性的論述，《禮記》則提出如何使之落實的具體教育方針。因此，先秦儒家思想中「禮的人文精神」，以簡要之語言之，即是人如何從生物性意義轉化爲具有文明教養之人，其轉化之關鍵，僅在於個人之自覺以及是否意願主動踐行於「禮」的規範之中而已。所以我們說，基於人情之實所制定的「禮」，是中國文化意識的根本精

神。理解了「禮的人文精神」，便可以清楚區分專制王朝時的「吃人禮教」、與先秦儒家所論之「禮」，二者意義有著甚大的差別。同時，「禮」的外在規範要求以及內在德性修養，透過教育的指引，足以為現代人面對人生問題以及價值選擇上，提供一個不同於外來思考方向的絕佳參照。

目　次

第八冊　名家哲學研究

作者簡介

李賢中

學歷：輔仁大學哲學研究所博士

經歷：輔仁大學共同科副教授、輔仁大學公共關係室主任、中西文化研究中心主任、東吳大學哲學系教授、台灣哲學學會秘書長、副會長及中國哲學學會常務理事等。

現任：臺灣大學哲學系教授

著作：《先秦名家「名實」思想探析》、《哲學概論》、《墨學——理論與方法》、《公孫龍子有關認識問題之研究》、《中國哲學概論》(〈中國認識論〉〈中國邏輯〉)等、以及墨家哲學、先秦哲學、中國邏輯、中國哲學方法論等領域期刊論文三十餘篇。

提　要

　　本書是筆者二十年前在輔仁大學哲學研究所的博士論文，探討先秦的名家哲學，以公孫龍、惠施爲主要研究對象；並處理鄧析、尹文名實思想的相關內涵。其中探討的哲學問題包括：人們如何認識這世上的萬物？認知者與對象物之間的關係如何？物與物之間的關係如何？「名」與「實」的關係如何？認識的結果如何以「名」來表達？「名」的作用爲何？「名」有哪些類別？怎樣才是正確的表達？如何才能達成正確的表達？名實不符的謬誤如何產生？以及爲何言辯、如何言辯……等問題。

　　名家哲學在中國哲學史中所佔的份量很小，但所處理的問題卻很重要，包含著形上學、認識論、邏輯以及語言哲學等領域的問題。並且，名家也是方法意識很強的一家。誠如本書結論所指出，名家名實思想所衍生的方法特色在於強調：

　　1. 哲學思想中概念意義的確定性。

　　2. 思想發展遞演的邏輯性。

　　3. 理論架構的開放性。

　　4. 系統學說的完整性。

　　筆者在此研究基礎上，這二十年來，繼續研究了墨家哲學、先秦哲學、中國邏輯學等課題，並關注中國哲學方法論建構的問題。因此，附錄兩篇近期發

表的相關論文。

　　人文領域的研究必然都要透過文獻資料，掌握資料中「名」的意義、「實」的內涵，我們需要從基礎、根源上瞭解名的來源、名的作用以及「名」、「實」間的關係，希望這本書能充分提供先秦名家，在這些問題上的觀點與論述。

目　次

墨辯中的語言哲學

作者簡介

德龍（英文名：Donald Sturgeon），英國愛丁堡人，學士畢業於英國華威大學（University of Warwick）數學系以及北京語言大學漢語學院，碩士畢業於東吳大學哲學系，現爲香港大學哲學系博士候選人。專攻墨家思想、語言哲學、知識論等方面的研究。已發表文章：〈古漢語與墨辯思維方式〉、〈《墨辯》中的認知與事實〉等。近年設計了先秦兩漢原典網站「中國哲學書電子化計劃」，網址：http//ctext.org/zh.。

提　要

這篇文章將要嘗試以《墨辯》的文本資料爲根據，說明《墨辯》有關語言的理論架構，並從語言哲學的角度探討《墨辯》中的認知、事實和語意問題。在說明了研究目的、方法等之後，本文將會以原典資料爲基礎澄清《墨辯》談語言的重要概念「故」、「理」、「類」及「名」、「辭」、「說」、「辯」，並簡單說明這些概念從《墨子》其它章節的一般性用法到《墨辯》中特殊用法的轉化。

第三章將要探討《墨辯》中有關認知和事實的討論及其所採取的觀點。在有關認知的部分，首先會說明《墨辯》對人類知識來源的分析；然後討論作認知結果或概念的「類」，以及「類」與語言符號「名」和語言表達式「辭」的關係。其次，要討論《墨辯》有關「當」、「可」、「然」、「是」的使用，以及言論的標準與事實之間的關係。最後，將會分別討論古代漢語與《墨辯》中的認知，「名」、「辭」文法結構，以及事實問題的關係。

第四章分別從《墨辯》語言體系的「名」、「辭」、「說」三個角度對《墨辯》中的語意思想進行研究。「名」的部分會涉及到語言的建構性、簡單名的指稱、複合詞的語意規則以及《墨辯》的正名原則。「辭」的部分則討論「辭」的描述性作用、對「辭」的規範性要求、以及「辭」的建構性和語意規則。「說」的部分探討「說」和「辯」的目的、「說」與「類」的關系、以及侔式推理和

邏輯結構。最後，探討「辯」的語意思想有涉及到「辯」的目的、客觀性以及價值問題。

目　次

第九冊　荀子哲學思想——一個道統天人的觀點

作者簡介

　　劉騰昇，出生於 1954 年，畢業於政大哲學系、三民所碩士班、文大哲研所博士班。目前任教於南開科技大學通識教育中心，專任副教授，多年來任

教科目繁多，然皆屬於人文與社會學科範圍，2006年後支援本校福祉所開授老人學、生死學、老人社會學、生命關懷等科目，在此期間，參加本校卓越計畫創新教材，編撰有老人學概論、生死學概論、生命關懷——弱勢族群編、生命關懷——自然資源與永續發展編。除上述外，對於宗教有長久深度的興趣。

提 要

　　荀子在中國哲學上常因為他的性惡論而蒙上汙名，甚至到今天依然。人盡皆知，性惡的惡是不美好的意思，其善者偽也，可知人有反省及矯正不完美人性的能力，這個作偽的能力對人類是彌足珍貴的，人們應該肯定人性不完美的事實，不要對性善太過誇大執著，而著眼於自我反省與矯正的潛能，則人性的尊嚴將從人類之能偽與所偽中而來。

　　本文的撰寫計畫主要在於試圖建構荀子的哲學系統，在解決天人關係方面，作者認為從天道與人道的共同元素，也就是「道」著手是很合適的，然後從天生人成的角度鋪敘下來，最後總結於儒家的道統——仁、義、禮。

　　本文的內容依次為緒論，主要探討先秦諸子的意義和儒家傳統；其次從荀子的生平探討其作為儒者的自我責任意識；第三章探討道的意義與天人之分的關係；第四章探討天人在道底下的分工合作關係；第五章則專論儒家道統——仁、義、禮。最後一章則以荀子的心性理論做結論，這個結論也算是荀子的人性觀落實到人生層面的總則。

目 次

第十冊　韓非與老子思想

作者簡介

　　戴玉珍，輔仁大學中國文學研究所畢業。

　　專於研究老莊哲學思想、中醫典籍、臨床醫學與脈學、日文俳句等，通過中醫師檢定考試。

　　著有《塵想曾想》、《窗邊剪語》等書，現服務於國立聯合大學。

提　要

　　《史記》中老莊申韓合傳，固然為太史公個人史識及漢代思潮所歸，且《韓非子》書中有〈解老〉、〈喻老〉、〈主道〉、〈揚搉〉等篇亦多援「老」以說「法」，後人或多有受此認知影響，以為「指約而易操，事少而功多」（太史公自序）是道家勝出之處，並將老子評為陰謀者、權術家。

　　主張由「道」入「法」者，一則不明「道」、「術」之分際與歸途；二則不探老子「三寶」：「慈、儉、不敢為天下先」之深衷與終極關懷。

　　「道」、「法」兩家立說基柱本殊，自當疏途而不同歸，故作此文以還各家本來面目。

目　次

道法合流的慎到思想

作者簡介

　　吳肇嘉，1973 年生，台灣嘉義人。1998 年畢業於文化大學中文系，2009年獲中央大學中文所博士學位。曾任台灣大學中文系博士後研究員、中央大學中文系、長庚大學通識中心兼任助理教授，現任耕莘專校全人教育中心專任助理教授。研究領域包括先秦子學、宋明理學及康德哲學，尤用心於先秦道家；主要關懷在各家思想的外王實踐領域，致力於探究其現代意義。著作有《莊子應世思想研究》（台灣學生書局），另發表有期刊、會議學術論文十數篇。

提　要

　　慎到向來稱爲「道法之轉關」，對道法關係的研究頗具價值，但歷來觸及其人者，多少意識到《慎子》書與《莊子・天下》篇所呈現的慎到不一致。對此，前人多據《慎子》而疑〈天下〉篇，但此作法頗值商榷。《慎子》的眞實

性向來可疑，而〈天下〉篇則被公認為先秦思想研究之基石，故而當欲追溯慎到思想原貌時，〈天下〉篇理當比《慎子》書更受到信任，而應以〈天下〉篇的慎到思想為據來理解《慎子》。

透過〈天下〉篇理解《慎子》，不但為慎到研究奠定堅實的基礎，也可突顯其道、法思想間的轉化軌跡。本文發現慎到主要是以「理」為中心概念，而藉由「理 法」的過渡，將道、法兩家思想連結起來。傳統上總依《韓非子·難勢》篇之描述將慎到定位為法家尚「勢」派；但本文卻認為他應屬不折不扣的尚「法」派。他理論中不斷強調「客觀律則」的價值，而展現對「理」、「法」的推崇；因此儘管其「勢」論頗具卓識，亦不宜視之為思想的主軸。

慎到「由理而法」的道法結合，從法家角度而言並不成功，他始終解決不了兩家思想間「無」與「有」的對立。於是他一面表現出「尚法」的姿態，一面卻將法的內涵架空，使之能與無特定內容的「理」相結合。如此「以理為法」，雖然表面上結合了道法思想，實際上卻讓法度無由施行。因此慎到雖高唱「以道變法」之調，但究其實際，終未能替天下人開出切實可行之道路。

目 次

第十一冊 嚴遵《老子指歸》義理析論

作者簡介

　　陳義堯，1981 年生，臺中人，現為臺灣師範大學國文所博士生。著有〈王弼旁通詮卦義蘊〉、〈試論王弼建立「聖人有情」說之理論意義〉等單篇論文。研究領域為兩漢、魏晉道家思想與易學思維，關注《易》、《老》、《莊》、《列》等相關議題。《嚴遵《老子指歸》義理析論》一書，係其完成於 2007 年的碩士論文。

提 要

　　嚴遵《老子指歸》以絕對虛無豁顯道體，藉「道」、「德」連用表達本體宇宙論；「道」以降有性漸增，有無反覆交融變化為「玄」，「德」實為「道」內容之體現，為一自然而然流洩之體現。《指歸》「自然」一詞，實隱含「道」生「德」之義；「道德因於自然」（〈道生一篇〉）即是以「自然」釋「道」、「德」連用之義。「德」之有性乃「道」之動，《指歸》「道德」連用實乃本體宇宙論式的講法，藉「生」表達本體之內容。《指歸》之宇宙生成由錞生不已的「德」推動「神明」開始，時間性由「神明」以降始有，氣概念亦自「神明」而始有、漸濃，物質性概念落於時空中而與全然無氣概念之「道」、「德」有別。「太和」之有性，藉清濁表現，然統攝於「和」下；「太和」之氣概念更為濃郁，清濁化為天地，方進入「形」之範疇。萬物在「自然」的「不生之生」下得其性命，

然主體行為需合於「天地之道」方能廎生。

「玄教」之理論根基在「道德運用」，使由「玄」入「道」更具根源性與合法性。「玄教」為嚴遵建立儒道會通模式之成果。嚴遵所進行之儒道會通，道人、德人、仁人、義人、禮人此五人無論其虛無程度或儒道成分為何，均為一體相連，皆能獲得當下之肯定。《指歸》將宇宙差序格局與政治差序格局相比附，其連結關鍵即嚴遵之心身觀，以為二者別而有序，卻又通為一體。人君修身得道方能促使國家社會安定。「玄教」為制度面之設計，需有德者居之；上德之君猶如「玄教」之心臟，使有無兩面向能暢通流動。「和」與「正」分別代表天道與王道（人道）之理；《指歸》認為，聖人藉掌握「和」與「正」，通貫天人，進而通達絕對虛無之「道」，使盛德分明。「玄正」得「和」以治國，乃《指歸》道化政治之理想，亦為其儒道會通模式之軸轄。

《指歸》之成就有二：一為對「人」之關懷，無論是對人當下之肯定，或是在政治面之設計，皆略勝先秦道家一籌；二為對儒道之會通有一初步探討，並提出己身會通之模式。此二大成就來自於《指歸》義理確立「無」為本體，且因無、有具有互通性、辯證性，故將天人關係中的氣化部分大幅減低，使天人架構呈顯清爽之思辨結構。《指歸》之文字表述雖恍惚不已，然義理思路甚有系統，粲然可觀。《指歸》對東漢在野從事學術研究之道家人士，究竟發揮多大影響力，則有待史料佐證。

目　次

第十二冊　《莊子》的生命體驗與倫理實踐

作者簡介

　　孫吉志，中山大學中文博士，現任美和科技大學通識教育中心助理教授，研究以《莊子》、臺灣當代古典詩爲主。

提　要

　　本書以《莊》解《莊》，著重探討《莊子》如何提升內心的修養體驗，並落實於生活中，以彰顯《莊子》修養工夫的實踐意涵。第二章探討如何藉由「猶有未樹」、「猶有所待」的提升心靈，以由技入道，及至人生命的積極開展、應化解物的瀟灑丰采。第三章分論生命體認與工夫轉化為四節，凸顯衝突至於調和，並發展為積極的面向：「生死夢覺」展現生死、夢覺的統一，及大化流行下的安時處順與物化；「大戒的消解」展現以自事其心消解大戒，以至於乘物遊心、坐忘；「知識的齊物義」探討真知與經驗知識、認知活動、生活閱歷的相互涵融，展現《莊子》對知的敞開立場；「天刑與逍遙」探討天刑的根源，乃因自是而使刑者自刑，遁天之刑的根源亦同，實可化解以成逍遙。第四章生命現存的落實與開展，分論「《莊子》的情意觀」、「《莊子》創新開展的科技發展觀」。情意觀論述《莊子》人生之情的落實與安頓，先調和至人無情與親情之說，再化除己身遭逢變故或面臨他人不幸時的情感動盪；科技發展觀論述《莊子》創新開展的器物觀點與無所可用的創新精神，彰顯《莊子》從批評惠施拙於用大、有蓬之心出發，發展而為反對機心，肯定器物發展，以乘物遊心，實有其一貫的立場。

目　次

第十三冊　王充命運論研究

作者簡介

　　葉淑茵，台北市人。中國文化大學哲學碩士、英國亞伯丁大學（University of Aberdeen）哲學碩士、中國文化大學哲學博士。現為國立臺南護理專科學校、私立高苑科技大學兼任助理教授。著有〈王充與老子論「自然」之比較〉、〈王充「自生」概念對裴頠與郭象「自生」概念影響之探究〉、〈葛洪對王充形神思想反省與發展之研究〉、〈葛洪論神仙與聖人之研究〉、〈葛洪的神仙思想其名教與自然的調和〉、〈有君與無君的世紀大論辯──葛洪與鮑敬言的辯論〉等單篇論文。

提　要

　　先哲前賢對「命運」的問題有所感受，且訴諸於筆墨者不勝枚舉。相較於中國其他哲學家，對自己受命運作弄談論最多的首推王充。他以自身不順遂的遭遇為出發點，以大量的篇幅感嘆命運對人的限制。由於王充對命運與人生的關係所提出的解說是先秦至東漢所未有的，但後人對其言命的目的、立場、意義、方法及定位皆不甚清晰和偏頗，故其命運論的特色更難以彰顯。本論文即逐一深入探究，並詳加評析和檢討，以期能還王充命運論原來的面貌。此外，對於中國的命運論發展，鮮少有人作出全面的整理，因此作者亦透過王充命運論的研究，整理先秦至東漢、魏晉南北朝及宋朝少數學者對命運的看法及言命的模式，以供喜研命運者參考。

目　次

第十四冊　魏晉樂論與樂賦音樂審美研究

作者簡介

　　何美論，台灣省台中縣人。東海大學中文系、中興大學中文研究所、成功大學中文博士，曾兼任於勤益科技大學。研究領域以魏晉思想為主，曾發表：論《樂記》所闡述之「性」與「樂」的關係、魏晉樂賦中空間與人格的理想論述、阮籍〈樂論〉中儒學玄學化的探討、談「聲」、「音」、「樂」的意涵在中國歷史上的演變——以先秦漢魏為主等單篇論文。在文學創作方面亦有耕耘，曾得過林榮三文學獎小品文獎、礦溪文學獎、懷恩文學獎、府城文學獎。

提　要

　　本論文以魏晉樂論與樂賦作為研討對象，而以音樂審美為探討目標，通過對文本的解析，致力於以下三個主要工作：第一、企圖證明魏晉的音樂審美並非如前人的研究成果，只呈現一種境界型態的表現。此篇論文則希望藉由樂賦材料的援引，能尋找出境界型態之外的音樂鑑賞。第二、魏晉樂論與樂賦兩者必然呈現不同的音樂審美意識，那兩者將如何各自表述？其所承為何？兩者將呈現如何不同的審美情趣？第三、魏晉樂論與樂賦，在各自表述的情況下，又將如何呈顯魏晉音樂審美的時代性？

　　本論文共分為五章，其內容大要如下：

　　第一章「緒論」，說明魏晉「樂論」與「樂賦」並列探討的用意，並略述魏晉以前至魏晉時代「音樂」概念之發展，以及概述魏晉音樂變遷背景，以作為對於魏晉「樂論」與「樂賦」的先備理解。之後再述及前人對於魏晉音樂研究之成果，並說明從此些成果中，魏晉樂論與樂賦尚可研究之部分以及此論文研究之旨趣。

　　第二章題為「魏晉樂論與樂賦之音樂審美體驗」以審美體驗為切入點，從體驗的情感性以及體驗的超越性來理解魏晉樂論與樂賦的音樂審美體驗。本章共分為兩個部分探討：

　　第一部分題為：「魏晉樂論完成人之復歸的音樂審美體驗」，透過對魏晉樂論音樂審美準則的分析，以進入魏晉樂論所呈顯的音樂審美體驗。阮籍〈樂論〉對於音樂美的認定依人文涉入的深淺，而有價值性的判斷，音樂之美，不在於音樂本身，而在於倫理道德的成就與否，此為儒家的樂教思想。然而在音樂審美的體驗上，卻以自然無欲、心平氣定、論樂須得性為體驗原則，此則援用道家自然觀的思想。嵇康〈聲無哀樂論〉以為音樂美的認定在於音樂本身，於人心、道德無關。而在音樂的審美上，援用莊子主體境界的「天籟」思想，追求心在無待的情況下，循性而動以進入音樂自然之和的音樂審美體驗。阮籍、嵇康在音樂審美的體驗上無論是出於「自然之道」或「心之無待」的音樂審美準則，都是在追求自然人性的復歸，而這樣的復歸有著「同歸老莊」的思想傾向。

　　第二部分題為：「魏晉樂賦感興式的音樂審美體驗」，主要是透過魏晉樂賦的創作型態：結構模式與譬喻徵引之運用，以了解到魏晉樂賦的音樂審美體驗為感興式的審美體驗，並進一步分析出在魏晉樂賦創作程式的結構象徵以及「譬」、「類」取引的想像上，樂賦創作型態與音樂審美之關係。就樂賦的結構模式而言，共分為五個進程，而這五個進程剛好架構出聆聽音樂時循序鑑賞的進路。而樂賦中所呈顯的鑑賞進路帶著一種神話精神以及遊仙色彩，而神話的精神顯然承自「楚辭」，而遊仙色彩則受了當時遊仙思潮的影響。至於譬喻徵引的修辭，呈顯出歷史積澱以及個體直觀兩種的審美方式，魏晉人透過此兩種審美方式，達到精神與音樂融於一體的意境。

　　第三章題為：「魏晉樂論與樂賦之音樂審美理想」，音樂與人與社會之美相結合的觀念對中國音樂審美理想的影響深遠，因此本章在探討魏晉樂論與樂賦的音樂審美理想時，必以人格理想與社會理想為切入點，如此才能探究出魏晉樂論與樂賦的音樂審美理想的深刻內涵。本章共分為兩個部分探討：

第一部分題爲：「魏晉樂論以『和』爲依歸的音樂審美理想」，此部分以「樂」、「禮」、「和」爲切入點，以了解魏晉時代禮樂關係的改變，以及這樣的改變所突顯魏晉音樂審美理想的時代性所在。阮籍、嵇康所追求的審美理想不再只是「禮樂」所呈現的「人和」之美，而是追求人、樂、天結合的「天和」之美，因此注重主體境界的實踐。阮籍、嵇康援用莊子氣化的觀念，認爲與「道」同一的「氣」，是「道」生萬物時下注於萬物個體的精微之質，是萬事萬物縱向橫向的感通基礎。所以人之氣與樂之氣能透過橫向的感通方式，達到人與樂的結合，因此當人樂相應時，也就可以透過「氣」的縱向感通，而與「道」冥合。道、氣在統攝、調節陰陽的歷程中產生一種「和」的全體觀照，使得音樂與人因同根、同構的「氣」而交感共鳴，而呈顯「和」之全體觀照的審美理想境界。此時每一個個體生命都以「天和」的主體境界處於人世間，於是群體的集合奠基於每個個體的諧和上，那社會自然而然也就呈現人人相和的景況，「人和」的理想也隨之實現。

第二部分題爲：「魏晉樂賦音樂審美理想中空間與人格的論述」，此部分對於魏晉樂賦的研究旨趣，由「理想」的追求出發，力求從文化背景的角度探索魏晉人對於理想空間以及人格理想的追求。深入探討之後發現，魏晉人對音樂審美的理想，以一種文學的手法，闢造在現實中不存在的「純境」、建構自我放逐的精神堡壘，重建一個自然而然、悠遊自在的理想國度。並且透過對樂器形、神的鑑賞，聯結到魏晉對人格美的追求，依此而溝通了樂與人之間同情共感的可能，建立起樂與人之間異質同構的審美感應機制。於是樂賦中理想空間與人格理想的建構，說明了魏晉人企圖藉由音樂進入到一個完滿境界的想望。

第四章題爲：「從文體特徵與比較觀點研討魏晉樂論與樂賦的音樂審美取向」，由於文體的不同，所呈顯出的審美取向必然有不同之處，而「賦體」、「論體」的創作爲同一時代，故受時代思潮的影響又必然有相同的審美取向，故本章欲透過對魏晉樂論與樂賦的文體特徵的探討，以釐清兩者在音樂審美取向的異同。此章共分爲三個部分：

第一部分題爲「魏晉樂論之文體特徵所呈顯之音樂審美型態」，魏晉樂論之文體特徵呈現在清談、玄學、玄論的連成一系。於是當魏晉樂論以玄論的體式展現，魏晉樂論的本身必然含有玄學的思想，並在玄學與美學有所連結的情況下，將玄學接軌到音樂審美，而展現有別於樂賦以賦作體式所表達的審美取向，以及不同於以往的美學觀，其一、平和淡雅的自然之美、其二、超越有限

而達無限的無聲之美。在這兩種美的基礎上，我們可以發現，魏晉樂論將音樂之美定論在一種平淡、玄遠的空靈之美。

第二部分題爲「魏晉樂賦之文體特徵所呈顯之音樂審美型態」，魏晉樂賦以一個「賦」體的文體特徵，其所呈顯的音樂審美型態，必與其文體的語言風格有著共通的審美意念，而此共通的審美意念可以歸納出兩個取向：一爲以「悲」爲美下的「樂（快樂）」之美；另一爲以「麗」爲美下的「清」之美。這兩個審美取向乃是一種矛盾的結合，這種矛盾的結合，在魏晉人的眼中卻再自然不過，而顯其時代特徵。

第三部分題爲「從比較觀點評析魏晉樂論與樂賦所呈顯的音樂美學觀」，此節歸納出，樂論與樂賦的相異觀點在於樂與悲的歧異，以及雅與麗的歧異；而樂論與樂賦的共同觀點上則以「自然」爲美、以「和」爲美。

第五章爲結論，總結本論文的論述。魏晉的音樂審美並非歷來學者所討論的狀況，只呈現一種境界型態的表現，從魏晉樂賦來看，魏晉人的音樂審美有著情感豐沛、富於想像、審美多元的一面。而魏晉「樂論」與「樂賦」確實呈現不同的審美情趣，一從理性出發；一從感性出發，並且由於審美對象的不同，一爲「雅樂」；一爲「俗樂」，而更加深兩者在審美情趣上的區別。再則由於兩者各自承載的思想不同，「樂論」承自「莊子」；「樂賦」承自「楚辭」，也影響到兩者在音樂審美上的差別。而最重要的是，在魏晉時期是一個「雅樂」式微，「俗樂」蓬勃發展的時代，所以雖然有「樂論」者對於「雅樂」的衰落力挽狂瀾，但終究抵擋不住「俗樂」的風行，因此才有「樂賦」的大量寫作，而更勝於「樂論」者，顯然魏晉時期的音樂審美，不但不僅是一種境界型態審美，恐怕是情感式的審美爲主流。

目　次

第十五冊　魏晉身體修養論

作者簡介

　　孫世民，國立彰化師範大學國文研究所中國文學博士，目前爲國立台北商業技術學院助理教授。研究專長包含《世說新語》及魏晉玄學，碩士論文爲《世說新語反映的魏晉老學》，博士論文爲《魏晉身體修養論》。除此之外，尚有單篇論文數十篇，發表於《中國學術年刊》、《孔孟學報》、《彰化師大國文學誌》、《興大人文學報》、《靜宜人文社會學報》、《慈濟大學人文社會科學學刊》等優良學術期刊。

提　要

　　魏晉身體修養之縱深處，隱含著生命意義之自我治療。劉邵所重在「政治身體」，而以「自然身體」爲追求目標，欲塑造政治上之聖王；王弼才爲玄理化人生修養的眞正開端。王弼的理路，非常特殊，他強調的是身體的「物質自主眞實性」，認爲只要放掉意識造作執著，順任自然之氣，身體自身的物質自主性，才可獲得保全，當身體不受意識掌控時，身體自身可自生、自濟、自我長成、自定方向。

　　阮籍身體修養論，談論春氣與地氣對身體的正面影響，亦論及地氣對人之

性情的負面影響，所論較王弼為細膩，但義理之深刻性，不及王弼，亦未能承續王弼「身體自主性」之說。阮籍身體修養論，雖細膩處超過王弼，但所述較為零散，不成系統。

嵇康相須論則以「氣論」為理論基底，以陰陽相須、形神相須、明膽相須、人地相須為綱目，以「氣的交感互通」為運作方法，以「大通境界」之「整體諧和觀」為「終極關懷」。嵇康身體理論，是兼含「理論基底」、「核心概念」、「運作方法」、「終極關懷」，這是一套系統龐大的完整理論。

嵇康雖解決阮籍身體修養論不成系統的問題，但是劉邵、王弼、阮籍、嵇康，雖然都以自然之道為身體修養追求之目標，但是「身體」與「自然之道」，懸隔甚遠，以致於阮籍與嵇康內心時相衝突，未能安穩，這樣的理論缺失，到了郭象、張湛，終於獲得解決。

郭象「即身證天道」，「身體即是天道」，張湛「天地」、「身體」、「萬物」融通為一，天地以複本的姿態，融入身體，萬物亦以「附件」、「物件」的方式，鑲嵌入身體之中，不但身體具備天地之理，且取於身而足，靡有一物不備，魏晉身體修養論發展至郭象、張湛，已達顛峰。

就因為魏晉身體修養論發展至此，理論高度難以超越，是故，葛洪別開一路，取道教理論，開發宗教身體療癒一路。

目　次

第十六冊　胡寅思想研究

作者簡介

　　康義勇，台灣省宜蘭縣人，民國三十六年生。民國五十九年畢業於東吳大學中文系，民國六十二年畢業於國立台灣師範大學國文研究所，民國八十五年畢業於東吳大學中文系博士班。曾任教於國立高雄師範大學國文系、美和科技

大學通識中心，現爲文藻外語學院應用華語文系副教授。曾獲教育部評選爲七十八學年度大學暨獨立學院教學特優教師。民國八十三年以《論語釋義》一書獲國科會研究獎助。著有《王肅之詩經學》、《唐宋散文選注》、《論語釋義》、《胡寅思想研究》及學術論文數十篇。

提　要

　　本書撰述之初，原欲就湖湘學派之學術思想，進行全面而深入之研究。乃先從湖湘學派主要理學人物之著作入手，考其存佚，索其版本，輯其佚文，撰成〈湖湘學派主要理學人物著作存佚考〉。再徵諸史傳，顗其文集，編爲〈湖湘學派主要理學人物生平著述年表〉。在處理相關資料之過程中，深覺此一學派成員眾多，著述豐富，在南宋號稱「當時最盛」。若欲逐一探討，述其源流，析其思想，實力有未逮。於是選擇湖湘學派之奠基者之一——胡寅爲深入研究之對象。蓋學者研究湖湘學派之奠基者，多集中於胡宏，而少留意於胡寅。主題既已確立，乃經營架構，擬定綱要，並再深入研讀胡寅專著，條分縷析，組成系統，撰爲此書。先於緒論之中，論述湖湘學派興衰之過程及其學術思想特徵，次述胡寅之生平著作，再依次詳論其理學思想、經世思想、教育思想、史學思想，並於結論中總括全書之要點，以展現胡寅思想之完整圖像。

目　次

第十七冊　從朱子的讀書法論其修養工夫

作者簡介

　　呂銘崴，1982 年出生於台灣，淡江大學中國文學系碩士班畢業，目前於國立中央大學中國文學研究所攻讀博士學位。主要研究方向爲先秦儒學與宋明理學。發表有〈由「節文」談先秦道德與藝術的溝通〉、〈朱子文學理論間架初探〉、〈由朱子的讀書方法論其工夫進路〉等單篇論文。

提　要

　　本論文旨在通過對朱熹的讀書法的分析，來重新審視其工夫理論，進而反省這樣的一種工夫的意義與限制爲何。論文共分五章，結構上，第一章爲緒論部分，主要針對朱熹的思想發展、前人研究以及論文研究方法做一敘述，而於二、三、四章展開文獻的討論與詮釋。第五章則對全文討論做一簡短回顧，並略述其工夫論的當代教育價值。

　　朱熹關於心的理解，主導著我們對於朱熹工夫論的認識，因此我們首先通過對朱熹中和舊說文獻的分析，指出朱子學與孟子學二者間的差異，並且說明朱熹理氣二分、與心性情三分的基本理論架構。在這種架構下，朱熹依著「氣強理弱」的觀點解釋了惡的來源，說明吾人道德修養的目的，其目的正在於恢復心與性理間的本來貫通的狀態。接著分析了朱熹關於心的「知覺」在其哲學系統中的意義，並依循陳北溪「心是理氣之合」的說法，來重新解釋朱熹對於心的規定，以此說明心與性理之間溝通的可能性。

　　在朱熹的讀書法上，我們由博學、精熟、虛心、讀書次第還有切己作爲中心，將圍繞於此的十二項與讀書法有關的議題逐步進行說明，並以之呈現出讀書法的輪廓與實踐的具體步驟。我們認爲朱熹說的博學是關聯著聖人氣象與心性論的要求，精熟則與恢復本來貫通的狀態有關，至於虛心的說法則可用以說明朱熹強調的「讀書」，與我們現今理解的純粹知識性閱讀不同，它更重在體

會經典中的道德意義，以此來逐步涵養我們的生命。最後在先讀《四書》，後讀史書的讀書次第中，我們注意到讀書本身就是道德實踐，同時是強調不斷自我體會、涵養的一種生命的學問。

在論述了格物致知與讀書法的關聯之後，我們將眼光轉往朱熹對於敬的理解上，以探尋在他的學說中，關於道德行為的可能動力來源，以此提供在他律倫理學系統的劃分下，道德行為在朱熹學說中產生的可能基礎。並且對這份源自心對於性理的認識，進而產生的一種敬畏之情給出評價。

目　次

第十八、十九冊　韓愈與宋學——以北宋文道觀爲討論核心

作者簡介

　　張瑞麟，一九七四年生，臺灣宜蘭人。私立淡江大學中國文學系、國立暨南國際大學中國語文學系碩士班、國立成功大學中國文學系博士班畢業，取得文學博士。曾爲台中縣立成功國中實習教師，今爲國立勤益科技大學、私立朝陽科技大學兼任助理教授。研治二程、宋代文化思想、宋代文學理論。作品有碩士論文《二程思想在學術史上的意義——以「自得」概念爲樞紐之探討》、博士論文《韓愈與宋學——以北宋文道觀爲討論核心》，期刊論文數篇。

提　要

　　本文探究，以韓愈爲焦點，文道觀爲視角，剖析宋學的發展與演變。目的，除了說明韓愈對宋代學術的影響外，進一步將明晰其間蘊含的意義。爲了釐清問題，掌握精神，研究方式，將採原典之回歸，而創新詮釋，則由科際的整合，關注於宋代經學、史學、文學等研究成果，並廣納相關研究資料，促使形成新的視野，因此資料多擷取自《全宋文》。基於關鍵資料的掌握，可知韓愈在宋代曾掀起兩次的崇尙風潮，第一次風潮讓韓愈修辭明道之文道一體的觀點進入到宋儒的視野，而第二次風潮則產生了意義的連結。有關此意義的內涵，即是韓愈在「不傳」、「不明」的敘述中所開啓之價值思維的探究，以及在「自立」、

「立言」、「明道」、「能自樹立」的追求中所彰顯的主體精神。「初期宋學」的尊韓，即是未能加以契會，故終歸於沈寂。然而，此間存在之「元和風尚」的思維脈絡，實有奠基之作用。歐陽脩即在此基礎上，重契韓愈的學術精神，確立了宋學以價值與主體為核心的發展方向。此後，王安石、蘇軾、二程等即分別延續此學術精神而展現了各自成家的思維特色。至於印本文化，不僅促成宋代學術精神的展現，且使宋儒的視野從「師道」轉向「友道」之人與人間的對話，這也正是儒家「為己之學」的一種深化。

目　次

第二十冊　晚明東林學派孫愼行思想研究

作者簡介

　　鄭志健，民國 68 年生，臺灣苗栗人。新竹高中畢業，東海大學中國文學系學士，嘉義大學中國文學系碩士，現爲中央大學中國文學系博士生。碩班時期在蘇子敬教授指導下完成《晚明東林學派孫愼行思想研究》一論文，也因此對儒家哲學產生濃厚興趣，目前追隨楊祖漢教授，繼續以明代理學爲研究職志。發表過〈史作樫詩文之研究〉、〈孫愼行與劉蕺山思想之比較〉等論文。

提　要

　　當今論及東林之學，多以顧涇陽、高景逸爲論述焦點，亦常以兩人爲東林學派之代表，於東林其他學者之思想則少有專文探討，然劉蕺山曾說：「東林之學，涇陽導其源，景逸始入細，至先生（孫愼行）而集其成矣。」因此，當我們研究晚明理學之轉變與定位東林學派之思想時，便不能忽略愼行思想所具有的參考價質。是故，本文即以孫愼行做爲研究對象，並以其思想爲探討的主題。

　　首先，我們敘述愼行的生平，指出他除了具有強烈的道德意識之外，也是一位透過行動來表現思想理念的儒者。並從思想史的角度切入，指出東林講學針對的是王學所產生的流弊，然不論講朱學或是評王學，東林學者終究走出了自己的一條路出來。

　　其次，在「天道論」的討論中，我們闡發愼行對於「超越天命」的眞切體認。並指出在「理氣一元」的思想脈絡中，超越之天道本體與氣化流行之種種現象爲一體兩面的關係，意即理與氣是不分的，理與氣是合一的。其中，他又以「誠」爲樞紐來會通天命與人性，進而融會存在的根源與價值的根源於一體。最後，則在「天人貫通、本體爲善」價值立場中，用天人雙彰的論述方式，展現儒家天人合德、合善這一的思想傳統。

　　復次，愼行的人性論則可說是針對時弊而發，從批評「無善無惡」到反對「氣質之性」，最後提出「性善氣質亦善」、「不善乃習」等觀點，無非是爲了堅持性善論的立場。其中，愼行對「形色天性」的理解是雙向的，是一種「天性爲形色；形色亦天性」的理解模式。並且，透過分析愼行對「已發未發」的理解，我們指出其思想中的心性關係，乃是「性爲心之體」而「心爲性之用」之一而二、二而一的關係。

最後，我們探討愼行對「愼獨」特殊見解，指出在他思想中「戒懼愼獨」
與「盡心知性」是可以合在一起看的兩組概念，而這不僅表示愼行重新理解
孟子思想，也反映出他對《中庸》與《大學》裡「愼獨」概念也做了進一步
詮釋。其中，愼行的工夫理論則是以「戒懼愼獨」爲中心而次第開展，並且
認爲能「戒懼愼獨」則心中那幽隱微妙的性體便得以顯現，做爲天的性體同
時也就會等同於吾人之心體，而這便是他所謂「盡心成性」的愼獨之道。

目 次

第二一冊　戴震倫理思想析論

作者簡介

　　趙世瑋，國立中山大學中國文學系碩士，天主教輔仁大學中國文學系博士，現任南亞技術學院通識教育中心專任助理教授，國立清華大學中國文學系

兼任助理教授。曾發表期刊論文"Yen Fu and the Liberal Thought in Early Modern China"、〈中國近代思想史「群」觀念之起源及其影響〉、〈譚嗣同師弟關係考辨〉；會議論文〈論戴震詮釋孟子思想之意義及相關思想史上之問題〉、〈試論晚清公羊學派進化思想之形成〉、〈蘇軾〈正統論〉及其時代問題析論〉、〈論晚清「以太」說之建構與作用〉，以及譯作〈全球倫理與中國資源〉（Gregor Paul）。現從事晚清思想及清代浙學等專題研究。

提　要

　　本文希望藉由思想史之整合性研究觀點，將戴震倫理思想形成的外在與內在因素加以分析研究。

　　首章乃就本文性質提出研究觀點。第二章則就戴震倫理思想形成的外在歷史因素加以探討。其中對戴震面臨政治與倫理觀念衝突時，提出思想理論予以對抗，而顯示外在環境對思想形成與發展的影響力；其次由戴震明經所以明道之言，爲繼承清初經學所以經世之觀念，致使透過考證工夫而企圖達到明道與經世的目的，並以此目的來完足知識分子對社會之內在道德責任感；至於戴震倫理思想中重要之天理人欲觀念，其成熟之社會條件，則藉由明代中期以來士、商關係之轉變，以及對治生問題之重視，逐漸發展出對人欲之認同。第三章分別就戴震倫理思想所具有之特性，逐一提出分析討論。對於戴震理欲觀所具有之特色，首先予以說明；其次，對此理欲觀的理論性建構，主要是基於戴震對理氣觀之形上思想之認知基礎而發展出來。理氣觀之轉變，並不自戴震開始，故本章乃就戴震可能依循前人之觀點，逐一將理氣觀發展之歷史中各家觀點與戴震觀點相互參照比較，最後再由戴震之理氣觀與其人性論之間相互影響之關係，探討其倫理思想之特性。第四章則從西方學人之研究分析中，探尋戴震倫理思想之政治性及社會性涵義。第五章即分別就近代以來學者對戴震思想之批評與理解，從而顯示戴震思想於近現代思想史上之意義。

目　次

第二二冊　論唐君毅對朱子思想的詮釋——以當代之相關研究爲對比

作者簡介

　　吳略余，目前就讀政治大學中國文學系博士班，研究興趣爲中國哲學，現階段以儒家思想爲主要研究方向。已發表的著作有：〈論牟宗三對老子之道的詮釋〉、〈對牟宗三詮釋朱子心性、工夫論的若干疑義——以唐君毅之朱子學爲主要視角〉、〈唐君毅之朱子學〉、〈荀子心性論及其善惡之根源〉、〈論王廷相對理生氣說與性善論的批評——以朱熹哲學爲參照〉、〈論朱子哲學的理之活動義與心之道德義〉。

提　要

　　朱子是宋明儒學中舉足輕重的代表性人物，在中國文化裡也是足以和孔子媲美的大儒，其歷史地位由此已可見一斑。儘管在他之後的儒者，對其有肯定與否的差異，但總的說來，傳統上朱子是被定位在集理學之大成的位置上的。這樣的定位，在現代依然被許多學者所肯定和接受。然而，在此之外，臺灣的

學界也出現了另一股不同於以往且位居主流的評價，這便是以牟宗三爲代表的「別子爲宗」說。在牟先生的詮釋下，朱子的思想不再是集理學之大成，而是成爲了儒學的歧出者。對於這樣的界定，筆者深感不安。與此同時，同樣身爲當代新儒家代表人物的唐君毅，對於朱子的思想卻有著一番十分不同於牟宗三的詮釋樣貌。在唐先生的詮釋下，朱子和陸、王都是儒學中可以有的兩種義理型態，彼此是相互補足，而非相互排斥的關係。而當我們進一步閱讀朱子的文獻，以及相關的研究時，便發現唐先生的詮釋確實有其獨到的洞見在，可惜的是，他的觀點在當代還沒有得到廣大的重視。本文的研究，便是希望藉由唐先生對朱子理氣、心性、工夫等思想的詮釋作爲進路，一方面闡發唐先生的觀點，二方面對其他當代朱子學研究提出商榷，由此而期望對朱子的哲學能提供一些可能性的參考理解。

目　次

第二三冊 牟宗三疏解儒家人性論之探討

作者簡介

孫效智教授，1994 年獲德國慕尼黑哲學院哲學博士。畢業返台後擔任臺灣大學哲學系教授，以倫理學爲研究教學核心。其代表作有：《當宗教與道德相遇》（1999）、《宗教、道德與幸福的弔詭》（2002）；論文著作刊載於《國立臺灣大學哲學論評》、《國立臺灣大學文史哲學報》、《政治與社會哲學評論》等

期刊。1997 年底前臺灣省教育廳開始倡導生命教育，孫教授便受邀擔任指導工作，從此積極投入生命教育推動工作。2004 年成立「社團法人台灣生命教育學會」，與多位學者專家一起致力於生命教育之學術研究與教育推展。2008年九月起，受臺大李校長嗣涔委託，成立「臺灣大學生命教育研發育成中心」並擔任主任一職迄今。

提　要

人究竟是什麼？人生，就整個宇宙而言，不過是一段小小的過程，人卻執著許許多多。人為何執著？既然一切終將過往，人到底在乎什麼？又何必在乎什麼？人的執著似乎透露出：人渴望突破時空，進入永恆；超越有限，邁向無限。筆者選擇人性論作為探討主題，最深的理由，便是基於一份對人的關懷，尤其是對於具體生活中，人的存在遭遇及其終極問題的關懷；而以牟宗三先生作為探討的對象，則是因為他所疏解之儒家人性論融和了歷代儒者思想及其個人之哲學慧見，體系恢宏而成一家之言，可說是相當具有代表性的新儒家論述。

本書探討牟先生對儒家人性論之疏解，焦點是放在牟先生的疏解上，而不是放在傳統儒家之種種說法上，旨在反省牟先生對儒家思想之理解及其中透露出的人性觀點。本書各章對人性之探討，以「自他之間」為樞紐而進行。所謂「自」是指主體；「他」則指主體以外者。在本書的脈絡中，「他」可以指客觀存有，可以指另一主體，也可以指超越的最高實存者。以第二章論人性根源之自立與他立來說，是探討主體與最高實存者之間的根源關係。第三章論及道德性之自律與他律，則是就道德之主體因素與客觀因素（亦兼及最高實存者）之間的張力進行探討。第四章工夫論中所談之自力、他力，亦是就主體與另一主體或超越者之間，在實踐過程中所可能有的相互合作抑或各自為力加以反省。第五章討論終極境界，更是探討自他之間，終極地為一或為二之課題。

目　次

第二四冊　牟宗三・勞思光哲學比較研究──以儒學重建和文化哲學爲中心

作者簡介

　　廖曉煒，1983 年生於湖北武穴，哲學博士，先後畢業於華中科技大學、

武漢大學，現爲華中科技大學哲學系專任教師。主要研究領域：現代中國哲學、先秦儒學、中國哲學史。在各類哲學雜誌發表論文：〈以道德攝存在：牟宗三道德的形而上學之證立〉等多篇。

提　要

　　本文嘗試以儒學的詮釋與重建以及文化哲學爲中心，對牟宗三、勞思光哲學作對比性的研究。就儒學的詮釋與重建而言，牟宗三、勞思光是二十世紀中國人文主義思潮中極具代表性的兩位哲學家，牟宗三試圖形上學地重建傳統儒學；勞思光則在通盤批判性地考察形上學的基礎上對傳統儒學作一去形上學的詮釋與重建，勞思光乃是在二十世紀中國人文主義思潮內部批評形而上學最爲有力且能肯定儒學之價值並對其作全面重建的一家。在一個後形而上學的時代，不論是對儒學作形上學的處理還是對其作去形上學化的處理，都不能不面臨極大的理論困難：前者必須克服懷疑論的衝擊進而對形上實體之實有性給與理論說明，後者則必須處理形上學消解之後所可能出現的相對主義乃至虛無主義的問題。本文對這一部分的闡述大體是通過牟宗三、勞思光之間的相互批判，揭示二家詮釋、重建傳統儒學所必須面對的理論困難，分析二家分歧的理論焦點以及產生分歧的理論根源。就文化哲學而言，牟宗三、勞思光均以中國文化未來路向問題作爲思考的重心。按照勞思光自己的界定，勞氏早年以及牟宗三關於文化哲學的思考，大體均可歸入「黑格爾模型」的文化觀；勞思光晚年逐漸意識到「黑格爾模型」的功能限制，在反省這一文化觀的基礎上，提出了更具理論效力的「文化的二重結構觀」。本文關於這一部分的闡述，主要以勞思光的省思爲背景，在展示牟宗三以及勞思光早年文化哲學的基礎上，衡定勞氏晚年以「黑格爾模型」對其加以判定的合法性，進而說明「文化的二重結構觀」之於中國文化路向問題尤其是當代新儒學在該問題上的相關思考的理論意義。最後本文在整體性的對比牟宗三、勞思光哲學的基礎上，以當代新儒學爲背景，試圖對勞思光哲學作一基本的定位，認爲勞思光應當歸入廣義新儒家的行列，並且較之其他廣義新儒家而言，勞思光與以唐君毅、牟宗三爲代表之狹義新儒家之間的理論距離更小。

　　除緒論以外，本文共分五章。第一章集中論述牟宗三詮釋、重建傳統儒學的基本理論：道德的形而上學，本章不擬對牟宗三道德的形而上學作述評式的研究，而是以勞思光的相關批評爲背景，以道德的形而上學何以必要以及道德的形而上學何以可能這兩個問題爲中心，對牟宗三道德的形而上學作一深層的

省思，並嘗試借助唐君毅的相關思考對牟宗三在這兩個問題上所可能遭遇的理論困難作一回應。第二章集中闡述勞思光對傳統儒學所作的價值文化哲學的詮釋與重建，由於學界尤其是大陸學界對勞思光哲學研究尚未真正展開，本章首先具體展示勞思光對傳統儒學所作的獨特的詮釋與重建，進而以牟宗三形上學思考對儒學宗教性的強調為背景，對勞思光的這一詮釋與重建作一理論上的省察。第三章主要闡述牟宗三文化哲學，與學界通常的述評式的研究不同，本章首先點明牟宗三文化哲學思考的理論關切：儒家現代化何以可能？進而以勞思光晚年的批評為理論背景，著重分析牟宗三文化哲學在思考方式上的總體特點，由之判定其大體合乎勞思光所判定之黑格爾模型文化觀。第四章集中闡述勞思光前後期文化哲學，對勞思光早期文化哲學的分析將繼續第三章的分析模式，即主要從思考方式上考察勞思光早年文化哲學的特點及其與黑格爾模型文化觀的理論關聯，隨之本章著重考察勞思光對黑格爾模型文化觀之理論功能的論析，闡明其真正之功能限制之所在，由之突出文化的二重結構觀的理論意義。第五章則以前四章的分析為基礎，以對比牟宗三、勞思光對儒學相關文本之詮釋及其理論架構之理論效力，以及二家的文化哲學思考為前提，對勞思光哲學作一基本的理論定位。

目 次

第二五冊　從勞思光的主體性觀念探究儒家思想之原型

作者簡介

陳逸郡，臺灣高雄人，1985 年生。
2007 年中國文化大學哲學學士
2011 年中國文化大學哲學碩士

提　要

　　直至現今，學術界對於勞思光儒學觀的討論，材料似乎只鎖定在其代表作《中國哲學史》。筆者認為，若只把焦點集中於此，必定造成「只掌握一半」的後果，即只能掌握勞思光用「心性論」解釋儒學的一面，而忽略其用「引導型」解釋儒學的另一面。如此一來，既然沒有從更周延的角度來理解其儒學觀，就想作進一步的補充、批判，甚至超越，都是有待商榷的。

　　對此，本論文旨在提供學術界對於「如何理解勞思光儒學觀」的一個具體建議，即「理論設準研究法」的提出。簡言之，即從「勞思光的主體性觀念」衍伸的「文化精神」、「自我境界」、「世界觀」、「價值根源」、「道德心境域」五個問題設準，探究「儒家思想之原型」，該原型乃儒家「心性論」與「引導型」的合一，這是本論文的研究成果和用心。

目　次

第二六冊　禪宗對語言與真理的看法——一個西方哲學的理解進路

作者簡介

　　謝孟錫，號小山老師。西元 1965 年出生於台灣高雄市。自幼好疑。大學曾就讀數學系，後來畢業於淡江大學中國文學系。受楊祖漢老師啓蒙，進入文化大學哲學碩士班就讀，接受程兆熊老師指導禪學。

　　曾獲第十二屆耕莘文學獎小說首獎。服完兩年海軍陸戰隊兵役後，進入和春技術學院，服務迄今。除任職於高等教育外，同時擔任高雄市私立小山托兒所顧問一職，並積極參與台灣教育改革，曾擔任人本教育文教基金會高雄辦公室工作委員十餘年。

提　要

　　禪宗，作爲近代佛教最爲壯碩的分支，在現代以資本主義爲主要背景的西方頹勢文明裡，確實是足以與之相抗衡的東方文明代表。

　　然而，兩種文明的溝通，需要適當的橋樑。這正是本篇論文的初衷。

　　「教外別傳，不立文字，直指人心，見性成佛」。這短短的四句偈，揭開禪宗波瀾壯闊的佛法氣象。

　　佛學浩瀚無涯，包含相當於西方原始哲學裡的一切面向。然而，禪宗最爲殊勝，且遠遠超越西方文明之處，就在於禪宗對於「心靈真理」與「陳述真理的工具——語言」，所提供的真知灼見。

　　而「真理」與「語言」，就正好是一切「了解 Understanding」的礎石；猶如「目的地」與「地圖」，是「旅行」所賴以爲繼的一切。

　　首先，根據我淺陋的理解與掌握，我選擇 索緒爾 Ferdinand de Saussure（1857～1913）的理解，來作爲「語言」的背景架構；再疊重上 維根斯坦 Ludwig Wittgenstein（1889-1951）對語言的反省，然後就可以與《楞伽經》與《金剛經》裡對語言的洞見相接軌。

其次，我根據 休姆（David Hume，1711～1776）透過對「知覺」與「反省」的探討缺失，繼續逼問出「心靈模型」的雛形。再根據《楞伽經》、《金剛經》與《六祖壇經》找出「心靈模型」的正確狀態，而後直抵佛法的終極真理──心靈的真相。

目　次

由春秋時期的筮策
占斷論《易經》之詮釋與應用

李國璽　著

作者簡介

李國璽，淡江大學中國文學系學士，中央大學哲學研究所碩士，臺灣大學哲學研究所博士。主要研究領域為先秦道家、周易經傳與陰陽五行。在為學方法上主張由文字、聲韻與訓詁等研究角度切入，並結合西方哲學與語言學研究來進行研究，材料收集上並不設限，經、史、子、集皆並重。另外著有《秦漢之際陰陽五行政治思想源流研究》。

提　要

　　《左傳》、《國語》二書所記載的筮例，晚於《易經》，但又略早於《易傳》，處於經傳成書的中間時期。由筮例的記載來得到解答。

　　由於《易經》為中國哲學之重要經典。欲了解《易經》，並探究其本然風貌。必透過《左傳》、《國語》，二書所載之例於時間上接近《易經》的成書年代，故其所載對《易經》之思維方式應也就較接近周代對《易經》一書之思考方式。筆者乃由符號語言切入，從而再思考不同〈易傳〉的解釋《易經》的進路。借由分析或研究《左傳》及《國語》筮例之解析，透過古人對《易經》的詮釋與運用方式，能對此書有進一步的理解。

　　《周易》所蘊含的義理是由「象」作開展的，捨此則不能窮究其理路。由於筮例中，並未討論「象」的意義，對「象」的解釋甚少，僅只是直接運用而已，由了解「卦象」的概念，進而再探討卦象在筮例的使用。並討論筮例中對「象」的觀點為何。了解其中所蘊涵的哲理。再通過對語言的了解，可以知道卦象的含義。在《左傳》、《國語》中，卦爻辭也是判定吉凶的準則。但在《易經》的卦爻辭中，其對應外在事物的關係並不明確，並且擬由筮例對《易經》語言的運用模式，討論其呈現出的思維方法。原因乃是古人所運用的語言形式，必是由其思維方式選擇而來，是故，藉由討論其語言模式，必能看出其所蘊涵的思想方法。由討論《易經》的比喻語言形式，以及比喻語言在運用上的意義，說明其推演上的效果。是故藉由對卦象、卦名、卦辭、爻辭之解析，進而呈現《易經》之風貌。

目次

第一章　導　論

第一節　研究目的、動機與方法

一、研究動機

　　傳統以來對《易經》〔註1〕之解釋，多從《易傳》入手，在思想上多採取形上的觀點來闡述《易經》。由於，經、傳成書時間有異，作者不同，以目前的學術觀點來講，經傳應該視為兩本獨立的著作；但是在傳統儒家的觀念中，傳是用來解經的，亦即指傳是附屬於經，傳的觀點是由經而來，基於傳統儒家從未將《易經》與《易傳》視為不同的著作，然而當讀者直接面對《易經》、《易傳》時，卻發現二者間的隔離感是相當強烈的，筆者自然也不例外。到底《周易》中的《易經》與《易傳》應置於同一思想體系之下？還是直接視為二本不同的作品？

　　由於大多數學者先從《易傳》入手，以探究《易經》的思維，循此路徑，使初學者如同霧裡看花。其原因不外有二：一是經傳文字書寫成書的時間不同，文字語氣乃至語義、句法結構有明顯差距。解釋時所必備的語言條件不同。第二是經傳的思考路徑不同。經文較為古樸，卦名、卦辭、爻辭、卦象的意義聯繫性有時相當隱微，因此其思考性有相當程度的曲折。然而，傳文在解釋卦名、卦辭、爻辭、卦象時，僅以一條思路切入。雖然十翼各傳切入角度不同，其中〈說卦〉傳是記載筮占使用的卦象，其餘或直接論述形上之道，或闡明人事之理，或有倫理價值取向，恰可收「它山之石，可以攻錯」

〔註1〕此處《易經》即指目前通行本中六十四卦的卦爻辭。

之效。但是,如何利用傳文的各種觀點,將之有效地融合,再與以切入並詮釋經文,則是有其困難之處。此即是經傳使人有割裂感之由來。

　　關於這問題,筆者擬求助於《左傳》、《國語》二書,原因在於二書所記載的筮例,在時間上,晚於《易經》,但又略早於《易傳》,恰好處於經傳成書的中間時期。或者可以由筮例的記載來得到解答。

　　觀乎現今《左傳》及《國語》的筮占研究資料多屬字面意義的解釋,在各易學書籍中,並未深入探討,而目前已知的相關資料則有高亨的《左傳國語周易說通解》、李鏡池的《周易探源》、屈萬里的《先秦漢魏易例述評》、李周龍的《易學拾遺》、李學勤《周易經傳溯源》以及程石泉著的《易學新探》等數本著作,令人深感不足,因而引發筆者進一步研究的動機。

二、研究目的

　　由於《易經》為中國哲學之重要經典。故筆者欲回到原點之方式來了解《易經》,並探究其本然風貌。《左傳》、《國語》二書所載之例於時間上接近《易經》的成書年代,故其所載對《易經》之思維方式應也就較接近周代對《易經》一書之思考方式。筆者乃由此切入,從而再思考不同的〈易傳〉的解釋《易經》的進路。因而本論文的目的在於借由分析或研究《左傳》及《國語》筮例之解析,希望透過古人對《易經》的詮釋運用方式,能對此書有進一步的理解。

三、研究方法

　　自民國以來的學者對於《左傳》、《國語》筮例的解析,或針對時人對於詮釋筮占的方法作一粗略分類,〔註2〕或作白話說明,〔註3〕而對於從筮例運用到現實狀況的整個思維脈絡,並未提及,為了了解古人的概念,亦有必要知道古代漢語的使用方式,所以本論文的研究方法主要採用古代及現代的漢語語言學方法,針對筮例中的語言應用方式,來做為解析的對象。由於《易經》一書本身將卦象作為思考的對象以及可以傳遞與表達意義的符號,〔註4〕至於春秋以降

〔註2〕請見屈萬里先生所著之《先秦漢魏易例述評》,台灣:學生書局,1969年4月初版。

〔註3〕請見李周龍先生的《易學拾遺》,台灣:文津出版社,1992年3月初版。

〔註4〕請見論文的第三章。

的解析卦象之方式，僅供參考，但在漢易的部份，如互體、〔註5〕納甲、〔註6〕升降〔註7〕等說，實爲易學之創見，並非承襲與固守周代解卦之法，〔註8〕對於解析筮例無實際作用，本論文並不採用。爲了盡量企合筮例的解說，所以將西周至東周時期之間的著作一併列入參考，在這些著作中，有些是寫成於西漢初年的儒者之手，但其內容或承襲東周時期的觀點，或記載當時的史料。如《禮記》、《周禮》、《儀禮》三書是承襲著周代「禮」的觀點，並記載周代的部份禮制；另外，如《春秋》三傳，其中的《公羊傳》、《穀梁傳》寫定於西漢之初，然而，其解釋史料的部份觀點亦有承襲東周時期；又由於《易經》在傳統分界上是屬於儒家經典，是故《論語》、《孟子》、《爾雅》等書亦有參考的價值。而同時期的部份子書，因爲語言習慣的相近、或觀念的相近，亦有參考的必要。

　　至於在《周易》中之〈易傳〉，本論文仍承認其爲《易經》之詮釋系統，因此在解析筮例之時，仍引部份相關內容以資參考。另外必須註明的是：在本篇中，所用的「周易」一辭有二種意義：一爲《易經》與《易傳》；二爲春秋以前至春秋時期皆直接稱呼《易經》爲《周易》，而這種稱呼方式，僅保留在經典的引文和第二章所論及的筮例中，其餘皆使用第一種定義。

　　爲求順利了解春秋時期對《易經》的詮釋與應用，本文擬由幾個進路趨近，一是說明《周易》的筮占性質，此必須由當時經典的記載著手，做一個概括性的了解。二是整理《左傳》、《國語》中的筮例，並一一說明；而以上二點皆爲本論文立論的基礎。另外，在《經易》中，陰陽爻組合而成卦象及純文字的卦爻辭均有著相同重要的地位，所以筆者就卦象與語言分別加以討論，因此第三點針對筮例中的卦象與現實間的關聯，並回顧《周易》，找出其對卦象的描述；而第四點則由漢語語言學的方法，探討《周易》語言的特色，以及古人如何運用於筮占之中。

〔註5〕京房易卦。《困學紀聞》引京氏曰：「二至四爲互體，三至五爲約象。」即指六畫卦中，除了原本的內卦外卦之外，二至四爻可爲一卦，三至五爻又可爲一卦。由於約象互體之說，其義相同，後世通稱爲「互體」。

〔註6〕京房易卦。朱震《周易卦圖說》指出：「納甲何也？曰：『舉甲以該十日也。乾納甲、壬，坤納乙、癸，震巽納庚、辛，坎離納戊、己，艮兌納丙、丁，皆自下生。』」即結合八卦和十天干配合而論易，十天干中以甲爲首，故稱之爲「納甲」。

〔註7〕荀爽論易之法，認爲陽爻處第二位者上升而居第五位，陰爻居第五位者下降處第二位；乾爲陽，坤爲陰，故又稱「乾升坤降」。

〔註8〕有關周代解卦之法，請詳見第二章。

因而本篇論文的章節安排如下：

第一章爲導論，並論述其它經典的記載，以期反映出《易經》原本作爲占筮的風貌（包括筮儀與做爲決疑的運用觀點）。

第二章針對《左傳》與《國語》中的筮例，逐一加以討論與整理，使其中的語言風格與思維脈絡得以清楚的呈現出來。由於本論文的重點在於筮占，所以關於義理的發揮，則就教高明之士。

第三章則考量赴象是筮占判斷之重要條件，因而本章擬討論「象」及「卦象」的所指意義，嚐試找出卦象之所以能重複之運作方式，並分別將筮例中對「卦象」的運用及觀點，以及《易傳》中對卦象論述嘗試做一結合。

第四章針對筮例的語言討論。第一節，將時代相近的《易經》與《詩經》，針對二書的語言做比較與釐清，試圖找出當時的語言風格，從而論証二者的語言皆是比喻的形式，目的在呈現其背後蘊涵的思想脈絡與意義。第二、三節則回到筮例語言，探討古人如何運用比喻的語言詮釋卦爻辭，並用以解決現實的問題。

第五章爲結論。

第二節　古籍中關於《易經》筮占之記載與方法

基於《左傳》與《國語》中所記載論及《易經》之例，多爲筮占，爲了能一究《易經》筮占的大概風貌，並且做爲討論筮例的出發原點及立論的基礎，也爲了後續討論的方便與完整性，同時避免誤會的產生。是故本節擬先行討論周代時期《易經》之用於筮占的情況，並論述使用方法。關於筮占的記錄，除了《周易》本身的敘述之外，如在〈繫辭上〉，另外散見於其他古籍之中，在〈說卦傳〉中記載筮占所引用的卦象，在《尚書・洪範篇》記載筮占作爲國家決策的方式；另在《周禮》中提及筮占者的職官及決策模式；在《禮記》中提到筮占之步驟。以下分述之。

一、古籍之記載

《易經》之用於筮占，可以由下面幾個引證得知：

《尚書・洪範》：「稽疑，則建立卜筮人。」

據《孔穎達正義》解釋《尚書・洪範》云：

卜筮法當有三人……掌三易之法，一曰《連山》，二曰《歸藏》，三曰《周易》。

而在《周禮・春官・太卜》曰：

太卜掌三易之法，一曰《連山》，二曰《歸藏》，三曰《周易》。其經卦皆八，其別則皆六十四

並在《周禮・春官・筮人》有云：

掌三易以辨九筮之名。一曰《連山》，二曰《歸藏》，三曰《周易》。九筮之名……以辨吉凶。

另在《禮記・祭義》：

易抱龜南面，天子卷冕北面。

孔穎達在《禮記正義》對此的解釋是：

占易之官抱龜南面尊其神明，故南面天子親執卑道，服裳冕北面。

可知，《易經》是古人用以「稽疑」、「辨吉凶」的一種筮占方法。關於此點，我們可以在《左傳》、《國語》〔註9〕找到用《易經》筮占斷吉凶的記載。而《周易・繫辭上》之「大衍之數五十……」，就是筮占方法的記錄。在《周易・說卦傳》第七章至第十一章，說明八卦的象徵意義，《左傳》、《國語》亦引用〈說卦傳〉解釋筮占結果。

從以上所看，《易經》的功用就是用來遇事斷吉凶的。記載較詳細的是《尚書・洪範》，說明卜筮是用來決斷國家大事的一種方法：

七稽疑，立卜筮人，乃命卜筮，曰雨、曰霽、曰蒙、曰驛、曰克、曰貞、曰悔，凡七。卜五、占用二，衍忒。立時人作卜筮，三人占，則從二人之言。汝則有大疑，謀及乃心、謀及卿士、謀及庶人、謀及卜筮，汝則從、龜從、筮從、卿士從、庶民從，是之謂大同，身其康彊，子孫其逢吉。汝則從、龜從、筮從、卿士逆、庶民逆，吉。卿士從、龜從、筮從、汝則逆、庶民逆，吉。庶民從、龜從、筮從、汝則逆、卿士逆，吉。汝則從、龜從、筮從、卿士逆、庶民逆，作內，吉；作外，凶。龜筮共違於人，用靜，吉；用作，凶。

以上所說的雨、霽、蒙、驛、克等五種圖形，是論龜甲上面灼龜成兆的情狀，而貞悔是論筮占。所以說：「卜五，占用二」。而所謂的貞悔，據孔穎達《正義》：

〔註9〕《左傳》中有十九例，而《國語》則有三例，詳見第二章。

僖十五年，《左傳》云：「秦伯伐晉，卜徒筮之其卦遇〈蠱〉☶☴。」
〈蠱〉卦☶☴，〈巽〉☴下〈艮〉☶上，〈說卦〉云：「巽爲風，艮爲山」，
其占云：「〈蠱〉☶☴之貞，風也，其悔，山也。是內卦爲貞，外卦爲
悔。」

按照《洪範》篇所說，用卜筮法決策顯然分成兩種，一是完全按照占卜決斷，
令三人占卜而選人同者。而另一種則由君王本身、卿士、庶民的意見兩個不
同的占卜方式來決定，若如此則應有三十二種不同的變化組合，可是《尚書·
洪範篇》僅提到六種狀態，表列如下：〔註10〕（從＋逆－）〔註11〕

	君王	卿士	庶民	龜	筮	
一	＋	＋	＋	＋	＋	大同
二	＋	－	－	＋	＋	吉
三	－	＋	－	＋	＋	吉
四	－	－	＋	＋	＋	吉
五	＋	－	－	＋	－	作內吉作外凶〔註12〕
六	－	－	－			龜筮共違于人

雖然這六種結果，呈現出「吉」是用多數決，（三分之二或以上）但並不
交代筮從（＋）龜逆（－）和龜筮皆逆（－）的其餘變化是吉凶與否。後者
雖與前者純用卜筮的決策方式有所不同，仍可以看出後者是前者的衍申。

另在《周禮·春官·筮人》：「凡國之大事，先筮而後卜……凡國事，共
筮。」乃是「筮短龜長」指筮輕龜重而賤者先，〔註13〕如果筮占不吉，則也
不用再卜。因爲「卜筮不相襲，若筮不吉而用卜，是卜襲於筮，故能筮凶則
止，不卜。」。〔註14〕

《周禮》和《尚書》二書提供不同的決策方式。如按《周禮》，則《尚書》

〔註10〕引自《周易經傳溯源》頁33，李學勤著，台灣：麗文文化有限公司，1995年
10初版。

〔註11〕從爲相合之義，逆則爲相違之義。李學勤先生以「＋」代表「從」，而以「－」
代表「逆」。

〔註12〕內者，祭祀冠婚；外者，出師征伐。據孔穎達〈正義〉。

〔註13〕由於各家之說不一，據高懷民先生的解釋爲：「筮例晚興，推行的時間短，龜
卜之法則早於筮而有，爲古法，故不如聽從龜卜之斷。」（請見《先秦易學史》
頁96，民國75年8月再版）

〔註14〕據賈公彥疏。

記載「龜從筮逆」的情形不會出現。然以筮法用作國家決策的一種模式則是相同的。

　　但是若從《左傳》的實際筮例來看，龜逆（－）筮從（＋）的情況是實際存在的。在《左傳》僖公四年，晉獻公欲以驪姬爲夫人，卜之不吉而卻筮之吉，晉獻公從占卜者之言以卜爲準。按《周禮·春官》〔註15〕有占人，曰：「占人掌占龜。」即指占人用龜卜亦用著筮同時進行預測。

　　觀乎《左傳》、《國語》二書筮例可知，筮占雖不及龜卜重要，但是若在並不使用龜卜的情形下，筮占便成爲最重要的決策關鍵。在此情況之下，本來對決策有正反兩方意見的卿士，就會使用不同的思維方式去理解卦象及辭意，如果要說服君王採納自己的意見，就不可避免的非得採取理性思維的解析方式去說明不可，因爲神秘的天啓已成爲無法解讀的訊息。當然可知的是君主聽從可以說服他（或駁倒另一方）的理由去進行對卦象及卦辭（或爻辭）的理解並進行決策的結果，一方面既順從了天意，一方面又聽從了有說服力的意見。如何進行理性思維的解析留待在本文部分，本節僅先述及對筮占的施行。

二、方　法

　　古代的筮占有四個步驟，首先是向鬼神提出問題，即「命筮」，第二則是用著策演算，即「揲著」，第三是畫出卦象，即「畫卦」，畫卦者站在演算者的左邊，根據演算者所得的數字畫出卦象，第四步是占出卦象的吉凶，即「占卦」。〔註16〕

　　如何進行揲著這個過程，目前所見最古的方法在《繫辭》中的「大衍之數」一節，其文如下：

> 大衍之數五十，其用四十有九。分而爲二，以象兩，挂一，以象三，揲之以四，以象四時。歸奇於扐，以象閏，五歲再閏，故再扐而後挂。
>
> 天一、地二、天三、地四、天五、地六、天七、地八、天九、地十。
>
> 天數五，地數五，五位相得而各有合。天數二十有五，地數三十，

〔註15〕詳見《周禮·春官》鄭玄注，賈公彥疏。

〔註16〕見《禮記》之〈士冠禮〉、〈特牲饋食禮〉、〈少牢饋食禮〉。十三經注疏，影本，上海古籍出版社，上海，1990 年。

　　　凡天地之數五十有五，以所以變化而行鬼神也。

　　　乾之策二百一十有六，坤之策百四十有四，凡三百有六十。當期之
　　日，二篇之策，萬有一千五百二十，當萬物之數也。是故四營而成
　　易，十有八變而成卦，八卦而小成。

今人劉大鈞根據《易經正義》孔疏，朱熹《明筮》及邵雍、陸象山等解釋作
完整說明，解釋如下：〔註17〕將用於演算的四十九根蓍策在手中任意分成兩
份，左手象天，右手象地，此謂之「以象兩」，而後，先從左手蓍策任取一根，
置於右手小指間，〔註18〕以象徵「人」；連同先前的左右兩手象天地的蓍策，
共有三份，即「掛一，以象三」。完成這道手續後，以四根蓍策為一組，先用
右手一組一組分左手蓍策，然後，左手用後同樣的方式分右手蓍策。此即「揲
之以四，以象四時」。

　　一組紅分完後，必餘一至四根不等，左手餘一，右手必餘三；左手餘二，
右手必餘二；左手餘三，右手必餘一；右手餘四，左手餘四。這時去掉左
手小指餘下蓍策，完成第一變，將左右二手蓍策相合，再進行相同手續，完
成後為第二變，如此再進行第三次，完成後為第三變。此時兩手蓍策之總和
僅有下列四種情況其中之一，（1）三十六策，（2）三十二策，（3）二十八策，
（4）二十四策，再以四除之，所得商數分別為（1）九、（2）八、（3）七、（4）
六。九為老陽之數，八為少陰之數，七為少陽之數，六為老陰之數，此時一
爻遂定。所以三變才定一爻，而這一爻要經過這一個程序（即指四營）才能
完成。所以「十有八變而成卦」。但是〈繫辭〉並未指出所得之卦的變爻和不
變爻來推斷占事的吉凶。這部分得透過《左傳》、《國語》的筮例來看。

　　《易經》以變爻為占，所以九、六兩個數字為變，而八、七兩個少陰少
陽之數不變。而由《左傳》、《國語》二書來看，周代並無使用初、二、三、
四、五、上的爻位。六、九兩個數字稱陰陽二爻，在書中引用《易經》的某
卦某爻時是採用「遇某〈卦〉之某〈卦〉」或「在某〈卦〉之某〈卦〉」的形
式，來表明所變的爻位，和所需要使用的爻辭，如《左傳・莊公二十三年》
記載：

　　　周史有以《易經》見陳侯者，陳侯使筮之，遇〈觀〉䷓之〈否〉䷋，

〔註17〕見《易經應用大百科》張其成主編，東南大學出版社，南京，1994年。
〔註18〕請見《先秦易學史》，高懷民先生說：「按《周易正義》云：『於天數之中，分
　　　掛起一。』則此掛一之策應起於左手，而不應起於右大刻中。」頁136。

　　曰：「是謂『觀國之光、利用賓於王』此其代有陳國乎？」

按〈觀〉卦▤▤、〈否〉▤▤卦兩卦，其不同者正在第四爻，而〈觀〉卦【六四爻】辭即「觀國之光、利用賓於王」。在目前所見先秦筮例中皆以此判斷所需使用的爻辭，作爲決策的依據。

　　變爻的情況按理推斷應共七種：（1）六爻全不變，（2）一爻變，（3）二爻變，（4）三爻變，（5）四爻變，（6）五爻變，（7）六爻全變。不過二爻變、四爻變及六爻全變的筮例並無記載。至於其它筮例則列表如下：

　　一爻變筮例：《左傳》十三例，《國語》無

　　三爻變筮例：《左傳》無，《國語》二例

　　五爻變筮例：《左傳》一例，《國語》無

　　六爻不變筮例：《左傳》二例，《國語》一例〔註19〕

在筮例中，若遇到六爻皆不變的狀況，都稱「其卦遇某」。如《左傳・僖公十五年》：「其卦遇〈復〉」。

　　在遇到變爻時，如果僅只一爻變，則可直接引用此爻的爻辭進行解析，以定吉凶；如果有二爻以上的變爻，那麼所有的變爻都要考慮，並參斟卦象來進行論斷，因爲面對不同的狀態，當然也要做出不同的決策或不同的決策步驟。而所筮占的事，則以本卦作爲吉、凶判定的歸屬。但是若根據《易經》經文本身的解釋，有時仍是吉凶互見。觀乎《易經》，一卦及其六爻大多吉凶皆有，不見得吉一定爲吉，〔註20〕有時候凶也不一定爲凶。因爲有時仍有其他的條件，甚至可以避免。所以在使用筮占之時，解釋者不一定僅以卦爻辭作爲一判斷的依憑。至於「命筮」和「畫卦」並不是決策時須要詮釋和分析的對象，所以本論文不多作論述。

　　由《易經》和其它相關典籍可知，在使用筮占決策的時候，《易經》經文並非一個死板而不能變通的成文條例，這些條例經過詮釋者所遇到的人、事、時間和前提其它條件不同時，它可以做出一種新的詮釋，去符合決策者所面對的狀況下的新的解決方法或是預知結果。雖有「變化之妙，存乎一心」之疑，但若通過典籍的紀錄來看，這些決策的確是有所依憑的。首先是經文條例的依憑，第二是理性思維的推理，第三是使用《易經》以外的知識去檢測。

〔註19〕《左傳》、《國語》二書共二十二例，但除以上十九例外，其餘三例並無詳載，僅只提到曾引用卦辭來進行論証和決斷，故不用上表歸屬。

〔註20〕卦爻皆吉者，僅有〈謙〉▤▤卦。

　　不可否認的，就現在的觀點，筮占有其神秘的部份，然而當我們回顧古人的筮占經驗，將之放在當時的背景下考量，如象徵語言、時代語言、文化脈絡中，我們仍可發現，筮占不全然是神秘、迷信和不可理解的，本論文希望透過這樣的進路，了解古人運用《易經》的方式。

第二章　筮例之解析與歸結

　　《左傳》、《國語》中所記載的例子，有的是運用筮占來決策，有的僅是以《周易》之卦辭或爻辭來進行論述的佐証，整理如下：

　　筮例 1《左傳・莊公二十二年》：「遇〈觀〉䷓之〈否〉䷋」（一爻變）

　　例 2《左傳・閔公元年》：「遇〈屯〉䷂之〈比〉䷇」（一爻變）

　　例 3《左傳・閔公二年》：「遇〈大有〉䷍之〈乾〉䷀」（一爻變）

　　例 4《左傳・僖公十五年》：「其卦遇〈蠱〉䷑」（不變）

　　例 5《左傳・僖公十五年》：「遇〈歸妹〉䷵之〈睽〉䷥」（一爻變）

　　例 6《左傳・僖公二十五年》：「遇〈大有〉䷍之〈睽〉䷥」（一爻變）

　　例 7《左傳・成公十六年》：「其卦遇〈復〉䷗」（不變）

　　例 8《左傳・襄公九年》：「遇〈艮〉䷳之八，史曰：『是謂〈艮〉䷳之〈隨〉䷐』」（五爻變）

　　例 9《左傳・襄公二十五年》：「遇〈困〉䷮之〈大過〉䷛」（一爻變）

　　例 10《左傳・昭公五年》：「遇〈明夷〉䷣之〈謙〉䷎」（一爻變）

　　例 11《左傳・昭公七年》：「遇〈屯〉䷂之〈比〉䷇」（一爻變）

　　例 12《左傳・昭公十二年》：「遇〈坤〉䷁之〈比〉䷇」（一爻變）

　　例 13《左傳・哀公九年》：「遇〈泰〉䷊之〈需〉䷄」（一爻變）

　　例 14《國語・周語》：「遇〈乾〉䷀之〈否〉䷋」（三爻變）

　　例 15《國語・晉語》：「得貞〈屯〉䷂悔〈豫〉䷏，皆八也。〔註1〕」（三爻變）

〔註 1〕據韋昭之說，〈屯〉，〈豫〉，〈震〉在〈屯〉為貞，在〈豫〉為悔，內曰貞，外曰悔。〈震〉陰爻在貞在悔皆不動，故曰「皆八」。

例16《國語・晉語》：「得〈泰〉䷊之八。〔註2〕」〔註3〕

引論：

《左傳・宣公六年》：「其在《周易》：〈豐〉䷶之〈離〉䷝」（一爻變）

《左傳・宣公十二年》：「《周易》有之，在〈師〉䷆之〈臨〉䷒」（一爻變）

《左傳・襄公二十八年》：「《周易》有之，在〈復〉䷗之〈頤〉䷚」（一爻變）

《左傳・昭公元年》：「在《周易》，女惑男，風落山，謂之〈蠱〉䷑」（不變）

《左傳・昭公二十九年》：「《周易》有之，在〈乾〉䷀之〈姤〉䷫，曰：『潛龍勿用』，其〈同人〉䷌曰：『見龍在田』，其〈大有〉䷍曰：『飛龍在天』其〈夬〉䷪曰：『亢龍有悔』，其〈坤〉䷁曰：『見群龍無首，吉』。〈坤〉䷁之〈剝〉䷖：『龍戰於野』」

《左傳・昭公三十二年》：「在易卦，〈雷〉☳乘〈乾〉☰曰〈大壯〉䷡」

由於本論文研究在於筮例，而非在於言論的部份，所以僅只列出，而於本章中，不加以說明。在現今所見筮例之中，其論述有相當程度的複雜性，為了將其理路釐清，也為了清晰起見，避免重複引用原文，而且有助於第三、四章中討論，故將其整理成條列式，至於式中出現的符號，規範如下：

（1）凡"→""↓"等符號是由論述的前句（或卦象）進而得出後句（或卦象的意義），並非邏輯符號。

（2）凡"〔"、"〔"表示括號裡的事項為得出後句的條件，並且在古人論述之中，並非是相連的語句。

（3）凡"｛"符號是表示將某一條件分開解析。而凡"｛"符號則表示將眾多條件相合而論。

（4）凡"（）"是作者根據筮例所補充出的說明。

第一節　卦象與卦爻辭併用

以卦象與卦爻辭併用以解釋筮占的筮例，有筮例一、四、五、六、九、

〔註 2〕據韋昭注，陰爻不動。

〔註 3〕第十四及十六筮例無論証，僅列於此表。

十、十一、十五。本節最後討論筮例四，原因在於此例所用的卦爻辭不見今本《周易》，但是其說明詳盡，故列入解釋的筮例中。今分別說明如下：

筮例一

> 陳厲公，蔡出也，故蔡人殺五父而立之，生敬仲，其少也。周史有以《周易》見陳侯者，陳侯使筮之，遇〈觀〉☶之〈否〉☶，曰：「是謂『觀國之光，利用賓於王。』此其代有陳國乎？不在此，其在異國，非此其孫，在其子孫，光遠而自他有耀也。〈坤〉☷，土也；〈巽〉☴，風也；〈乾〉☰，天也：風爲天於土上，山也，有山之材，而照之以天光，於是乎居於土上。故曰：『觀國之光，利用賓於王』，猶有觀焉。故曰：『其在後乎。』風行而著於土，故曰：『其在異國乎。』若在異國，必姜姓也。姜，大嶽之後也，山嶽則配天，物莫能兩大，陳衰，此其昌乎。及陳之初亡也，陳桓子始大放；其後亡也，成子得政。」

陳厲公生子敬仲，一位成周的太史替敬仲占了一卦，遇〈觀〉☶之〈否〉☶。周太史先引〈觀〉☶卦六四爻辭加以論斷，〈觀〉卦六四爻辭的「觀國之光，利用賓于王。」呈現敬仲的後代將在其它國家主政的跡象。跟著解釋爻辭中的「光」字，即「遠而自他有耀者」，此即對爻辭的補充說明。其次再用卦象說明，〈觀〉☶卦的內卦是〈坤〉☷，外卦是〈巽〉☴，〈否〉☶卦的內卦爲〈坤〉☷，外卦是〈乾〉☰，所以說：「〈坤〉☷，土也；〈巽〉☴，風也；〈乾〉☰，天也。」乃是由於《周易》之卦，由下而上，故先言坤而及巽，次即先本卦而及變卦。占筮者記爲土、風、天，三者連繫，曰：「風爲天於土上，山也。」即是引用自然界的觀察對卦象加以說明故而曰有山之象；〔註4〕接著說「有山之材」，則是據「巽爲木」的卦象來理解，〔註5〕山上有各種物產，故云：「有山之材」；進而引申出「而照之以天光，於是乎居於土上」的詮釋，即是說山高居於土上，山上有天，有〈觀〉☶卦六四爻辭的「光」，而高山上又可以比擬爲君子，〔註6〕君子也是對貴族通稱，符合〈觀〉☶卦六四爻辭的意象，即據《周易集解纂疏・卷三》云：「春秋（左氏）傳：『吳季札聘魯，請觀于周樂』，『晉韓起聘魯，觀

〔註4〕 高亨《左傳國語周易說通解》云：「〈說卦〉『巽爲高』『乾爲圓』，坤上有巽有乾，是土地又高又圓之象，是山上之土，所以說風爲天於土上，山也。」

〔註5〕 《周易集解纂疏・卷三》：「《中庸》謂『山，艸木生之，禽獸居之，寶藏興焉。』」

〔註6〕 《論語》：「高山仰止。」

書于太史氏』。《春秋公羊傳》及《春秋穀梁傳》皆有「公觀於於棠」之說；又《周易‧象傳》曰：「觀國之光，尚賓也。」《儀禮‧聘禮》有請觀之事，謂仗者聘於它國，亦欲請「觀其國之光也」。〔註7〕可知能「觀國之光，利用賓于王」者，是指能觀禮的貴族。

周史接著引申解釋「利用賓于王」是「庭實旅百」，因為諸侯朝問天子或互相聘問，必將許多禮物陳列庭內，亦要奉之以玉帛，此符合〈說卦〉：「乾為金為玉，坤為布為眾。」所以周史說：「故曰『利用賓於王』」，然後再加以說明為何是敬仲的後代在它國主政，此乃是因為「觀」是看著別人所為，而並非是自己有所作為，也就是觀望意思，以「他人」引申為敬仲的後代，所以說「其在後乎」。又因為「巽為風」、「風行而著於土」，風可以流動很遠，所以說：「其在異國乎」。其次，由「風行而著於土上」，引出「山」之象，而「姜姓，大嶽之後也」〔註8〕的緣故與山嶽之象連接起來，再因為山嶽配天，〔註9〕從而推論敬仲的後代必在姜姓之國得志。又「物莫能兩大」〔註10〕判斷敬仲的後裔在陳國衰之後在姜姓之國得志。

以上最為特殊的是，在此筮例之中，卦象的意義選擇是可以由其原始意義，推論至其引申意義。高亨在《周易大傳今註》中提到天、地、風、雷、水、火、山、澤是八卦的基本意義，其餘意義是比擬而出，可視為引申意義。此筮例將基本意義與引申意義並列使用而且不斷互引互証。從而推論出結果，現將此筮例整理如下：

    （1）〈坤〉☷ → 土，〈巽〉☴ → 風，〈乾〉☰ → 天（基本意義）

    （2）〈坤〉☷、〈巽〉☴、〈乾〉☰ →（高）山

    （3）山 → 有材（暗喻君子有材為君主所用）

    （4）〈乾〉☰ → 金、玉

        〈坤〉☷ → 布、眾（又引申為眾多之意）

    （5）〈坤〉☷、〈巽〉☴ → 異國

    （6）山 → 姜姓

〔註7〕請參看《春秋左傳會注》莊公二十二年。

〔註8〕《國語‧周語下》：「其後伯禹念前之非度共之從孫，四嶽佐之，祚四嶽國，命以侯伯，賜姓曰姜。」

〔註9〕《詩‧小雅崧高》：「崧高為嶽，駿極於天」與〈乾〉象相合。

〔註10〕有關「物莫能兩大」的說法，不知其觀點從何而來。筆者臆測此一觀點或許與二元對立與消長的觀點有關。

（7）山→配天（喻為君主所用且位高權重）

事實上周史也將爻辭作引申論述：

（1）光→遠而自它有耀

　　　　　異國　　　光大（喻顯貴）

（2）觀→視他人行動（喻有所等待）→敬仲之後代

筮例五：

> 初，晉獻公筮嫁伯姬於秦，遇〈歸妹〉䷵之〈睽〉䷥，史蘇占之，曰：「不吉！其繇曰：『士刲羊，亦無衁也；女承筐，亦無貺也；[註11] 西鄰責言，不可償也。』〈歸妹〉䷵之〈睽〉䷥，猶無相也。〈震〉☳之〈離〉☲亦離☲之〈震〉☳，為雷為火，為嬴敗姬，車說其輹，火焚其旗，不利行師，敗於宗丘，[註12] 歸妹睽孤，寇張之弧，[註13] 姪其從姑，六年其逋 [註14] 逃歸其國而棄其家，明年其死於高梁 [註15] 之虛。」及惠公在秦，曰：「先君若從史蘇之占，吾不及此夫。」韓簡侍曰：「龜，象也；筮，數也；物生而後有象，象而後有滋，滋而後有數。先君之敗德及，可數乎！史蘇是占，勿從何益？詩曰：『下民之孽，匪降自天，僔沓背憎，職競由人。[註16]』」震夷伯之廟，罪之也，於是展氏有隱慝焉。

晉獻公要把女兒伯姬嫁給秦穆公，占卦遇〈歸妹〉䷵之〈睽〉䷥，晉史官蘇占之以為不吉，因為據繇（爻）辭說：[註17]「士刲羊，亦無衁也，女承筐，亦無貺 [註18] 也」，所以這段婚姻並不能帶來兩國和善的關係，反而招致糾紛，如果「西鄰 [註19] 責言」即指秦國以這層和親關係，對晉國有所要求，

[註11] 衁，血也；貺，賜也。

[註12] 敗不出國，近在宗邑。

[註13] 遇寇難而有弓矢之警。

[註14] 逋，之也。

[註15] 高梁，晉地，平陽縣。

[註16] 出自《詩·小雅》。

[註17] 《周易·歸妹》上九爻辭曰：「女承筐無實，士刲羊無血，無攸利」文字字形有出入，句法排列亦不同，然而意義相同。按《說文》釋刲曰：「刺也」，《廣雅·釋言》曰：「屠也」衁即血也，貺即賜，古婚禮有殺羊、承筐之禮，殺羊而無血，承筐而無實，是不吉也。

[註18] 《爾雅》釋貺：「賜也。」

[註19] 秦國，秦在晉西。

而晉國無法應對的話，則秦國多有責言，則晉國亦「不可償也」。又根據「〈歸妹〉䷵之〈睽〉䷥」之義，是指秦晉婚事雖成而背離，[註20] 所以說：〈歸妹〉䷵之〈睽〉䷥，猶無相也。[註21]

史蘇接著說明「震之離，亦離之震」，即指〈歸妹〉䷵外卦爲〈震〉☳，〈睽〉䷥卦之外卦爲〈離〉☲，而〈歸妹〉䷵之卦爲〈睽〉䷥，所以是〈震〉☳之〈離〉☲。又據《說卦傳》〈震〉☳爲雷，〈離〉☲爲火，所以說是「爲雷爲火」。至於「爲嬴敗姬」是判斷語，指嬴爲雷爲火，姬爲內卦之澤，雷擊澤，火焚澤，是敗姬之兆，所以接著又補充說明爲嬴敗姬的原因是：〈震〉☳爲雷爲車，而其下爲〈兌〉☱卦，〈說卦傳〉解〈兌〉☱爲毀折，車下毀折是「車說其輹」。[註22] 〈離〉☲爲火象，火有焚物之義。在古不論貴族出行或行軍，車上都打著旗號，有火焚之象，就有火燒掉旗子的象徵。旗子被燒是爲不吉祥的訊息，是故說：「不利行師」。回到卦象上說因爲〈震〉☳爲動爲足，〈離〉☲爲戈兵，[註23] 所以也有行師之象，而「車毀旗焚」，是不利行師之兆，[註24] 所以「敗於宗丘」。[註25] 「歸妹睽孤，寇張之弧」，指〈歸妹〉䷵之〈睽〉䷥的〈睽〉卦上九爻：「睽孤，見豕負塗，載鬼一車，先張之弧，後說 [註26] 之弧，匪寇，婚媾，往遇雨則吉。」所以是「歸妹睽孤」、「寇張之弧」是爻辭作爲上句的補述。[註27] 至於上九爻辭的意思是指〈睽〉䷥卦上九有孤獨之象，遇到背上有泥的豕伏於道中，又有一車上疑有眾鬼，故張弓警戒，後來放下了而不射，蓋詳察之是人非鬼，並非賊寇，乃婚媾也。

而「姪從其姑」的意義，按杜預注：「震爲木，離爲火，火從木生，離爲震妹，於火爲姑」，則難以解釋，一是震爲木並不見於〈說卦〉傳，並不見於

[註20] 〈象傳〉：「睽，火動於上，澤動而下，二女同居，其志不同行。」

[註21] 相，助也。

[註22] 《易・大壯》九四爻辭：「壯於大輿之輹。」輹所以固輿于軸，車脫輹則失車之用。

[註23] 見〈說卦傳〉。

[註24] 行師即出兵，《易・謙卦》上六：「利用行師征邑國」〈復卦〉上六：「用行師終有大敗」。

[註25] 《春秋左氏傳》：「十有一日壬戌，晉侯及秦伯戰于韓，獲晉侯」《公羊傳・昭公二十三年》：「君生得曰獲，大夫生死皆曰獲」《史記》：「六年，秦穆公涉河伐晉」又《史通・惑經篇》「惠公見獲」秦穆公出兵攻晉在晉國的韓地生擒晉惠公。宗丘指宗邑附近，見杜注。

[註26] 同脫，見高亨《周易大傳新注》頁340。

[註27] 此譯文錄自高亨《周易大傳今注》頁340。

《左傳》、《國語》的筮例記載，「離爲震妹，於火爲姑」亦不可解。〔註28〕今從近人高亨先生所著的《左傳國語周易說通解》：「據他（史蘇）〈歸妹〉☰是女弟出嫁，睽孤是離家的孤子，這就確定了他們姑與姪的關係，〈歸妹〉☰的上卦是長男，下卦的〈兌〉☱是少女。」他認爲長男即睽孤，少女即妹，從而得出「姪從其姑」的說法。〈睽〉☰上卦的〈離〉☲是中女，〈歸妹〉☰上卦的〈震〉☳變爲〈離〉☲，是長男從中女，即睽孤在外娶妻成家之象。史蘇說：『震之離，亦離之震』，那麼，〈歸妹〉☰上卦的〈震〉☳變爲〈離〉☲，〈離〉☲則終變爲〈震〉☳，這就象徵睽孤逃回本國，棄其外妻了。所以說：『六年其逋，逃歸其國，而棄其家。』指定六年，大概一卦有六爻的緣故。在此採用高亨先生的觀點。此例整理如下：

（1）〈歸妹〉☰上九爻辭：「士刲羊，亦無衁也，女承筐，亦無貺也。」
→西鄰（秦國）責言，不可償也。

（2）〈歸妹〉☰之〈睽〉☰，猶無相也。

（3）〔〈震〉☳→雷、〈離〉☲→火〕→嬴（秦）

（4）（〈歸妹〉☰、〈睽〉☰內卦〈兌〉☱→澤→姬（晉）

（5）雷擊澤，火焚澤→嬴敗姬

（6）（〈歸妹〉☰）（〈震〉☳→車，〈兌〉☱→毀折）→車說（脫）其輹

（7）〈離〉☲→火→焚毀→火焚其旗

（8）車說其輹、火焚其旗→（晉）不利行師，敗于宗丘

（9）歸妹睽孤，寇張之弧→〈歸妹〉☰ ⎰〈震〉☳　　　　　 ⎱姪從其姑
　　　　　　　　　　　　　　　　　　 →長男（獻公長男）
　　　　　　　　　　　　　　　　　　 〈兌〉☱
　　　　　　　　　　　　　　　　　　 →少女（獻公之妹）

（獻公之子子圉入其姑所適之秦國）

（10）六爻→六年其逋

（11）〈離〉☲之〈震〉☳亦〈震〉☳之〈離〉☲→逃歸其國

（12）（〈歸妹〉☰之〈睽〉☰）〈震〉☳變爲〈離〉☲→少男從中女→在外成家

（13）（〈離〉☲之〈震〉☳）逃歸其國→而棄其家

〔註28〕杜預之注或取於漢易說或其它易說，但絕非《春秋》之說，故不取。

至於「明年死於高梁之丘」〔註29〕此句未有通解，杜預認爲「凡筮者用周易則其象可推，非此而往，則臨時而占者，或取於象，或取於氣，或取於時日王相，以成其占。其盡附會以爻象，則虛構而不經。」因爲此句無法以爻象推演而出，是故採杜預之說。

筮例六：

> 秋，頹叔、桃子奉大叔〔註30〕以狄師伐周，大敗周師……王出適鄭，處于氾。秦伯師於河上，將納王，狐偃言於晉侯曰：「求諸侯莫如勤王，諸侯信之且大義也，繼文〔註31〕之業而信宣於諸侯，今爲可矣。」使卜偃卜之，曰：「吉，遇黃帝戰于阪泉之兆。」公曰：「吾不堪也。」對曰：「周禮未改，今之王，古之帝也。」公曰：「筮之。」筮之，遇〈大有〉䷍之〈睽〉䷥，曰：「吉，遇公用享于天子之卦，戰克而王饗，吉孰大焉。且是卦也，天爲澤以當日，天子降心以逆公，不亦可乎？大有去睽而復，亦其所也。」晉侯辭秦師而下。

在魯僖公二十四年，周朝的臣子頹叔和桃子二人，擁戴周襄王的弟弟王子帶（太叔），引兵進攻周，大敗周軍，周襄王逃往鄭國，住在氾地。僖公二十五年，秦穆公把軍隊駐紮在黃河邊，準備送周天子回朝。這時晉臣狐偃也勸晉文公出兵把襄王送回周朝，文公命卜偃占了一卦，遇到〈大有〉䷍卦，第三卦由陽變陰，於是便成了〈睽〉䷥卦。卜偃先依據〈大有〉䷍九三的爻辭「公用享于天子」，〔註32〕認爲將會戰勝狄兵，而獲得周天子設宴款待，因此斷定再沒有比這更大吉的了。

而且此卦，〈大有〉䷍內卦爲〈乾〉☰，變爲〈睽〉䷥卦內卦〈兌〉☱，並且二卦之外卦爲〈離〉☲，〈離〉☲即指日，故說：「天爲澤以當日」。由於卦象中的〈乾〉☰是指天子，按實際上的道理來說，天子的地位是最高的，可是卦象卻在〈離〉☲日之下，而且〈乾〉☰卦又變爲〈兌〉☱卦，〈兌〉☱又爲悅，所以是「天子降心以逆公」。此例整理如下：

〔註29〕獻公生惠公，惠公生子圉：惠公死，晉立子圉爲懷公，秦殺懷公，納獻公之子重耳爲文公。見《春秋會要·卷一晉世家》，〔清〕姚彥渠撰，北京中華書局1998。子圉入秦爲質並見於《史記·秦本記》、《史記·晉世家》，秦殺子圉立文公之事，除以上二書，亦見《國語·晉語》。
〔註30〕王子帶。
〔註31〕晉文公。
〔註32〕遇〈大有〉之〈睽〉指〈大有〉九三爻，爻辭爲；「公用亨于天子，小人弗克」，亨，享二字通用。

（1）〈大有〉☰九三爻辭：「公用亨於天子，小人弗克」

（2）（〈大有〉☰）〈乾〉☰→「天」變爲（〈睽〉☱）〈兌〉☱→「澤」

（3）〈大有〉☰、〈睽〉☱上卦並爲〈離〉☲，〈離〉☲爲日→當日

（4）〈大有〉☰→天在日下　　　　　
　　　〈乾〉☰變爲〈兌〉☱　　　　 ┃→悅心在下→天子降心以逆公

筮例九：

> 齊棠公之妻，東郭偃之姊也，東郭偃臣崔武子，棠公死，偃御武子
> 以吊焉，偃曰：「男女辨〔註33〕姓，今君出自丁，臣出自桓，不可。
> 〔註34〕」武子筮之，遇〈困〉☱之〈大過〉☱，史皆曰：「吉。」
> 示陳文子，文子曰：「夫從風，〔註35〕風隕妻，不可娶也。且其繇曰：
> 『困于石，據于蒺梨，入於其宮，不見其妻，凶。』困于石，往不
> 濟也，據于蒺梨，恃所傷也，入於其宮，不見其妻，凶，無所歸也。」
> 崔子曰：「嫠也，何害？先夫當之矣。」遂取之。

齊棠公的妻子，是東郭偃的姐姐。棠公死，東郭偃爲崔武駕車去吊唁，崔武子看到棠姜覺得她很美，想要娶過來，用《周易》占了一卦，遇〈困〉☱卦，第三爻由陰變陽，於是便成了〈大過〉☱卦。所有的史官都認爲是吉的。因爲〈困〉☱卦的外卦是〈兌〉☱，內卦是〈坎〉☵，據〈說卦傳〉：「〈坎〉☵，再索而得男，故謂之中男；〈兌〉☱，三索而得女。故謂之少女。」少女是妻，中男是夫，少女配中男有夫妻相配之象，「史皆曰吉」，正是根據此象而推斷的。唯獨陳文子不以爲然。他認爲由〈困〉☱變爲〈大過〉☱，則成上〈兌〉☱下〈巽〉☴。巽爲風，〔註36〕〈困〉☱卦的〈坎〉☵變爲〈巽〉☴，則是夫變爲風，上〈兌〉☱下〈巽〉☴的〈大過〉☱是風吹掉其妻的象徵，這是很不吉的，所以陳文子說：「夫從風，風隕妻，不可娶也。」這是根據卦象來論斷吉凶的。接著陳文子又引〈困〉☱卦六三的辭加以解釋，「困于石，據于蒺藜，人于其宮，不見其妻，凶。」意謂已經被石頭圍困，當然是無從往前邁進了，而所依靠的偏是有刺的蒺藜，難免會遍體鱗傷。回到家裡，又看不見妻子。在此家破人亡的情形，當

〔註33〕別。

〔註34〕崔氏出自丁公，東郭氏出自桓公，同爲姜姓。

〔註35〕坎爲中男，故爲夫。

〔註36〕請見〈說卦傳〉。

然是無可歸宿了。但崔武子認爲：「嫠〔註37〕也，何害？先夫當之矣。」，也就是說齊棠公已受其凶。整理如下：

（東郭偃）

（1）男女辨姓，今君出自丁，〔註38〕臣出自桓〔註39〕→不合禮法→不可（娶）。

（崔武子）

（2）遇〈困〉☱☵之〈大過〉☱☴

　　〈困〉☱☵外卦〈兌〉☱→少女→棠姜

　　〈困〉☱☵內卦〈坎〉☵→中男→崔武子

　　少女配中男→夫妻→吉

（陳文子）

（3）〈困〉☱☵內卦〈坎〉☵變爲（〈大過〉☱☴內卦）〈巽〉☴→夫從風

（4）〈大過〉☱☴→妻在風上→風隕妻（欲娶不得）→不可娶也。

（5）（〈困〉☱☵六三爻辭）困于石（不得行動之象）→往不濟也。

（6）（〈困〉☱☵六三爻辭）據于蒺藜（在有刺植物旁）→所恃傷也。

（7）（〈困〉☱☵六三爻辭）入于其宮（家），不見其妻→無所歸也→凶〔註40〕

（崔武子）

（8）先夫當之→嫠之何害〔註41〕

筮例十

　　初，穆子之生也，莊叔〔註42〕以《周易》筮之，遇〈明夷〉☷☲之〈謙〉☷☶，以示卜楚丘，楚丘曰：「是將行，〔註43〕而歸爲子祀，以讒入人，其名曰牛，卒以餒死，〈明夷〉☷☲，日月之數也，故有十時，〔註44〕亦當十位，自王以下，其二爲公，其三爲卿，日上

〔註37〕杜預注：寡婦曰嫠。
〔註38〕齊丁公。
〔註39〕齊桓公。（棠姜，棠公之妻，姜姓）。
〔註40〕依此句語氣，「無所歸也」，是應承「入于其宮，不見其妻」而推論出來，是判斷詞「凶」的補述或倒裝句。
〔註41〕同上句，是爲倒裝句。
〔註42〕穆子父。
〔註43〕出奔。
〔註44〕古人分一晝夜爲十時：雞鳴、昧爽（昧旦）、旦、大昕、日中、日昃、夕、昏、

其中，食日爲二，旦日爲三，〈明夷〉䷣之〈謙〉䷎，明而未融，
〔註45〕其當旦乎？故曰：『爲子祀』。日之謙，當鳥，故曰：『明夷
于飛』，〔註46〕明而爲融，故曰：『重其翼』，〔註47〕象日之動，故
曰：『君子于行』，當三在旦，故曰：『三日不食』。〈離〉☲，火也；
〈艮〉☶，山也；〈離〉☲爲火，火焚山，山敗，於人爲言，〔註48〕
敗言爲讒，故曰：『有攸往，主人有言』，言必讒，純〈離〉☲爲牛，
〔註49〕世亂讒勝，勝將適雕，故曰：『其名曰牛』，〈謙〉䷎不足，
飛不翔，垂不峻，翼不廣，故曰：『其爲子後乎？』，吾子，亞卿也，
抑少不終。」

叔孫穆子（豹）是魯國叔孫莊叔（名得臣）的次子，在他出生的時候，莊叔
以《周易》占了一卦，遇到〈明夷〉䷣卦，初爻由陽變陰，於是便成了〈謙〉
䷎卦。楚丘根據卦象及初九爻辭來論斷。〈明夷〉䷣卦是〈坤〉☷上〈離〉☲
下，〈坤〉☷爲地，〈離〉☲爲日，〈艮〉☶爲山，〔註50〕日在地下，即有太
陽下山之象。然而今日的太陽雖下山，明早的旭日又要東昇，因此又有日將
出於地上之象。所以說：「〈明夷〉䷣，日也。」古人紀日之法，是用甲、乙、
丙、丁、戊、己、庚、辛、壬、癸十天干來標明。以十日爲一旬，所以說：
「日之數十。」古代又把一日分爲十時，〔註51〕所以說：「故有十時。」根
據《左傳》昭公七年的記載，春秋時分成十個等級，即王、公、大夫、士、
皂、輿、隸、僚、僕、臺。故楚丘認爲〈明夷〉䷣卦變爲〈謙〉䷎卦，是〈明
夷〉䷣下卦的〈離〉☲日變爲〈謙〉䷎下卦的〈艮〉☶山，而其上卦〈坤〉
☷地不變，這就象徵太陽起初被大地掩蓋，轉而被大山遮住，而尚未能大放
光明，是「旦日」的現象，所以說：「〈明夷〉䷣之〈謙〉䷎，明而未融，其
當旦乎！」「旦日」既與大夫相配，由是而斷定穆子將會繼承莊黎的爵位，
成爲大夫，並奉叔孫氏的祭祀。所以說：「故曰：『爲子祀。』」接著楚丘又

宵、夜中，據《春秋左氏傳會注》。

〔註45〕服虔注：融，高也。

〔註46〕杜注：離爲日，爲鳥，離變爲謙，日光不足，故當鳥，鳥飛行，故曰于飛。

〔註47〕杜注：於日爲未融，於鳥爲重翼。

〔註48〕杜注：艮爲言。

〔註49〕焦循補疏：「〈明夷〉上坤下離，以坤配離，故云純離，純，耦也，謂與離相
耦者，坤也，即牛也，《易》以坤爲牛。」

〔註50〕並見〈說卦傳〉。

〔註51〕同註44。

再從卦象以及初九的爻辭來推論，〈明夷〉☷☲下卦的〈離〉☲日，變爲〈謙〉☷☶下卦的〈艮〉☶山，而〈離〉☲又可以爲雉，〔註52〕有鳥象，由〈離〉之〈艮〉☶，是雉向山間飛之象，因此他解釋爻辭說：「日之〈謙〉☷☶當鳥，故曰：『明夷于飛』。」但是〈明夷〉☷☲的日尚未光明，可引申出來〈明夷〉☷☲的鳥尚未大展翅翼，所以他又解釋爻辭說：「明而未融，故曰：『垂翼』。」他又將日比擬作在位君子，並把日的運行比擬作君子的行動，因此又解釋爻辭說：「象日之動，故曰：『君子于行』。」〈明夷〉☷☲的日是旦日，居第三位，尚未升到「食日」；〈離〉☲中虛，其於人也爲大腹，〔註53〕有不食的現象。因此他又解釋爻辭說：「當三在旦，故曰：三日不食。」此外〈離〉☲爲火，〈艮〉☶爲山，〈明夷〉☷☲下卦的〈離〉☲變爲〈謙〉☷☶下卦的〈艮〉☶，有火焚山之象。就人事方面來說，火似讒言，那麼火焚山就象徵讒言害人，因此他又解釋爻辭說：「〈離〉☲，火也；〈艮〉☶，山也；〈離〉☲爲火，火焚山，山敗。于人爲言，敗言爲讒，故曰：『有攸往，主人有言。言必讒也。」卜楚丘再根據卦象，進一步指明這個進讒之人名叫牛，〈離〉爲牝牛，〔註54〕所謂「純〈離〉☲爲牛」是指〈離〉上〈離〉☲下的〈離〉☲卦可以象徵著牛，這是由於〈離〉☲卦的卦辭說：「畜牝牛，吉。」卜楚丘就是依此推斷的。火既可爲讒言，而所謂的「世亂讒勝，勝將適離。」意思是說當此亂世，讒人將要獲得勝利，因而推斷這位獲勝的讒人「其名曰牛」。〔註55〕

　　楚丘以十時配十位，太陽最高時是中午，即是古人的「日中」，故天子配日中。而公、大夫、士配上午各時，食日配公，且日配大夫。〔註56〕

　　又因〈謙〉☷☶不足，飛不翔，垂不峻，翼不廣」，是指鳥飛不遠的意思，有鳥未成長之象，所以是「其爲子後乎？」，又可顯示「抑少不終」，即指不能永壽之象。

　　整理如下：

　　（1）〈明夷〉☷☲（〈離〉☲在〈坤〉☷下）→ 日（一天）→ 日有數爲十 →
　　　　配十位

〔註52〕見〈說卦傳〉。

〔註53〕出處同上。

〔註54〕請見荀爽的《九家注》。

〔註55〕據《左傳昭公五年》：「豎牛禍叔孫氏。」

〔註56〕《史記》〈天官書〉：「旦至食，是旦而後食，故食日較旦日高。」轉引自《春秋左傳會注》。

（2）旦日 → 爲三 → 卿位

　　〈明夷〉☷☲之〈謙〉☷☶，明而未融 → 其當旦乎？｝爲子祀（嗣莊叔）

（3）日之謙 → 鳥 → 明夷于飛

　　明而未融　　　　　　　　　｝→ 重其翼 → 象日之動 → 君子于行

（4）當三在旦 → 三日不食

（5）（〈明夷〉☷☲內卦〈離〉☲變〈謙〉☷☶內卦〈艮〉☶）

　　（〈離〉☲ → 火，〈艮〉☶ → 山）→ 火焚山 → 山敗

　　〈艮〉☶於人爲言，山敗 → 敗言爲讒

（6）敗言，君子于行 → 有攸往，主人有言。

（7）〈明夷〉☷☲ → 外〈坤〉☷內〈離〉☲

　　　→ 純〈離〉☲ → 牛　　　　　　　　｝（讒人）其名曰牛。

　　世亂　讒勝　火焚山　離勝 → 勝將適離

（8）〈謙〉☷不足 → 飛不翔，垂不峻，翼不廣 ｛其爲子後
　　　　　　　　　　　　　　　　　　　　 ｛抑少不終

筮例十一

　　（昭公七年）衛襄公夫人姜氏無子，嬖人婤姶生孟縶。孔成子夢康
叔謂己：「立元，余使羈之孫圉與史苟相之。」史朝亦夢康叔謂己：
「余將命而子苟與孔烝鉏之曾孫圉相元。」史朝見成子，告之夢，
夢協，晉韓宣子爲政聘於諸侯之歲，婤姶生子，名之元。孟縶之足
不良能行，孔成子以周易筮之，曰：「元尚享衛國，主其社稷。」遇
〈屯〉☵☳，又曰：「余尚立縶，尚克嘉之。」遇〈屯〉☵☳之〈比〉☵☷，
以示史朝，史朝曰：「元亨，又何疑焉？」成子曰：「非長之謂乎？」
對曰：「康叔名之，可謂長矣，孟非人也；將不列於宗，不可謂長，
且其繇曰：『利建侯。』嗣吉，何建？建非嗣也，子其建之。康叔命
之，二卦告之，筮襲於夢，武王所用也，〔註57〕弗從何爲？弱足者
居，〔註58〕侯主社稷，臨祭祀，奉民人，事鬼神，從朝會，又焉得
居，各以所利，不亦可乎？」故孔成子立靈公。

衛襄公薨，臣子對立襄公側室所出二子孟縶或元不能確定，孔成子先問：「元

〔註57〕《國語‧周語下》引〈大誓〉曰：「朕夢協朕卜，襲於休祥，戎商必克。」
〔註58〕〈屯〉初九爻辭：「磐桓利居」，磐桓猶磐跚，跛行貌。

尚享衛國，主其社稷。」筮而得〈屯〉☷卦，又問：「余尚立縶，尚克嘉之。」遇〈屯〉☷之〈比〉☷，孔成子不能決定，去問史朝。史朝認為問到元的〈屯〉☷卦，卦辭中有「元亨」二字，所以尚當立元。因為問到立元是遇〈屯〉☷卦，也就是〈屯〉☷卦全不變，以卦辭解釋是「元亨利貞」、「利建侯」，又「元亨」與元的名字對應，所以說：「元亨，又何疑焉？」。可是成子認為元亨之元應該是指長子的意思。〔註59〕史朝回答說，既然是康叔，〔註60〕所命名為元，也就是為長的意思了，又孟縶並不符合條件。〔註61〕又據爻辭「利建侯」，如果順應宗法立長子，又何必說是「建」，所以「建非嗣也」，而且所占兩卦皆有「利建侯」的卦辭，而且又是「康叔命之，二卦告之，筮襲〔註62〕於夢」。又「侯主社稷」等條件，因「各有所利」，所以應立次子元，整理如下：

（1）〈屯〉☷卦卦辭：「屯，元亨利貞，勿用有攸往，利建侯」→次子名元→元尚享衛國

（2）康叔名之→可謂長矣。

（3）利建侯→建非嗣也→建元為侯，非立長子。

（4）康叔命之，二卦告之，筮襲於夢（武公所用）→弗從何為（應該尊循）

（5）〈屯〉☷卦初九爻辭：利居貞 ⎫
　　　　　　　　　　　　　　　　⎬ 弱足能居
　　孟縶之足不良 ⎭

（6）侯（元）→主社稷、臨祭祀，奉民人，事鬼神從朝會 ⎫
　　　→焉得居　　　　　　　　　　　　　　　　　　⎬ 不見所利
　　孟縶能居 ⎭

筮例十五

　　公子親筮之，曰：「尚有晉國。」得貞〈屯〉☷、悔〈豫〉☷，皆八也。筮史占之，皆曰：「不吉。閉而不通，爻無為也。」司空季子曰：「吉。是在《周易》，皆利建侯。不有晉國，以輔王室，安能建侯？我命筮曰：『尚有晉國』，筮告我曰：『利建侯』，得國之務也，吉孰大焉！〈震〉☳，車也。〈坎〉☵，水也。〈坤〉☷，土也。〈屯〉☷，

〔註59〕元，體之長也。
〔註60〕據杜注：元，孟縶弟，夢時元未生，又據康叔是衛國始封之祖。
〔註61〕柱注：足破，非全人，不可列為宗主。
〔註62〕合。

厚也。〈豫〉䷏，樂也。車班外內，順以訓之，泉原以資之，土厚而
樂其實。不有晉國，何以當之？〈震〉䷲，雷也，車也。〈坎〉䷜，
勞也，水也，眾也。主雷與車，而尚水與眾。車有震，武也。眾而
順，文也。文武具，厚之至也。故曰〈屯〉䷂。其繇曰：『元亨利貞，
勿用有攸往，利建侯。』主震雷，長也，故曰元。眾而順，嘉也，
故曰亨。內有震雷，故曰利貞。車上水下，必伯。小事不濟，壅也。
故曰勿用有攸往，一夫之行也。眾順而有武威，故曰：『利建侯。』
〈坤〉䷁，母也。〈震〉䷲，長男也。母老子彊，故曰〈豫〉䷏。其
繇曰：『利建侯行師。』居樂、出威之謂也。是二者，得國之卦也。」

晉國公子重耳，想憑藉秦國兵力，奪取晉國，於是占了一卦，遇到〈屯〉䷂卦
之〈豫〉䷏。所謂：「得貞〈屯〉䷂悔〈豫〉䷏。」是因爲古人稱本卦爲貞，
稱之卦爲悔。〈屯〉䷂的外卦是〈坎〉䷜，內卦是〈震〉䷲，〈震〉䷲在〈坎〉
䷜下；〈豫〉䷏的外卦是〈震〉䷲，內卦是〈坤〉䷁，〈震〉䷲在〈坤〉䷁上。
筮史就是根據這些卦象論斷不吉。〔註63〕但是司空季子的見解卻與此相反，
他所論斷的吉凶除了根據卦象以外，並且還參照了卦名與卦辭。他說：「〈屯〉
䷂，厚也。〈豫〉䷏，樂也。」這是解釋卦名的含義。又說：「是在《周易》
皆『利建侯』。」〈屯〉䷂、〈豫〉䷏的卦辭都有「利建侯」的字眼，可知這是
引卦辭來論斷重耳將成爲侯。他又說：「〈震〉䷲，車也。〈坎〉䷜，水也。〈坤〉
䷁，土也。」這是舉出卦象。〈坎〉䷜爲水，〈坤〉䷁爲地，並見〈說卦傳〉，
但〈說卦傳〉並沒有說〈震〉䷲爲車，因此三國人韋昭的《國語》注說：「易
〈坤〉爲大車，〈震〉爲雷，今云車者，車亦動，聲象雷，其爲小車也。」據
此以觀，則下〈震〉䷲上〈坎〉䷜的〈屯〉䷂是車在內，下〈坤〉䷁上〈震〉
䷲的〈豫〉䷏是車在外。〈坤〉䷁爲順；〈坎〉䷜爲水，流而不竭。根據這些
卦象，再結合卦名，便是「車班外內，順以訓之，泉原以資之，土厚而樂其
實。」有了兵車，有了土地，又有物質，是〈屯〉䷂厚而〈豫〉䷏樂！因此
得出了結論：「不有晉國，何以當之？」接著從卦象的角度，給卦名卦辭作了
合理的解釋。先從〈屯〉䷂的卦象解釋〈屯〉䷂字，而指出「〈震〉䷲，雷也，
車也。〈坎〉䷜，勞也，水也，眾也。」此說可與〈說卦傳〉相符。〈說卦傳〉
認爲〈坎〉䷜是「勞卦也，萬物之所歸也」，因此也有眾象。由此觀之，下〈震〉

〔註63〕據韋昭注：筮人之以連山歸藏占此兩爻皆曰不吉，是否以連山歸藏占則不可
知。但據下句「是在《周易》」可知筮史的確非以《周易》解卦。

上〈坎〉☵的〈屯〉䷂卦，有威力似雷的兵車，則爲充實的武備；又有從之如流水，願意效勞的群眾，則是出于文德。文武兼具，其勢力必然是豐厚至極，因此司空季子說：「主雷與車，而尚水與眾。車有震武，眾順文也。文武具，厚之至也。故曰〈屯〉䷂。」認爲〈屯〉䷂卦之所以名〈屯〉䷂，實由於此。然後又以〈屯〉䷂的卦象解釋其卦辭，〈屯〉䷂的內卦爲〈震〉☳，象徵著雷霆的威力，有此威力，當然可以成爲諸侯之長，正與「元者，善之長」〔註64〕的含義相合，所以他說：「主震雷，長也，故曰元。」〈屯〉䷂的外卦爲〈坎〉☵，〈坎〉☵是象徵群眾順命效勞，這是暢達亨通的現象，正與「亨者，嘉之會」〔註65〕的含義相合，所以說：「眾而順，嘉也，故曰亨。」〈屯〉䷂的下卦既有雷霆威力的現象，這是有利的條件，正與「利者，義之和也；貞者事之幹也」〔註66〕的含義相合，所以他說：「內有震雷，故曰利貞。」然而〈屯〉䷂卦是〈震〉☳在〈坎〉☵下，又有車被險阻所困，而壅閉不通之象，所以他又說：「內有震雷，故曰利貞。」然而〈屯〉䷂卦是〈震〉☳在〈坎〉☵下，又有車被險阻所困，而壅閉不通不象，所以他又說：「小事不濟，壅也。故曰：勿用有攸往。」他認爲這一句卦辭是指一人單獨行動而言的，有群眾則不然。〈屯〉䷂卦既象徵有威力與群眾順從，當然是得國爲侯的吉兆，所以他說：「眾順而有武威，故曰：利建侯。」他認爲〈屯〉䷂卦的卦辭，全是根據卦象而說的。其次，他再以〈豫〉䷏的卦象解釋「豫」字，而指出「〈坤〉☷，母也。〈震〉☳，長男也。」，〔註67〕如此則下〈坤〉☷上〈震〉☳之〈豫〉䷏是母老子強之象，這樣的家庭必是安樂的。所以他說：「母老子強，故曰豫。」他又依據〈豫〉䷏的卦象解釋其卦辭，〈豫〉䷏是下〈坤〉☷上〈震〉☳，象徵著有土地，有兵車，這也就是得國爲侯之象。而且處於本國則安樂，出兵，征伐則威武，所以說：「其繇曰：『利建侯行師。』居樂出威之謂也。」

整理如下：

（1）〈屯〉䷂卦卦辭：「元亨利貞，勿用有攸往，利建侯」
〈豫〉䷏卦卦辭：「利建侯行師」 ｝得國之務

（2）〈震〉☳→車，〈坎〉☵→水，〈坤〉☷→土，〈屯〉䷂→厚，〈豫〉

〔註64〕請見〈乾卦文言傳〉。
〔註65〕出處同上。
〔註66〕出處同上。
〔註67〕〈說卦傳〉。

☷→樂

（3）〈屯〉☳外卦〈震〉☳，〈豫〉☳外卦〈震〉☳
　　→車班外內

〈坤〉☷→順→以訓之 ⎫
〈坎〉☵→水→泉原→以資之 ⎬ 有晉國
〈屯〉☳→土厚→樂其實 ⎭

（4）〈震〉☳→雷 ⎫
　　　　　→車 ⎬ 車有震→武 ⎫
〈坎〉☵→眾 ⎫ ⎬ 文武具→〈屯〉☳厚之至
　　　　→水 ⎬ 眾而順→文 ⎭

（5）〈屯〉☳ ⎧ 震雷→長→元
　　　　　　 ⎨ 眾而順→嘉→亨
　　　　　　 ⎩ 有震雷→利貞

車上水下（上有威武而下有眾順）→必伯（霸）→利建侯（眾順

有威武）〈震〉☳→車，〈坎〉☵ ⎧ →陷→小事不濟，壅也。
　　　　　　　　　　　　　　 ⎨ →勿用有攸往→一夫之行
　　　　　　　　　　　　　　 ⎩
　　　　　　　　　　（非公子重耳）

（6）〈豫〉☷〈震〉☳→長男 ⎫ ⎧ →利建國→居樂
　　　　〈坤〉☷→母 ⎬ 母老子強→豫（樂） ⎨
　　　　　　　　　　 ⎭ ⎩ →行師→出威

（7）二者（〈屯〉☳、〈豫〉☷）→得國之卦。

筮例四：

　（僖公十五年）秋，伐厲，以救徐也。晉侯之入也，秦穆姬屬賈君
焉，且曰：「盡納群公子。」晉侯烝於賈君，又不納群公子，是以穆
姬怨之，晉侯許賂中大夫，既而皆背之，賂秦伯以河外列城五，東
盡虢略，南及華山，內及解梁城，既而不與，晉饑，秦輸之粟，秦
饑，晉閉之糴，卜徒父筮之，吉，涉河，侯車敗，詰之，對曰：「乃
大吉也，三敗必獲晉君，其卦遇〈蠱〉☶，曰：千乘三去，三去之
餘，獲其雄狐。夫狐蠱必其君也，〈蠱〉☶之貞，風也，其悔，山也，
歲云秋矣，我落其實而取其材，所以克也，實落才亡，不敗何待。」

三敗及韓。

秦穆公伐晉，卜徒父筮卦，遇〈蠱〉䷑卦而無變爻，論斷是吉，但是卻被打敗了，秦穆公詰問卜徒父。卜徒父說：「千乘三去，三去之餘，獲其雄狐。」此條文未見於《周易》中。〔註68〕而卜徒父接著說「夫狐蠱，必其君也。」首先是把狐與〈蠱〉䷑的意象連接起來。〈說文〉引《左傳・昭公元年》釋〈蠱〉䷑曰：「皿虫曰蠱，晦淫之所生也。」又《詩・齊風・南山》有云：「南山崔崔，雄狐綏綏」，《詩》序曰：「南山，刺襄公也，鳥獸之行，淫乎其妹，大夫遇是惡，作詩而去之。」〔註69〕而在《左傳》記載：「晉侯烝於賈君」是說晉惠公與其長嫂通姦。所以卜徒父認為狐蠱必是指晉侯。

卜徒父接著解釋〈蠱〉䷑卦卦象，〈蠱〉䷑卦的外卦是〈巽〉☴卦，指風，內卦是〈艮〉☶，指山。因為目前的季節是秋季。山上的樹木因果實成熟而落下，樹木凋零，所以「（秦）克（晉）也，（晉）實落，材亡，不敗何待」。

整理如下：

（1）〈蠱〉䷑ → （國君）淫亂

（2）狐 → （淫亂的）國君

（3）晉侯烝賈君 → 淫亂

（4）狐蠱 → 晉君

（5）秋天 → 田獵 → （秦君）獲雄狐

（6）〈蠱〉䷑ 外卦：山☶　內卦：風☴

（7）風 → 秦國；山 → 晉國

（8）風、秋天、山 → 實落材亡 → 晉敗

從上述筮例，可以看出古人在使用《易經》之時，多是將卦象、卦名、卦爻辭併列為條件且交叉而論。而且在十六個筮例中，有八個例子是此種類型解釋，是最常用的一種解法。

從上來看，大致能看出古人由《周易》推論有以下幾點作為條件：

1、卦爻辭的本義與在使用上的引申義

〔註68〕杜預注曰：「此所言蓋卜筮書雜辭」。顧炎武補正以為是夏商之占辭。荀爽《九家注》以〈艮〉為狐（〈蠱〉卦外卦為〈艮〉）。杜預及顧炎武之說未審其是，故僅能參考，《九家注》以〈艮〉卦為狐，未見於〈說卦〉，故不取。

〔註69〕狐指淫亂之君，蠱是指君主晦淫。

2、卦象

3、以現存〈說卦〉作爲條件

有關卦象、〈說卦〉的部份，將在第三章討論，而卦爻辭的本義與在使用上的引申義則於第四章討論。而下節仍先說明其它類型的筮例。

第二節　其它解筮的類型

本節將討論其它的解筮類型，包括純用卦象及卦名、純用卦爻辭及卦名、非以《易經》解釋以及僅用於判斷吉凶歸屬而不論述者四類。茲分別論述於後：

一、純用卦象及卦名釋筮

在十六個筮例中，僅有一個例子，說明如下：

筮例二

初，畢萬筮仕於晉，遇〈屯〉䷂之比䷇，辛廖占之，曰：「吉，〈屯〉䷂固〈比〉䷇入，吉孰大焉。其必蕃昌，震爲土，〔註70〕車從馬，〔註71〕足居之，〔註72〕兄長之，〔註73〕母覆之，〔註74〕眾歸之，〔註75〕六體不易，合而能固，安而能殺，公侯之卦也，公侯之子孫，必復其始。」

畢萬將至晉國作官，先用《周易》占一卦，是遇〈屯〉䷂之〈比〉䷇，辛廖判斷是吉，由這兩卦的卦名與卦象作爲依據。〈屯〉䷂卦之所以有「固」義，可從二個地方來說：一是〈象傳〉釋〈屯〉䷂云：「雲雷屯」，據《九家易》注：「雷得地中，未得動出」，也是不動之義，二是〈雜卦傳〉：「屯，見而不失其居」；居也是不動之義。由此引申可知〈屯〉䷂有穩固之義，所以說「屯固」。

而〈比〉䷇卦之所以有「入」義，是由〈象傳〉：「比，輔也，下順從也。」的觀念而來，〈比〉䷇既有順從親輔之義，所以說「比入」了。

辛廖接著說明卦象是「震爲土」，是指〈屯〉䷂卦內卦的〈震〉☳變爲〈比〉

〔註70〕震變爲坤。

〔註71〕震爲車，坤爲馬。

〔註72〕震爲足。

〔註73〕震爲長男。

〔註74〕坤爲母。

〔註75〕坤爲眾。

☷卦內卦的〈坤〉☷，〔註76〕以〈震〉☳、〈坤〉☷二象作爲前提展開推論。

又因〈震〉☳有車象，〈坤〉☷有馬象，〈震〉☳變爲〈坤〉☷，所以說「車從馬」。〔註77〕又〈震〉☳可爲足，坤爲土，是居於土上，有立定安穩之意，故曰：「足居之。」〈震〉☳又可爲長男，即指兄，有兄助弟之意，所以說「兄長之。」〈坤〉☷又爲母，有養育之意，所以說「母覆之」，〔註78〕又因爲〈屯〉☵卦的外卦爲〈坎〉☵卦，〈坎〉☵卦可取象爲眾，〔註79〕〈坎〉☵卦是外卦，附在內卦之上，有群眾來歸之意，所以說：「眾歸之。」而土地、馬、車、足居、母、眾人六象，穩固不可移易，所以說：「六體不易」。〈比〉☵卦有合，〈屯〉☵卦有固，所以「合而能固」。又據〈坤卦象傳〉：「坤……安貞之吉。」安穩而正，故〈坤〉☷有安象。而〈震〉☳的本義爲雷，有威武之象，故言殺，〔註80〕所以「安而能殺」，是「公侯之卦也。」

本例的解說並不以變爻辭「磐桓，利居貞，利建侯」作爲依據。雖然如此解卦者仍作出符合爻辭的解釋。整理如下：

前提（1）〈屯〉☵→固；〈比〉☵→入

前提（2）〈震〉☳變爲土（〈坤〉☷）

（3）〈震〉☳→「車」變「從」，〈坤〉☷→馬（以有車馬暗喻尊貴）

（4）〈震〉☳→足；〈坤〉☷→土

（5）〈震〉☳→長兄；〈坤〉☷→母

（6）〈坎〉☵→眾人

（7）〈屯〉☵＋〈比〉☵→合而能固

（8）〔〈震〉☳→威武→能殺〕＋〔〈坤〉☷→地→安穩〕→安而能殺

〔註76〕《春秋左傳會注》、《易學拾遺》皆作此解，在〈說卦傳〉中並未有〈震〉卦爲土的記載。

〔註77〕〈說卦傳〉中並無〈震〉爲車、〈坤〉爲馬的說法。以馬指涉〈坤〉的說法在卦辭中則有提到：「坤，元亨，利牝馬之貞。」又〈象傳〉：「牝馬地類，行地無疆。」與〈乾〉卦以龍入表概念相同。至於〈震〉爲車的說法在〈震〉卦九四爻辭：「震遂泥」即陷溺而不能動，似可得出指涉主語爲車，但不能十分確定。筆者認爲，解卦者或以車聲隆隆有若雷震之聲，故以〈震〉卦取車象。

〔註78〕以上並見《說卦傳》及《國語·晉語》：「震，雷也，武車也……車」。

〔註79〕《國語·晉語》：「坎，眾也。」

〔註80〕〈噬嗑〉卦辭：「亨，利用獄」；〈象傳〉：「雷電合而章……利用獄也。」〈象傳〉：「雷電噬嗑，先王以明罰敕法。」

得出：公侯之象

二、純論卦爻辭及卦名者

純以卦爻辭和卦名來解釋筮例的例子，共有三個，分別是筮例八、十二和十三，分述於後：

筮例八

> 穆姜薨於東宮。始往而筮之，遇〈艮〉☶之八，史曰：「是謂〈艮〉☶之〈隨〉☱。隨，其出也，〔註81〕君之速出。」姜曰：「亡。是於《周易》曰：『〈隨〉☱，元、亨、利、貞，無咎。』元，〔註82〕體之長也；亨，嘉之會也；利，義之和也；貞，事之幹也，體仁足以長人，嘉會足以合禮，利物足以合義，貞固足以幹〔註83〕事。然故不可誣也，今我婦人而與於亂，〔註84〕固在下位，而有〔註85〕不仁，不可謂元；不靖國家，不可謂亨；作而害身，不可謂利；棄位而姣，不可謂貞；有四德焉，隨而無咎，我皆無之，豈隨也哉？我則取惡，能無咎乎？必死於此，弗得出矣。」

穆姜是魯宣公的妻子，也是成公的母親。她與大夫叔孫僑如私通。成公十六年，僑如與穆姜合謀，想廢成公，兼併孟孫氏和季孫氏。結果所謀不成，僑如奔齊，穆姜被遷往東宮。初遷的時候，即用《周易》占了一卦，遇到〈艮〉☶卦，初爻由陰變陽，第三爻由陽變陰，第五、五皆由陰變陽，上爻由陽變陰，經過這五個爻變，於是便成了〈隨〉☱卦。《周易·雜卦傳》說：「隨，無故也。」無故是沒有了故處，當然是要走出故處而離開的，因此魯國的史官說：「隨，其出也。君必速出。」這是根據卦名的名義而推斷出「必可速出」的好結果。但是穆姜的看法卻不同，她只根據〈隨〉☱卦的卦辭的論斷。先舉〈隨〉☱卦的卦辭「元亨利貞，無咎。」〈隨〉☱的外卦是〈兌〉☱，內卦是〈震〉☳。〈震〉☳為動，〈兌〉☱為悅，〔註86〕動而悅，所以有元亨利貞之象。接著她又指出元亨利貞的四德，認為能「體仁」纔配稱為「元」，有「嘉

〔註81〕隨人而行，有出走之象。
〔註82〕首也。
〔註83〕堪其任曰幹。
〔註84〕欲去季氏、孟氏，欲廢成公。
〔註85〕又。
〔註86〕並見〈說卦傳〉。

德」才配稱爲「亨」，能「利物」才配稱「利」，有「操守」才配稱爲「貞」。可是穆姜參與政爭是亂，而女子在下位有「不仁」，所以「不可謂元」，因爲亂而「不靖國家」，不可謂「亨」，參與政爭而「有害於身，不可謂利」，因爲不顧身份私通宣伯，所以是「棄位而姣，不可謂貞」。〔註87〕整理如下：

(1)〈隨〉䷐：元、亨、利、貞，無咎

(2) 不仁 → 不元

(3) 不靖國家 → 不亨

(4) 有害於身 → 不利

(5) 棄位而姣 → 不貞

(6) 不私前題 → 有咎

筮例十二

> (昭公十二年) 南蒯之將叛也……南蒯枚〔註88〕筮之，遇〈坤〉䷁之〈比〉䷇，曰：「黃裳，元吉。」以爲大吉也，示子服惠伯，曰：「即欲有事，何如？」惠伯曰：「吾嘗學此矣，忠信之事則可，不然，必敗。外彊內溫，忠也。〔註89〕和以率貞，信也；〔註90〕黃，中之色也；裳，下之飾也；元，善之長也。中〔註91〕不衷，不得其色，下不共，〔註92〕不得其飾，事不善，不得其極，〔註93〕外內倡和爲忠，供養三德爲善，非此三者弗當。且夫《易》，不可以占險，將何事也？且可飾乎？中美能黃，上美爲元，下美爲裳，參成可筮，猶有闕也，雖吉，未也。」

魯國大夫季平子的費邑宰南蒯想要以費邑反叛魯國，投降齊國，他先用《周易》占了一卦，遇〈坤〉䷁之〈比〉䷇，依據筮法，這必須看〈坤〉䷁卦六五爻辭，才可以論斷其吉凶。因此南蒯引用了「黃裳，元吉」，認爲這件事是大吉的。但子服惠伯卻不以爲然，主張《周易》只能用來占問好事，不能用以占問作壞事。他並舉出只有在「忠」、「信」、「恭」、「善」的大前提下，筮

〔註87〕穆姜私通宣伯且欲廢成公事，見《左傳宣公十六年》。

〔註88〕《左氏春秋集解》引俞樾《平議》：「枚當讀爲微，微，匿也，匿其事而使之筮，故爲微筮。」杜注：「不指其事，汎卜吉凶。」

〔註89〕〈比〉卦：「坎，險也，故彊；坤，順也，故溫。」

〔註90〕水土相合爲和；貞，卜問也；率，行也。以和順行卜順之事，故爲信。

〔註91〕心。

〔註92〕恭。

〔註93〕標準。

得此卦此爻，才可獲得大吉的。子服景伯據〈坤〉☷卦六五爻辭：「黃裳，元吉」。作出論証，整理如下：

（1）忠信之事 → 可，不然 → 必敗。
　　　外強內溫 → 忠　和以率貞 → 信。

（2）黃 → 中之色 → 中美
　　　裳 → 下之飾 → 下美
　　　元 → 善之長 → 上美

（3）中不忠 → 不得其色
　　　下不共（恭）→ 不得其飾　　《易》不可以險占 → 雖占，未也。
　　　事不善 → 不得其吉

筮例十三：

　　（哀公九年）晉趙鞅卜救鄭……陽虎以周易筮之，遇〈泰〉☷之〈需〉☵，曰：「宋方吉，不可與〔註94〕也，微子啓，帝乙之元〔註95〕子也，宋、鄭，甥舅也，〔註96〕祉，祿也。若帝乙之元子歸妹而有吉祿，我安得吉焉？」乃止。

宋公伐鄭，趙鞅想伐宋救鄭，未知可否？問於卜筮，陽虎用《周易》占卦，還〈泰〉☷之〈需〉☵，即是〈泰〉卦六五爻，爻辭是「帝乙歸妹，以祉，元吉。」〔註97〕又微子啓是帝乙的長子，〔註98〕是宋國開國之祖；而宋國與鄭國有聯姻，〔註99〕吉祿是在爲商後代的宋國，而不是在晉國，出兵救鄭是不利的。整理如下：

（1）〈泰〉☷卦六五辭：「帝乙歸妹，以祉，元吉。」
（2）宋 → 殷商後代（微子啓爲帝乙元子）
（3）宋鄭聯姻 → 甥舅之國
（4）帝乙之元子歸妹有吉祿 → 我（晉）安得，吉。

〔註94〕敵。
〔註95〕長。
〔註96〕宋女嫁于鄭。
〔註97〕帝乙是紂王之父，帝乙嫁女與周文王事見《詩·大雅·文王之什·大明》：「文王嘉止，大邦有子，大邦有子，俔天之妹，文定厥祥，親迎於渭。」妹是少女的通稱，歸即嫁，見《讀易三種·歸妹》屈萬里著，台北：聯經，民72版。
〔註98〕見《史記·殷本記》。
〔註99〕據杜預注：宋鄭爲昏姻，甥舅之國也。

從以上筮例八、十二、十三來看，古人在使用《易經》之時，也存在著不將卦象與卦爻辭交叉論証的使用方法。

三、非以《易經》解之

第三類的解法並非採用《易經》釋例的，有一個例子：

筮例七

（成公十六年）鄭叛晉，子駟從楚子盟于武城……晉城將伐鄭……戊寅晉師起，鄭人聞有晉師，使告於楚……楚子救鄭。六月，晉楚遇於鄢陵……甲午晦，楚晨壓〔註100〕晉軍而陳……苗賁皇言於晉侯曰：「楚之良，在其中軍王族而已，請分良以擊其左右，而三軍萃於王卒，必大敗之。」公筮之，史曰：「吉，其卦遇〈復〉☷☳，曰：『南國蹙』〔註101〕射其元王，國蹙，王傷，不敗何待？」公從之。

此非以《周易》解，從「其卦遇〈復〉☷☳」與『南國蹙』，無法得出其意義上的關聯，至於「射其元王」之語，是後於苗賁皇要求晉侯分兵突擊楚王的言論，他以爲若是楚王受到突擊而亡，楚軍必敗。因此，史官的論述有牽強之嫌，所以史曰：「國蹙，王傷，不敗何待？」的說法，難以作出合理的解釋，故不論。

四、沒有周人之論

在十六個筮例中，也出現了三個筮例沒有周人的論述，現列於後：

筮例三：

共仲使卜齮賊公於武闈，成季以僖公適邾，共仲奔莒，乃入立之，以賂求共仲於莒，莒人歸之，及密，使公子魚請，不許，哭而往，共仲曰：「奚斯之聲也。」乃縊。閔公，哀姜之娣，叔姜之子也，故齊人立之，共仲通於哀姜，哀姜欲立之，閔公之死也，哀姜與知之，故孫于邾，齊人取而殺之于夷，以其尸歸，僖公請而葬之，成季之將生东，桓公使卜楚丘之父卜之，曰：「男也，其名曰友，在公之右，間于兩社，爲公室輔，季氏亡，則魯不昌。」又筮之，遇〈大有〉☲☰之〈乾〉☰☰，曰：「同復於父，敬如君所。」及生，有文在其手曰友，遂以命之。

〔註100〕壓，趁其未備也。
〔註101〕同蹙，局迫也。

在本例解卦者卜楚丘父，並未以任何方式解釋，僅直解：「同復于公，敬如君所」未能見周人之論，故此例不論。〔註102〕

　　筮例十四

　　　　《國語·周語》：「遇〈乾〉☰之〈否〉☷配而不終，君三出焉。」
《國語》中並無詳解，故不論。

　　筮例十六

　　　　董因迎公於河，公問焉，曰：「吾其濟乎？」對曰：「歲在大梁，將
　　　　集天行。元年始受，實沈之星也。實沈之墟，晉人是居，所以興也。
　　　　今君當之，無不濟矣。君之行也，歲在大火。大火，閼伯之星也，
　　　　是謂大辰。辰以成善，后稷是相，唐叔以封，瞽史記曰：『嗣續其祖，
　　　　如穀之滋，必有晉國。臣筮之，』得〈泰〉☷之八。曰：『是謂天地
　　　　配亨，小往而大來。』今及之矣，何不濟之有？且以辰出而以參入，
　　　　皆晉祥也，而天之大紀也。濟且秉成，必霸諸侯。子孫賴之，君無
　　　　懼矣。」

由於此段大多牽涉古人占星術的說法，而且引到《周易》之時也並無解說，
故不論。

　　由以上二節分別對筮例的整理，可以得出春秋時期對《周易》的使用方
式、類型及解釋觀點。將卦名、卦象與卦爻辭融會並用，則呈現一種完全不
同於漢代純以卦象來解釋的風貌。此外，將《周易》與筮例參照並列，則能
看出《周易》的思維特性之一是以人事與卦象並列，而不僅僅以卦象作為單
一的思維路徑。至於進一步的解析，則將在第三章與第四章作討論。

〔註102〕高亨《左傳國語周易通解》云：「〈大有〉卦是上〈離〉下〈乾〉，〈乾〉卦是
　　　　上〈乾〉下〈乾〉。〈乾〉是父、〈離〉是子，〈大有〉上卦〈離〉變〈乾〉，是
　　　　象徵父子同德，無改於父之道，所以說：『同復于父』。〈乾〉又為君，〈離〉
　　　　又為臣，〈大有〉上卦〈離〉變〈乾〉，又象徵臣與其君同心，常在君之左右，
　　　　所以說『敬如君所』」。

第三章　論「卦象」所蘊涵的意義及運用方式

　　《周易》所蘊含的義理是由「象」作開展的，捨此則不能窮究其理路。由於筮例中，並未討論「象」的意義，僅只是直接運用而已，然而在筮例中對「象」的觀點是什麼？又以何種方式呈現其蘊涵的哲理呢？由於，筮例中對「象」的解釋甚少，目前較早且對此問題提出較清晰的說法的，只有〈繫辭傳〉，故筆者不得不先求助於傳文，以了解「卦象」的概念，進而再探討卦象在筮例的使用。

第一節　卦象作為思維的基本資料

　　〈繫辭傳〉裡對「象」的概念提出的觀點，如下：

　　（1）聖人設卦觀象。

　　（2）聖人以有見天下之賾，而擬諸其形容，象其物宜，是故謂之象。

　　（3）遂定天下之象。

　　（4）一闔一闢謂之變，往來不窮謂之通，見乃謂之象。

　　（5）天重象，見吉凶，聖人象之。

　　（6）聖人立象以盡意。〔註1〕

　　（7）八卦成列，象在其中矣。

　　（8）象也者，像此者也。

〔註1〕一至六條引文請見〈繫辭傳上〉。

（9）仰則觀象於天。

（10）是故易者象也，象也者，像此者也。

（11）八卦以象告。〔註2〕

就語法形式綜觀〈繫辭〉的說法，可歸納爲以下三點：

1、「象」作動詞用，即指「做效」外在事物創作出的抽象符號的行爲。
　　如條列2、5、8、10。

2、「象」作名詞用，純指卦象，如條列3、6、7、10。另外，強調卦象中
　　所蘊涵的概念或意義，如第六條所稱「立象以盡意」〔註3〕的「意」。
　　見條列1、11。

3、「象」作名詞用，指事物的外在表象，如4、5、9。

〈繫辭傳〉將上述的用法用一個「象」字概括，並不單純是在語言的使
用上不夠精確，而是這些觀點彼此有所聯繫，而且不能分割，上述的「象」
之所以分類，乃是就其側重的意義劃分而已，古人謂「象」是爲一個整體性
的觀念。根據上述說法，可用下圖表示：

【表一】

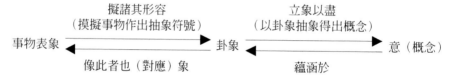

由於自然事物的表象是「卦象」的起點，這也是何以〈說卦傳〉將自然
事物排列在八卦首要指涉的具體項目。〔註4〕而其所指涉的概念，即古人所稱
的「意」。

初象	卦象	卦意	初象	卦象	卦意
天	☰乾	健	地	☷坤	順
雷	☳震	動	風	☴巽	入
水	☵坎	陷	火	☲離	麗
山	☶艮	止	澤	☱兌	悅

〔註2〕七至十一條引文請見〈繫辭傳下〉。

〔註3〕請見〈周易略例‧明象〉王弼著，引自《易學精華》上冊。鄭萬根主編。北
　　　京：北京出版社，1996年2月一版一刷。

〔註4〕「乾爲天，坤爲地，震爲雷，巽爲木，坎爲水，離爲火，艮爲山，兌爲澤。」
　　　請見〈說卦〉第九章。

同時這些自然現象，本身也是爲人所共同可感的現象。在此必須先行承認的是卦象雖是「擬諸其形容」而創造出來的；但究其本初之象如何對應於自然事物，僅直接從八卦上看，是無法得出的。而是學習者在經過學習後通過記憶作用才能還原，此時八卦才能成爲一種可以被認知和處理的材料。

但是八卦的本初指涉，即「天、地、風、雷、山、澤、水、火」〔註5〕是極其有限的。如何能夠「定天下之象」，儘管是將八卦重爲六十四卦也是不能夠的，因此若僅僅執著在八卦的初象上，《易》是不可能定出天下之象。而「聖人設卦觀象」的「象」就是將其鎖定於「象」的「意」，否則僅僅是執於人爲的卦的圖象，豈能「與天地相似，故不違；知周乎萬物而道濟天下，故不過」，〔註6〕也不可能得知「失得之象」、「憂虞之象」、「進退之象」。〔註7〕

所謂卦象是「表象到抽象⟷抽象到表象」，〔註8〕指創造卦象時即是比擬表象且具有抽象概念的活動，然而對使用者來說，卻是一個喚起記憶的活動。如前面所敘述的，一個未經學習《周易》的讀者在進行觀察卦象時，是無法獲得「天、地、山、澤、風、雷、水、火」卦象的本來指涉。也就是說使用《周易》筮占者，或閱讀者必須經過學習，並透過回憶的心理活動，方能還原出卦象所設定的指涉，本節的上個圖表是卦象的創造。對觀察後來的卦者而言，是

$$\text{觀} \xrightarrow{\text{知覺}} \text{卦象} \xrightarrow{\text{回憶限定指涉的}} \text{初象}$$

又由於觀察具抽象概念的卦象，是要得出卦象所蘊涵的意義，那麼問題是——卦象所含的抽象意義如何觀察而來？

在此，是將卦象與初象直接的重疊相合，即——乾☰（天），坤☷（地），巽☴（風），兌☱（澤），艮☶（山），震☳（雷），坎☵（水），離☲（火）。可以發現，上述八種自然現象是人所能感知的，除了巽（風）卦，是透過觀察到其它物體的擺動，和人的皮膚觸覺所知覺的；其餘全是直接以視覺及聽

〔註5〕八卦所指涉的初象，是由限定而來。這個限定或以文化概念做基礎，由於文化概念並非是本論文討論的重點，故不深究之。

〔註6〕請見〈繫辭上〉。孔穎達《正義》：「聖人亦窮神盡性，能知鬼神，與天地相似。」「聖人無物不知，是知周於萬物。」

〔註7〕同見〈繫辭上〉。

〔註8〕引自《敘事藝術邏輯引論》頁37。這句話本來是指藝術形式的「形象」敘述擬於事物表象而並非僅只描述其表象，同時包涵作者所要表達的抽象概念，筆者認爲在此亦可用此句表明卦象的性質。

覺活動可得的印象。

那麼回到純粹的自然現象，以人的感官活動則可以發現：

1、天 → 天體不斷的運行

2、地 → 藏納生長的萬物

3、風 → 無孔不入，周行天地之間

4、雷 → 震動並促使萬物生長〔註9〕

5、水 → 陷於地中而流動

6、火 → 照耀及光明

7、澤 → 涵養生命的生物圈

8、山 → 難以越過的險阻

因此，「天、地、風、雷、山、澤、水、火」可以有以下屬性，即：「雷以動之，風以散之，雨〔註10〕以潤之，日〔註11〕以烜之，乾以君之，坤以藏之」，〔註12〕「動萬物者莫疾乎雷，撓萬物者莫疾乎風，燥萬物者莫熯乎火，說萬物者莫說乎澤，潤萬物者莫潤乎水」，〔註13〕「乾，健也。坤，順也。震，動也。巽，入也。坎，陷也。離，麗也。艮，止也。兌，說也」。〔註14〕

在上面所引的〈說卦傳〉的最後一條，全為由人的感覺作用出發而論，並且為表達卦象的概念，所以〈繫辭傳〉點明：「子曰：『聖人立象以盡意』」，這裡所說的「意」，即是聯繫著一個卦象在不同指涉上的共同概念。否則這些指涉彼此並無任何關聯，也無須放在同一卦屬下，當然也更無法「八卦而小成，引而申之，觸類而長之，天下之事畢矣。」「（夫易）開務成物，冒天下之道……以通天下之志，以定天下之業，以斷天下之疑。」〔註15〕

至於筮例中為何在解釋卦象的時候，動輒舉出八卦的初象。其因乃是八卦為六十四卦的基礎，在進行分析時必須分解，使之成為資料。其次是因為八卦的概念是附於卦象的初象之中。可將此狀況以下圖表示：

〔註 9〕 筆者認為古人將春天萬物生長及春雷的發生是聯繫起來的，節氣中的驚蟄可為此概念的表現。

〔註10〕 水。

〔註11〕 火。

〔註12〕 請見〈說卦傳〉。

〔註13〕 請見〈說卦傳〉。

〔註14〕 以上並見〈說卦傳〉。

〔註15〕 請見〈繫辭傳上〉。

　　每次在回憶出初象的時候，也是喚起初象蘊涵的概念，初象既爲人類所共同的可感經驗，於是概念（意）並爲人所共同可以理解的對象。如此一來，卦象之意能夠有效的傳遞給使用者、解釋者及聆聽者。基於共通可感經驗，創造者的限定指涉（包括卦意），也不是一道難以理解的藩籬。

　　所以卦象，其指涉的初象以及初象中參與人的感官活動產生的意，同時成爲釋卦的基本資料。在起出（遇某之某）的複合卦象時，則必先行將複雜的資料還原成基本資料。而這些基本資料亦必透過記憶還原與意向聯繫呈現。

　　所以在「卦象」之中，同時具有以下兩種思維活動：

創造者 ──模擬出與規定指涉──▶ 八卦之象之意 ◀──回憶並尋覓── 使用者

八卦之象之意 ──▶ 又爲分析的基本資料

　　八卦是對應外在事物及空間，然而在六十四卦之中，卻可以看到卦爻辭往往牽涉到人事。既然八卦是一種模擬的形式，由於六十四卦是由二個三爻卦組合而成，因此六十四卦是一種更複雜的模擬，以至於六爻卦可以對應到人事，是故在〈說卦傳〉中，我們可以看到八卦（即三爻卦）的所有指涉資料是對應於物的，而在六十四卦（六爻卦）裡，卻是可以指涉複雜的人事狀態，亦即三爻卦組合成六爻卦之後，它呈現出不同的意義，如：火上雷下的〈噬嗑〉䷔卦與雷上火下之〈豐〉䷶卦的組合方式，一旦上下易位，則爲二種不同的概念，分別成爲二種不同的外在狀態的模型。再以其卦辭而論，〈噬嗑〉䷔卦的卦辭是：

　　　　噬嗑，亨，利用獄。

〈豐〉䷶卦卦辭是：

　　　　豐，亨，王假之，勿憂，宜日中。〔註16〕

因此，在筮占過程中，所起出的本卦（模型 A）與之卦（模型 B），共同參與而成爲一新模型（模型 AB），而對應到目前的狀態。至於在筮例中，筮得（遇某之某）時的解析，留待下二節中分別討論。

────────────

〔註16〕象傳解釋概念卻是十分相近的。〈噬嗑・象傳〉曰：「雷電噬嗑，先王以明罰敕法。」〈豐・象傳〉：「雷電皆至，豐，君子以折獄致刑。」其重點皆在致用刑罰。

第二節　筮例中卦象的使用與解析

在 C. K. Ogden 與 I. A. Richards 所著的《意義的意義》（The Meaning of Meaning）一書中所使用的語義三角，對語言之形式、概念及所指之間建構了一種模型（三重模型 triadic model）〔註17〕

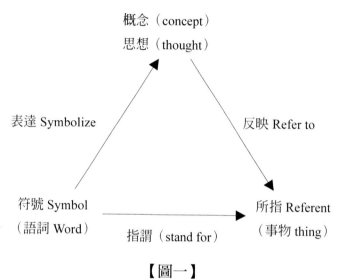

【圖一】

但是上表有一個要求是：「在一定語境裡，客體與語言表達式〔註18〕的一一對應」。〔註19〕如果要能在語言上能做到一一對應，必須經過相當程度的修辭去限定，則可以達到此一目的。就第二章的筮例來說，是不能完全符合此一三角模型，只能說是一種近似，在筮例中，對《周易》卦象的使用就不盡相符，如：

〈震〉☷之〈離〉☲，亦〈離〉☲之〈震〉☳，為雷為火，為贏敗

姬。……車說其輹，火焚其旗，不利行師。《左傳・僖公十五年》

由於在本論文第二章已有整理，故僅舉此例為証，不多贅言。從《左傳》中的記載來看，就算在一定的語境之內，卦象與所指是一多對應，並非一一對應。是故三角模型之理論在本章節並不做為解釋《易經》之標準範式，而是延用概念做進一步的討論。由於卦象與所指是一多對應，以圖表示應如下：

〔註17〕 轉引自《語言與現代邏輯》頁 9 周斌武、張國梁編著，上海：復旦大學出版社，1996。

〔註18〕 「語言表達式」在本書中指「語句」。

〔註19〕 出處同上，頁 10。

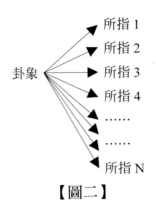

【圖二】

　　不僅卦象之所指眾多，並且可以並存，成爲論証的要件。

　　然而符號的一多對應並不是完全任意的，所指之間有某些意義上的連結，而且這些意義，就是繫於卦象，亦即卦象是共象，是各個殊相的共同性質，經過思維抽象而成，當其落於不同情境（時、事、人），其殊象也紛多而不同。用〈象傳〉來說，即：「觀其所恒（卦象、共相）則天地萬物（殊相）之情可見矣。」也正如〈繫辭下〉：「其稱名也小，其取類也大」。而卦象成爲意義之連繫可在筮例中見到，如筮例十五《國語・周語》：

　　　　〈震〉☳，雷也，車也……主雷與車……車有震武，主震雷。長也，

　　　　〈震〉☳，長男也。

回到〈說卦傳〉的記載，可以見到：「雷以動之」、「震、動也」，也就是說震的初象雷這種自然現象，[註20]被抽象爲「動」的性質，就「雷」來看，聲音雄壯，車行走聲也像；又基於「動」，所以於人爲足，故曰「震爲足」；又因「萬物出乎震」，所以有「首先」的概念，又以陽氣「始動」而爲「長男」了。至於卦象經過人的抽象作用而呈現，在《繫辭下》說到：

　　　　象也者，像此者也。

　　　　仰則觀象於天，俯則觀法於地，觀鳥獸之文與地之宜，近取諸身，

　　　　遠取諸物，于是始作八卦。

可爲証。在《易傳》中的觀點，八卦的產生是由形象分類或歸納而來，並且基於對自然現象的經驗共通性，所以它在同一文化基礎上，有其思考的共通性。由於易卦是「其稱名也小，其取類也大」的抽象符號，根據「其取類也大」的觀點，所以它不可能是精確的一一對應，而是可以做爲一分類的範疇；

〔註20〕請見《先秦易學史》頁20，高懷民著，民國75年8月，台北。

〔註21〕不過，在筮占的狀況下，一、首先必需解釋卦象，這是理論層面的解釋；二、透過理論層面的解釋來選擇卦象的指涉；三、再由卦象的指涉來分析現在的狀況；四、以前述爲基礎做出對未來狀況的預測。基於以上理由，在卦象的範疇內，所包含的各種事物並不可能全部同時成立。是故卦象在實際使用上，每一個單一命題，背後都附帶有人、事的條件，而在解釋時，必須依據附帶條件來選擇實際表現的事物。在《左傳》、《國語》中的命筮（即問句）與提問者本身的條件有很重要的關係——即取象的判準依據，如《左傳‧襄公九年》穆姜曰：

> 今我婦人而與於亂，固在下位，而有不仁，不可謂元；不靖國家，
> 不可謂亨；作而害身，不可謂利，棄位而姣，不可謂貞；有四德焉，
> 隨而無咎，我皆無之，豈隨也哉？

另如《左傳‧襄公九年》：

> 微子啓，帝乙之元子，帝乙之元子，宋鄭，甥舅也……若帝乙之元
> 歸來而有吉祿，我安得吉焉？

又如《國語‧晉語》：

> 司空季子曰：「是在周易，皆利建侯，不有晉國，以輔王室，安能建
> 侯？我命筮曰：『尚有晉國』，筮告我曰：『利建侯』

皆可佐証，命筮者的身份與問題是判準條件之一。

因此根據命筮者的身份、問題、所起出的卦象以及現實中的狀況，來找出卦象中的具體指涉爲何。例如在《左傳‧僖公二十五年》：

> 筮之，遇〈大有〉䷍之〈睽〉䷥，曰：「天爲澤以當日，天子降心以
> 逆公。」

由於秦師遇迎接周天子，所以「天」在此有「天子」之意。

又如《左傳‧襄公二十五年》崔武子欲娶東郭偃之姊，筮得〈困〉䷮之〈大過〉䷛，陳文子曰：

> 夫從風，風隕妻，不可娶也。

之所以可由卦象取出「夫」與「妻」之象：第一乃是〈困〉䷮卦的外卦爲〈兌〉☱，〈兌〉☱可爲少女，若放入所筮之事中，此少女當指爲棠姜；第二，是由〈困〉䷮的內卦〈坎〉☵卦，可爲中男，在現實中，當指崔武子；第三，由

〔註21〕如〈說卦傳〉釋〈乾〉：「乾爲天，爲君，爲金，爲玉……」。其餘請見〈說卦
　　　傳〉之原文，在此不詳舉。

於所問是婚姻之事，所以陳文子說：「夫從風，風隕妻」。

又如《國語・晉語》：

> 得貞〈屯〉☳☵悔〈豫〉☳☷，皆八也……司空季子曰：「〈震〉☳，雷也，
> 車也。〈坎〉☵，勞也，水也，眾也。主雷與車，而尚水與眾。車有
> 震，武也。眾而順，文也。文武具，厚之至也。故曰〈屯〉☳☵。其繇
> 曰：『元亨利貞，勿用有攸往，利建侯。』主震雷，長也，故曰元。
> 眾而順，嘉也，故曰亨。內有震雷，故曰利貞。車上水下，必伯。」

是就晉文公的條件與卦象得出〈震〉☳卦有車象、武象，〈坎〉☵卦有眾人之
象，從而說明晉文公是「文武具，厚之至也。」而所謂的「車上水下」即是
指震武在上，而眾順在下，也就是說，晉文公居上位，有震武之象，而眾人
柔順居於下，是服從威儀的意思，由此論斷出「必伯」。

是故再就卦象的產生與取象的實際物象來論，則可看出二者間是一種不
對稱狀態，以《國語・晉語》中的〈震〉☳卦來論，可以看出以下模式：

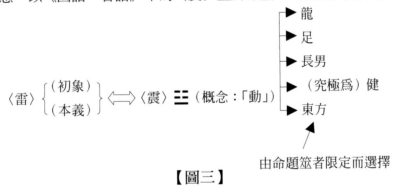

【圖三】

在上圖中，雖然所有指涉一開始都是由初象〈雷〉而來，但在筮占中，
包括初象在內的所有指涉，均以「動」為中心概念，隨著不同的條件而選擇
所取的物象，所以，可用下圖表示：

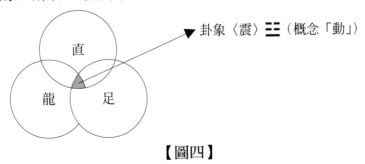

【圖四】

　　筮者依著中心概念，以及現實狀況，選擇卦象中的指涉，而這個動作是可以不斷地一再進行，即可隨時參與回填概念之作用。所取之象亦為論述的對象及進行論証的條件。引出之物象則可再引出與其相關的事物，而綜合論述，可以發現春秋時期對《周易》的使用觀點，是以如下方式在進行：

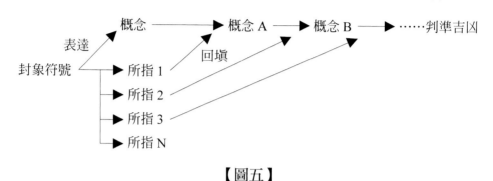

【圖五】

　　而且這些所指，亦不斷的回填於所要表達的概念之中，而且此一概念在所指的回填之下可不斷衍生，成為一個更廣泛的概念，形成一種動態的結構。例如：《左傳》僖公十五年：

　　　為雷為火，為贏敗姬，車說其輹，火焚其旗，不利行師

因為〈震〉☳有車象，有威武之象。綜合而論，有行師之義，而車旅軍隊多用旗幟，有離火在（〈震〉☳之〈離〉☲，〈離〉☲之〈震〉☳），是謂火焚其旗，故不利行師。

　　故由此而論，

　　1、取象的過程可不僅只一次

　　2、每次取象都必須回到卦象重新開始

　　而取象所出現的意義在於

　　1、命筮者問題與身份

　　2、以「遇 A 之 B」的卦象作分析

　　在「遇 A 之 B」卦的狀態，如暫不論卦名、爻辭，則是以下列方式進行的：

　　1、將卦象先行切割成初象的八卦來進行

　　2、A 的內卦可指命筮者己方

　　3、A 的外卦可指參與事件的另一方（如戰爭的敵人或國內政敵）

　　4、B 的外卦可由解筮者的決定，為筮者自身或相對的另一方。

5、A 的內卦變爲 B 的內卦；A 的外卦變爲 B 的外卦；皆稱爲「從」。A 之內、外卦在逕指己方時，可表示成開始或目前的狀態，B 之內外卦表示事件變化後完成狀態。

6、不論是 A、B 兩卦之外卦，皆可指筮者己方或對方，其對應的內卦可產生動態的概念。（內外卦所對應的對象，由於資料不足，無法論斷春秋時期的筮者認定的理由）

以上的歸納並非是筮占者在解釋卦象時必然的過程，在《左傳》、《國語》中的記載有時是略去其中的一、二項就能進行反覆論述的。有時亦著重於卦辭、卦名、爻辭來進行論述的補足。此乃是由解卦者個人的理解去進行，李欣復先生於《形象思維史稿》中提出《周易》是「觀物取象和以象像物，與盡意盡情兩個互相結合的過程」〔註22〕的說法，至爲允當。所謂「盡意盡情」的卦象，是就人與人的共同性出發，然而人與人畢竟有相異性，其思考方式儘管是同一地域受的教育或文化圈中，仍會有所差異。故卦象處處規範著解釋者必須在其樹立的概念中活動。所以《周易》卦象是「由生動直觀的擬象化同抽象的理性概括化並進的思維過程」，〔註23〕是故卦象本身就並非表示精確性的思考及機械化的思考過程，而是藉其六十四卦的結構圓滿性——來窮盡所有變化的可能。所以回到「形象」來論，則是側重於直觀面的意義活動。

卦象既是以直觀性進行，故再回到《左傳》、《國語》的筮例也可看出遵循此種方式，先將「遇 A 之 B」的 A、B 兩卦切割爲最原始的初象，再依原始八卦所抽象出的性質，開始選擇其物象。故首要步驟便是將〈乾〉☰、〈兌〉☱、〈離〉☲、〈震〉☳、〈巽〉☴、〈坎〉☵、〈艮〉☶、〈坤〉☷，還原成天、澤、火、雷、風、水、山、地。其次再推演八卦的性質：健、悅、麗、動、入、陷、止、順。然後將二者放入 A、B 兩卦，以其本身的形象思考其關係。而後再回到卦象本身再次取象，成爲事件構成的要素和對象。這些象，不論是原始物象（天、澤……）等條件同時依存且並行著，並照上下對位〔註24〕

〔註22〕請看《形象思維史稿》，李欣復著，P91 山東教育，1998 年，濟南。
〔註23〕同上註。
〔註24〕在〈大象傳〉中，在解釋六十四卦上，亦將卦象還原成八卦的初象（天、地、風、澤、山、雷、水、火），用以解釋卦象的意義，可見〈象傳〉與春秋時期解卦的觀點有相同之處。如：
「雲雷，屯」，「風雷，益」，「雷風，恒」
「天地交，泰」，「雷雨作，解」，「雷電，噬嗑」，「澤無水，困」
「天地不交，否」，「雷電皆至，豐」，「上天下澤，履」，「天與火，同人」，「上

與「從」的概念來論斷吉凶。例如：

遇〈觀〉☴☷之〈否〉☰☷

☴風　☰天 ⎫
☷地　☷地 ⎬ 風為天於土上，山也，……山嶽配天

遇〈歸妹〉☳☱之〈睽〉☲☱

☳雷　☲火 ⎫
☱澤　☱澤 ⎬ 為雷為火（雷擊澤，火焚澤）為贏敗姬

遇〈大有〉☲☰之〈睽〉☲☱

☲日　☲日 ⎫
☰天　☱澤 ⎬ 天為澤以當日，天子降心以逆公

遇〈困〉☱☵之　〈大過〉☱☴

☱少女（妻）　☱少女（妻） ⎫
☵中男（夫）　☴巽 ⎬ 夫從風，風隕妻，不可娶也。

　　事實上在整個思維活動之中，直觀性的解析作用一直不斷的參與，成為每一次回填作用的另一新的出發點而參與整體思考活動。一旦思考活動前進，其經過直觀性解析所找出的條件，仍然依存於卦象之中。得出此條件後，可以再經由直觀解析得出新的條件，此一活動直到筮者斷出結論方才停止，是故新舊條件可以並存。但是卦象的直觀解析是為思考之原點，亦仍然是為每一次參與的新條件的出發原點。

火下澤，睽」、「雲上于天，需」、「風行地上，觀」、「山附于地，剝」、「雷出地奮，豫」、「澤滅木，大過」、「明在地上，晉」、「澤上于天，夬」、「澤上于地，萃」、「地上有水，比」、「澤上有地，臨」、「山上有澤，咸」、「山上有火，旅」、「木上有水，井」、「木上有火，鼎」、「山上有木，漸」、「山下出泉，蒙」、「地中有水，師」、「山下有風，蠱」、「山下有火，賁」、「山上有水，蹇」、「澤上有水，節」、「風行水上，渙」、「山下有雷，頤」、「天下有山，遯」、「山下有澤，損」、「天下有風，姤」、「地中有山，謙」、「澤中有雷，隨」、「地中升木，升」、「澤中有火，革」、「雷在地中，復」

「天與水違行，訟」、「風行天上，小畜」、「火在天上，大有」、「雷在天上，大壯」、「風自火出，家人」、「水在火上，既濟」、「火在水上，未濟」、「澤上有雷，歸妹」、「澤上有風，中孚」、「山上有雷，小過」、「天下雷行，無妄」、「天在山中，小畜」、「明入地中，明夷」

第三節　論筮例中卦象的組合意義與其解釋方法

在上節提到古人在面對卦象時，可以根據當時的事件及人、物作為取象的依據，所以卦象在取象的時候，有其實際上的考量，由於資料較為不足，無法作出全面性的論斷，在此只能以筮例及目前所見之《周易》作一比較，試圖找出其思考上的意義與脈絡。

在此所遇到的困難是：如何於眾多指涉之中，有效地選擇出卦象的指涉，並且由這些指涉的重合，找出其中所蘊涵的新意義。在〈說卦傳〉中，僅留下單純八卦所有可能的指涉，由於文獻中沒有直接的說明。而卦象之所以能根據現實的狀況中注重的焦點，靈活的選擇出來。其間接性的證據可在〈象傳〉及〈彖傳〉中找到蛛絲馬跡，如〈鼎〉☲卦卦辭：

> 鼎，元吉亨。

由〈鼎〉☲卦的卦象及卦辭之中，無法直接找出其直接關係為何，但是在〈彖傳〉中提到：

> 鼎，象也。以木巽火，亨飪也。聖人亨以享上帝，而大亨以養聖賢，
> 巽而耳目聰明。柔進而上行，得中而應乎剛，是以元亨。

由於〈鼎〉☲卦的卦象是〈巽〉☴下〈離〉☲上，如果只是單純的將〈巽〉☴解為風，那麼，由風下火上組合成的卦象，就無法理解其意義，但是〈彖傳〉將〈巽〉☴解為木，由木生出火來，就可以理解了。然後，〈彖傳〉進一步說明「以木巽火，亨飪也。」由於「鼎」是古代的食器，其形為三足或四足，可用火來烹飪食物，所以「以木巽火」的意義就與「鼎」的形象可以連繫在一起。由於用青銅器作的鼎，又可為禮器，以祭祀上帝，所以〈彖傳〉接著說「聖人亨以享上帝」。在〈象傳〉中，也提到應取〈巽〉☴卦為木的觀點，其曰：

> 木上有火，鼎。君子以正位凝命。

古人視「鼎」為政治地位與權力的象徵，在《左傳‧宣公三年》有載：

> 楚子問鼎之大小、輕重焉。（王孫滿）對曰：「在德不在鼎。昔夏之
> 方有德也，遠方圖物，貢金九牧，鑄鼎象物，百物而為之備……用
> 能協于上下，以承天休。桀有昏德，鼎遷于商，載祀六百。商紂暴
> 虐，鼎遷於周……成王定鼎于郟鄏，卜世三十，卜年七百，天所命
> 也。周德雖衰，天命未改，鼎之輕重，未可問也。」

根據此文，可知古人對「鼎」的看法是承天命及政治上正統的表徵。所以〈象

傳〉說：「君子以正位凝命」，君子是指統治階級，正位凝命也就是要維持正統的地位，並且承襲天命的意思。所以回到卦象上來說，〈巽〉☴卦之取象，應選擇木，而不選擇爲風（〈巽〉☴爲木爲風，亦見于〈說卦傳〉的記載）。

另在〈離〉☲卦也可以看到相同的說法：

　　　〈象〉曰：「離，麗也。日月麗乎天。」

由於〈離〉☲卦是由兩個八卦中的〈離〉☲卦相疊而成，如果僅取象爲火，只有火的涵義而已，那麼，二種〈離〉（☲與☲）卦，並無法區別其差異。是故〈象傳〉分別將之指涉爲日、月，而提出明亮的概念。所以〈象傳〉說：「明兩作，離。」通常，三爻的〈離〉☲卦在其餘的卦象中，也可逕指稱爲明，如：

　　　〈晉·象〉曰：「明出地上，晉」。

　　　〈晉·彖〉曰：「晉，進也，明出地上。」

　　　〈明夷·象〉曰：「明入地中，明夷。君子以蒞眾，用晦而明。」

　　　〈明夷·彖〉曰：「明入地中，明夷。內文明而外柔順……」

另外，在〈噬嗑〉☲卦，是下〈震〉☳上〈離〉☲，而在此〈象〉、〈彖〉傳中取其光明之義，又與〈震〉卦相合，而取出「電」之義：

　　　〈噬嗑·彖〉：「……噬嗑而亨，剛柔分，動而明，雷電合而章……」

　　　〈噬嗑·象〉曰：「雷電，噬嗑……」

而〈豐〉卦的〈象傳〉亦提及：

　　　雷電皆至，豐……（〈豐〉☲卦的〈彖〉則無提及雷電的觀點）

所以亦可知〈離〉卦可指稱爲火，或日，或月，或者取其明亮之意，而指稱爲明，也可指稱爲電。是故由卦象所取的實際物象是眾多而分歧，不獨筮例如此，在此僅舉較爲明顯、而又易判斷的數例爲証。

由於筆者無法臆測當時解筮者對卦象在眾多指涉中的選擇依據，不過根據現有的筮例，對於在由單純八卦所組合的卦象，如何做出有效的解釋，可以找出下列幾個模式：

第一、在命筮者面臨戰爭狀態時，所起出之卦的內外兩卦處於對立面，而有動態屬性者處於優勢，靜態屬性者處在劣勢〔註25〕

〔註25〕這個觀點僅有《左傳》中的筮例有之，觀乎《周易》的卦爻辭或〈象〉、〈彖〉
　　　　二傳皆未有提及。

如筮例四：《左傳·僖公十五年》：「其卦遇〈蠱〉（☴☶）」卜徒父論曰：「歲云秋矣，我落其實而取其材，所以克也，實落才亡，不敗何待。」其部份整理如下：

（1）〈蠱〉☶☴之貞，風也，其悔，山也。

（2）〈蠱〉☶☴ $\left\{\begin{array}{l}外卦：☶山 \\ 內卦：☴風\end{array}\right.$

其所論述的相關資料，在《左傳·昭公元年》醫和論「蠱」，曰：

在《周易》，女惑男、風落山謂之蠱。

杜預注曰：

巽下艮上蠱，巽為長女，為風；艮為少男，為山。少男而說長女，
非匹，故惑。山木得風而落。

在此筮例中，可以看出卜徒父將己方視為內卦，而視晉國為外卦，由於內卦的「風」的力量處於優勢，而作戰的季節正值秋天，所以論斷晉國「不敗何待」。

另在筮例五中也是採取同樣的方法解釋卦象，《左傳·僖公十五年》：「遇〈歸妹〉☳☱之〈睽〉☲☱」，其部份整理如下：

（1）〈震〉☳→雷、〈離〉☲→火

（2）遇〈歸妹〉☳☱之〈睽〉☲☱

☳雷　☲火
☱澤　☱澤 $\left.\right\}$ 為雷為火（雷擊澤，火焚澤）。

外卦為雷與火，而內卦為澤，如同上面所說的觀點：外卦的力量相對地處有優勢，所以內卦〈兌〉☱卦所應的晉國，也面臨戰敗的結果。從此二例，可以看出符合上節中筆者所整理出的三個要點：（遇 A 之 B）「A 的內卦可指命筮者己方；A 的外卦可指參與事件的另一方（如戰爭的敵人或國內政敵）；B 的外卦可由解筮者的決定，為筮者自身或相對的另一方。」

第二、內外卦的狀態同時存在，而且互不相影響，同為論証條件

由筮者找出內外卦在現在時刻中的指涉對象，同為參考要件。乃是因為這些指涉對象僅用來解釋己方目前的狀態。而且非用於預測戰爭的成敗，這些指涉對象並無敵方，故無力量的強弱可言。

如筮例一，陳厲公生子敬仲，一位成周的太史替敬仲占了一卦，在《左

傳‧莊公二十二年》所得之卦是：「遇〈觀〉☴☷之〈否〉☰☷」，其部份整理如下：

　　（1）〈坤〉☷→土，〈巽〉☴→風，〈乾〉☰→天

　　（2）〈乾〉☰→金、玉

　　（3）〈坤〉☷→布、眾（又引申爲眾多之意）

　　（4）遇〈觀〉☴☷之〈否〉☰☷

　　　　☴風　　　☰天
　　　　☷地　　　☷地　　〉風爲天於土上。

　　在此例中，筮者找出〈乾〉卦的指涉是金與玉，〈坤〉卦的指涉是布、眾，並將本卦與之卦進行切割成爲四個初象，同時考量，找出山（風爲天於土上），把這些指涉並爲條件，作爲論證的依據。

　　同樣的使用方法，尚可見於筮例二，畢萬將至晉國作官，先用《周易》占一卦，其記載在《左傳‧閔公元年》：「遇〈屯〉☳☵之〈比〉☵☷」。在第二章的整理，如下：

　　（1）〈震〉☳→「車」變「從」，〈坤〉☷→馬（以有車馬暗喻尊貴）

　　（2）〈震〉☳→足；〈坤〉☷→土

　　（3）〈震〉☳→長兄；〈坤〉☷→母

　　（4）〈坎〉☵→眾人

　　然後，解筮者再加上對〈屯〉☳☵、〈比〉☵☷的解釋，得出「公侯之卦」的結語，認爲畢萬仍可再爲諸侯。

　　同樣的情形，也可見於筮例十五，《國語‧晉語》：「得貞〈屯〉☳☵悔〈豫〉☳☷，皆八也。」其部份整理如下：

　　（1）〈震〉☳→車，〈坎〉☵→水，〈坤〉☷→土，〈屯〉☳☵→厚，〈豫〉☳☷→樂

　　（2）〈屯〉☳☵外卦〈震〉☳，〈豫〉☳☷外卦〈震〉☳ ⎫
　　　　　→車班外內　　　　　　　　　　　　　　　　　⎪
　　　　〈坤〉☷→順→以訓之　　　　　　　　　　　　　⎬有晉國
　　　　〈坎〉☵→水→泉原→以資之　　　　　　　　　　⎪
　　　　〈屯〉☳☵→土厚→樂其實　　　　　　　　　　　⎭

（3）〈震〉☳ →雷
　　　　　 →車 } 車有震 →武 } 文武具 →〈屯〉☳厚之至
〈坎〉☵ →眾
　　　　　 →水 } 眾而順 →文

〈屯〉☳ { 震雷 →長 →元
　　　　　 眾而順 →嘉 →亨
　　　　　 有震雷 →利貞

車上水下（上有威武而下有眾順）→必伯（霸）→利建侯（眾順有威武）

（4）〈震〉☳ →車，〈坎〉☵ →陷 →小事不濟，壅也。
　　　　　　　　　　 →勿用有攸往 →一夫之行（非公子重耳）

　　解筮者不但將所有條件並列，甚至連重複所取之象，也將其意象重合而成為新的條件。如上述的〈震〉☳卦取出雷與車，而得出「車有震」，再得出「武」；〈坎〉☵卦取出眾與水，得出「眾而順」，再推出「文」。與上面相比，此例較為特殊，因為，解筮者將一卦分別取出之象，同時重合而論。

　　第三、由本卦或本卦到之卦，所取之象相合而論，來預測吉凶之歸屬
　　於筮例五，晉獻公要把女兒伯姬嫁給秦穆公，在《左傳·僖公十五年》：「遇〈歸妹〉☳之〈睽〉☲」，筆者的整理如下：
　　（1）（〈歸妹〉☳）（〈震〉☳ →車，〈兌〉☱ →毀折）→車說（脫）其輹
　　（2）〈離〉☲ →火 →焚毀 →火焚其旗
　　（3）車說其輹、火焚其旗 →（晉）不利行師，敗于宗丘
　　筮者由〈歸妹〉☳卦取象，得出（〈震〉☳ →車，〈兌〉☱ →毀折），由於車下毀折，表示車不能行的意思，是「車說（脫）其輹」，為不吉之象。
　　然後再根據〈歸妹〉☳外卦的車，與〈睽〉☲卦外卦的〈離〉☲（即火），是車遇火之象，因為古人通常於車上懸掛旗幟，所以說是「火焚其旗」，由這兩個不利的條件，象徵著晉國軍隊將有敗績，故曰：「不利行師，敗于宗丘」。
　　在筮例十，《左傳·昭公五年》筮得：「遇〈明夷〉☷之〈謙〉☷」由於〈明夷〉☷的內卦〈離〉☲變〈謙〉☷的內卦〈艮〉☶而經過取象〈離〉☲為火，〈艮〉☶為山，從本卦的火和之卦的山，相合而論，是為「火焚山」之象，

故曰「山敗」。在此謹附上整理的條例如下：

（1）〈明夷〉☷☲｛震☳ / 離☲→火｝之〈謙〉☷☶｛坤☷ / 艮☶→山｝→火焚山→山敗

又在筮例九，陳文子論崔武子迎娶棠姜，《左傳・襄公二十五年》：「遇〈困〉☱☵之〈大過〉☱☴」。基於之卦爲〈大過〉☱☴卦，由〈兑〉☱卦爲少女，因爲又是婚嫁之事，所以就卦象而論，是「妻在風上」，所以是「風隕妻」，表示迎娶不吉。

（1）大過｛兑☱，少女→妻 / 巽☴，風｝風隕妻，不可娶也。

由以上整理的三類，大致可看出古人對卦象所採取的解釋方式。而其所取之物象，雖無法找出其實際上運用的法則，但所取之象大多不脫離〈說卦傳〉中的記載，就目前所整理的筮例而論，不見於其中的僅有二例，分別爲《左傳・僖公十五年》晉獻公筮嫁伯姬於秦，其文爲：

〈震〉☳之〈離〉☲，亦〈離〉☲之〈震〉☳，爲雷爲火，爲贏敗姬，車說其輹，火焚其旗，不利行師，敗於宗丘。

及十五《國語・晉語》重耳筮得國：

〈震〉☳，雷也，車也。〈坎〉☵，勞也，水也，眾也。主雷與車，而尚水與眾。車有震，武也。眾而順，文也。文武具，厚之至也。

皆取〈震〉☳卦爲車。除此之外，筮例中所見之物象無一不在〈說卦傳〉中。關於此文資料，以高懷民先生所作之整理可爲代表，[註26]謹錄於下：

八卦	八卦初象（伏羲氏時）	八卦衍生象（伏羲氏至文王間）	八卦衍生象（周文王演易以後至說卦傳時）
☰	天	健、馬、首、父	天、圜、君、父、玉、金、寒、冰、大赤、良馬、老馬、瘠馬、駁馬、木果。
☷	地	順、手、腹、母	地、母、布、釜、吝嗇、均、子、母牛、大輿、文、眾、柄、於地爲黑。
☳	雷	動、龍、足、長男	雷、駹、玄黃、專、大塗、長子、決躁、蒼筤竹、萑葦、於馬爲善鳴、馵足、作足、的顙、於稼爲反生、其究爲健、蕃鮮。

〔註26〕引自高懷民先生《先秦易學史》，頁269～271，有關時期的劃分，請見《先秦易學史》第三章〈符號易時期〉及第四章〈筮術易時期〉。

☴	風	入、雞、股、長女	木、風、長女、繩直、工、白、長、高、進高、不果、臭、於人爲寡髮、廣額、多白眼、近利市三倍、其究其躁卦。
☵	水	陷、豕、耳、中男	水、溝瀆、隱伏、矯輮、弓輪、於人爲加憂、心病、耳痛、血卦、赤、於馬爲美脊、亟心、下首、薄蹄、曳、於輿爲多眚、通、月、盜、於木爲堅多心。
☲	火	麗、雉、目、中女	火、日、電、中女、甲胄、弋兵、於人爲大腹、乾卦、鱉、蟹、蠃、蚌、龜、於木爲科上槁。
☶	山	止、狗、手、少男	山、徑路、小石、門闕、果蓏、閽寺、指、鼠、黔喙之屬、於木爲堅多節。
☱	澤	說、羊、口、少女	澤、少女、巫、口舌、毀折、附決、於地爲剛鹵、妾、羊。

　　故以此表參照第二章筮例，與〈彖傳〉、〈象傳〉相佐証，可對春秋時期時，對卦象的解釋概念，有更清晰的了解。由於筮例中，仍使用卦爻辭作爲論証的依憑，而與卦象的解釋交互而用，故下章將針對筮例的語言性質，試圖做進一步的討論。

第四章　筮例與《易經》的語言性質與思維方式之對應

在《周易・繫辭上》有云：「聖人立象以盡意，設卦以盡情偽，繫辭焉以盡其言」，也就是說，通過對語言的了解，可以知道卦象的含義。在《左傳》、《國語》中，卦爻辭也是判定吉凶的準則。但在《易經》的卦爻辭中，其對應外在事物的關係並不明確，本章擬由筮例對《易經》語言的運用模式，討論其呈現出的思維方法。原因乃是古人所運用的語言形式，必是由其思維方式選擇而來，是故，藉由討論其語言模式，必能看出其所蘊涵的思想方法。本章擬先行討論《易經》的比喻語言形式，以及比喻語言在運用上的意義，說明其推演上的效果。

第一節　《易經》的比喻語言形式

清代章學誠論《易經》說：「《易》象包六藝，與《詩》比興，尤爲表裡。」[註1]章學誠此言主要是針對易象來論。

但是將這句話仔細作一解讀，可以由此發現《易經》的語言性質與《詩經》的語言性質有大量的相似性。李鏡池先生以爲《易經》的語言使用許多的詩歌形式，他舉出《易經》中的例子作一比較，[註2]如〈明夷〉䷗初九爻辭：

[註1]　《文史通義・易教》。
[註2]　《周易探源・易經筮辭考》，頁41，李鏡池著，北京：中華書局，1982年7月一版二刷。

明夷于飛，垂其翼，君子于行，三日不食

再與《詩經》作一比較：

（一）黃鳥于飛，集于灌木，其鳴喈喈。（〈周南葛覃〉）

（二）燕燕于飛，差池其羽。

之子于歸，遠送于野。……

燕燕于飛，頡之頏之。

之子于歸，遠于將之。……

燕燕于歸，下上其音。

之子于歸，遠送于南。……（〈邶風燕燕〉）

（三）雄雉于飛，泄泄其羽。

我之懷矣，自詒伊阻。……

雄雉于飛，下上其音。

展矣君子，實勞我心。……（〈邶風雄雉〉）

（四）食〔註3〕庚于飛，熠熠其羽。

之子于歸，皇駁其馬。……（〈豳風東山〉）

（五）鴻鴈于飛，肅肅其羽。

之子于征，劬勞于野。……

鴻鴈于飛，集于中澤。

之子于垣，百堵皆作。……

鴻鴈于飛，哀鳴嗷嗷。

維此哲人，謂我劬勞。……（〈小雅鴻鴈〉）

（六）鴛鴦于飛，畢之羅之。……

鴛鴦在梁，戢其左翼。……（〈小雅鴛鴦〉）

（七）鳳皇于飛，翽翽其羽，亦集爰止。……（〈大雅卷阿〉）

（八）振鷺于飛，于彼西雝。

我客戾止，亦有斯容。……（〈周頌振鷺〉）〔註4〕

另外李鏡池先生又列出《易經》經文中的詩歌現象：

〔註3〕在《周易探源》中作「食庚于飛」，然而《詩經‧豳風‧東山》是作「倉庚于飛」，疑是筆誤。

〔註4〕請見《周易探源》頁42。

屯如邅如，乘馬班如。（〈屯〉䷂六二）

乘馬班如，泣血漣如。（〈屯〉䷂上六）

復自道，何其咎。（〈小畜〉䷈初九）

其亡其亡，繫于苞桑。（〈否〉䷋九五）

賁如皤如，白馬翰如。（〈賁〉䷼六四）

枯楊生稊，老夫得其女妻。（〈大過〉䷛九二）

枯楊生華，老婦得其士夫。（〈大過〉䷛九五）

來之坎坎，險且枕，入于坎窞。（〈坎〉䷜六三）

日昃之離，不鼓缶而歌，則大耋之嗟。（〈離〉䷝九三）

睽孤，見豕負塗，載鬼一車。先張之弧，後說之弧。（〈睽〉䷥上九）

困于石，據于蒺藜。入于其宮，不見其妻。（〈困〉䷮六三）

艮其背，不獲其身；行其庭，不見其人。（〈艮〉䷳）

鴻漸于干，小子厲，有言，無咎。（〈漸〉䷴初六）

鴻漸于磐，飲食衎衎。（〈漸〉䷴六二）

鴻漸于陸，夫征不復，婦孕不育。（〈漸〉䷴九三）

鴻漸于木，或得其桷。（〈漸〉䷴六四）

鴻漸于陵，婦三歲不孕，終莫之勝。（〈漸〉䷴九五）

鴻漸于阿，其羽可用爲儀。（〈漸〉䷴上九）

女承筐無實；士刲羊無血。（〈歸妹〉䷵上六）〔註5〕

李鏡池先生將上述的詩歌現象通稱「比興」，但無界定二者間的差異，〔註6〕爲了辨明「比」與「興」的語言性質，只有先回到《詩經》詩歌形式來論。《詩經》的詩歌創作依鄭玄〔註7〕的說法，「比」、「興」是：

　　比者，比方於物。

　　興者，托事於物。〔註8〕

〔註5〕請見《周易探源》頁48～49。

〔註6〕請見《周易探源》頁38。

〔註7〕請見《周禮・春官太師篇》引鄭眾注。

〔註8〕請見《周禮鄭玄注》。

至於「比」與「興」的區別，唐代孔穎達主張「比顯而興隱」，〔註9〕宋代的朱熹則謂：「興者，先言它物，以引起所詠之詞。」〔註10〕如果就鄭玄、孔穎達以及朱熹的說明及界定，「比」就是比喻的事物，與所使用的比喻語言有明顯的連繫關係；所以在《文心雕龍‧比興篇》也指出這樣的關係：「故比者，附也……附理者，切類以指事……附理故比例以生。……故何謂為比？蓋寫物以附意，揚言以切事者也。」也就是說，如果語言本來指涉的是「x」，而在使用的情形下，則有事物「y」可與之對應。而對於「興」的解釋眾說紛紜，如果先就《說文》的解釋，本義是「開始」的意思，在《文心雕龍‧比興篇》也說：「興者，起也。……起情者，依微以擬議，起情故興體以立。……觀夫興之託喻，婉而成章，稱名也小，取類也大。」根據陳望道先生之《修辭學發凡》，比喻有三種型式：「一、明喻：用比喻來比被比的事物，被比的事物和比兩部分都明白說出，中間用比喻詞『如』、『若』、『猶』、『似』等來表明。」〔註11〕「二、隱喻：不用比喻詞。明喻是『甲若乙』，隱喻是『甲是乙』。」〔註12〕「三、借喻：借比喻來代替被比的事物，被比的事物索性不說出來了」。〔註13〕按周振甫先生的觀點，「興」有各種情況：「（一）托物起興的用意比較明確，但不成為比喻。」〔註14〕「（二）託物起興用意不明白的。」〔註15〕「（三）託物起興，興起什麼從詩裏看不出來，看了毛注再看詩還是看不出來的」〔註16〕「（四）起興的事物和被引起的事物好像毫無關係的」。〔註17〕所以他指出「有的興是同被起的事物無關」。〔註18〕這裡表示

〔註 9〕 請見《詩經‧詩序》孔穎達疏。

〔註10〕 請見《詩集傳》。

〔註11〕 轉引自《文心雕龍注釋》，周振甫注，頁685。

〔註12〕 出處同上。

〔註13〕 出處同上。

〔註14〕 周振甫先生的說明如下：「如《詩‧周南‧漢廣》：『南有喬木，不可休思（思，助詞），漢有游女，不可求思。』毛傳：『興也。』用喬木不可休來引起游女不可求，用意明確。但喬木不可休不成為比喻，因為喬木下是可以休息的。作為起興，說成喬木不可休是可以的。」同上書，頁686。

〔註15〕 周振甫先生的說明如下：「如《詩‧周南‧關雎》：『關關雎鳩，在河之洲。窈窕淑女，君子好逑。』用雎鳩來引起淑女是君子的好配偶」同上書，頁686。

〔註16〕 周振甫先生的說明如下：「如《詩‧邶風‧柏舟》：『泛彼柏舟，亦泛其流。耿耿不寐，如有隱憂』鄭玄箋：『舟載渡物者，今不用而與眾物泛泛然俱流水中。興者，喻仁人之不見用而與群小並列，亦猶是也。』這裏說，柏舟在水中漂浮，興起仁人的不見用。但仁人不見用這個意思在詩裏看不出來，不知注者何以知道。」同上書，頁687。

〔註17〕 周振甫先生的說明如下：「如《詩‧小雅‧小宛》：『宛彼鳴鳩，翰飛唳天。我

出「興」的本身在語言上指涉「x」，並不能指出事物「y」。可是另外他也提出有一種以「借喻」形式表達的「興」，他的觀點是：

> 《詩經》裏的興是託物起興，用在詩的每章的開頭，先說興，再說被興起的事物。王逸《離騷經序》：「《離騷》之文，依詩取興，引類譬喻。故善鳥香草以配忠貞，惡禽臭物以比讒佞，靈修美人媲於君，宓妃佚女以譬賢臣，虯龍鸞鳳以託君子，飄風雲霓以喻小人。」劉勰也說：「依詩製騷，諷兼比興。」都說《離騷》裏也用興。王逸既說取興，又說譬喻，說明他講的興就是借喻。如《離騷》「鸞皇（鳳）為余先戒兮」注：「鸞皇以喻仁智之士。」「飄風屯其相離兮，帥雲霓而來御。」注：「飄風以興邪惡之眾，雲霓以喻佞人。」這樣以借喻為興。〔註19〕

在此界定之下，《易經》中的詩歌形式就算能以「興」中的借喻的性質來論，但是在解讀者並引用筮占之下，借喻的性質也不存在了，先不論《詩經》與《楚辭》在年代上與地域上之差別，即《詩經》所使用的「興」是否相同於《楚辭》的「興」，就以上之解說，我們發現「興」的借喻，其所指涉的對象已被作者固定，即「善鳥香草以配忠貞，惡禽臭物以比讒佞，靈修美人媲於君，宓妃佚女以譬賢臣，虯龍鸞鳳以託君子，飄風雲霓以喻小人。」由於指涉的對象是不能被轉移的，如果放回《易經》中看，這些也可能是「興」的比喻修辭是絕對不能轉換對應筮占者當前的形勢，如果說《易經》的作者，有意以「興」的借喻形式作為語言上的表達方式，那麼其「借喻」究竟所指涉的對象為何呢？若是它有固定的指涉對象，那麼後世在運用《易經》進行筮占之時，就根本無法因應現實的狀態來做推論，更何況《易經》的作者如何能將未來所有可能發生的對象進行固定的指涉呢？因此，在《易經》中的語句 A 與現實的狀況相對應，直接以「明喻」與「隱喻」的方式來論，才是合宜的，由於「興」的語言形式並不能做意義上的聯結或轉換，故《易經》的詩歌語言必須以「比」的方式，也就是須透過現代所說的「比喻」，才能產生思考上的意義，而「興」的用法只是表達出作者自我的情感，讀者之所以

心憂傷，念昔先人。』鳴鳩高飛到天上，同我的憂傷而想念先人好像毫無關係。」同上書，頁 687。

〔註18〕出處同上。

〔註19〕同上書，頁 687～688。

能理解，是由於感情上的共通而達致的，也就是說，「興」的語言是著重感情的表達，所以若是《易經》的作者有意使此書成爲表達情感的文學著作，而卻不著重達到在思考上傳遞的意義，否則不必以「興」的語言形式來表達其思想。是故，欲了解《易經》與筮例之語言性質，則必須以「比喻」的概念進行理解。

第二節　比喻語句的意義聯繫與轉換

至於「直言其事」的賦，《易經》中當然也有，此種語言爲數並不少，尤以歷史事件的記錄最具代表性，如：

〈晉〉䷢卦辭：康叔用錫馬蕃庶。

〈明夷〉䷣六五爻辭：箕子之明夷。

〈升〉䷭六四：王用亨於歧山。

〈歸妹〉䷵六五爻辭：帝乙歸妹。

〈既濟〉䷾九三爻辭：高宗伐鬼方。

以上所列的卦爻辭，全爲平舖直敘，正是以「賦」的筆法、語氣進行記錄。但是這些卦文句在成爲《易經》的卦爻辭時，就已成爲一種比喻語言。這種比喻語言的性質正是由《易經》的筮占性而來。由於筮占之書，它呈現及要求語言意義的某種再現，和與當下情境的符應。由於這些歷史事件與人物絕不可能再度呈現，這些對象是屬於歷史的語言，是歷史記憶的再現與思考的材料，並且是在面臨當下的情境去進行對應與思考；因此，筮占之書的語言特性就只能是一種比喻的性質，來呈現此語言的意義，經由轉換可將語句寫成

【表一】

〔命筮者解讀〕（現在的）狀況，就像（過去）	康侯用錫馬蕃庶 箕子之明夷 王用亨於歧山 帝乙歸妹 高宗伐鬼方	的狀況

如此一來，在《易經》中直敘語，放在筮占之下，全可變換爲以比喻的形式去理解。比喻是一種語言現象，它可以是文學的語言，不過這種語言現

象中國哲學所大量運用，而《易經》也不例外，如清代章學誠便是如此主張：「易象包六藝，與《詩》之比興，尤爲表裡。」〔註20〕章學誠主要是針對易象提出如此看法。但《易經》爲佐証，是能找出《易經》亦大量使用比喻性的語言概念：

〈履〉䷉卦六三爻辭：「眇能視，跛能履……」

此爻辭對於命筮者在解釋上的意思，顯然是指目前所遭遇的狀況是如同或相像於「眇能視，跛能履」，絕非指命筮者實際上是眇目或跛腳。又如：

〈否〉䷋卦初六爻辭：「拔茅茹以其彙，貞吉。」

此爻辭亦如上方式解讀，在此用茅茹比喻困難，因爲能除去困難，所以對於命筮者來說，筮占之事雖然會遭遇困難，但最後的結果是吉的。

〈同人〉䷌卦辭：同人于野。

非指在實際上將人集聚於平野之中，而是比喻能糾合人心，眾志成城。又如：

〈噬嗑〉䷔卦六三爻辭：「噬腊肉遇毒……」

九四爻辭：「噬乾胏得金矢……」

六五爻辭：「噬乾肉得黃金……」

〈明夷〉䷣卦六五爻辭：「箕子之明夷」

〈困〉䷮卦初六爻辭：「臀困于株木。」

九二爻辭：「困于酒食。」

六三爻辭：「困于石，據于蒺藜。」

〈旅〉䷷卦九三爻辭：「旅焚其次……」

六五爻辭：「射雉，一矢亡。……」

上九爻辭：「鳥焚其巢。」

〈既濟〉䷾卦九三爻辭：「高宗伐鬼方，三年克之，小人勿用。」

九五爻辭：「東鄰殺牛，不如西鄰之禴祭，實受其福。」

以上僅是略舉其文，明其語言中有此比喻性質。由這些例子可看出，如果在卦爻辭之前上「目前的情狀，就像……」其比喻的語言性質則一目瞭然。

另在《左傳》中的筮例亦有此種語言性質的使用：

〈昭公五年〉：「謙不足，飛不翔，翼不廣，重不崚，故曰其爲子後乎？」

〔註20〕請見《文史通義‧易教》。

〈僖公十五年〉：「夫狐蠱，必其君也。」

筮例中很明顯的使用這種比喻的手法，上者一是以狐蠱喻其君，一是以鳥不遠飛比喻爲其後代。這些當然是語言現象，但也同時產生一種新的意義，如Gadamar 所說：「比喻會使人想起本來的意義領域，及比喻被用到新的使用領域所產生的意義。」〔註 21〕這種新的意義在《易經》思維中是存在的，同是也是被允許使用的。這些新意義的產生也就是《易經》所呈現的動態思維的特別性。意義本身可以不斷重塑，成爲思考的對象和條件。

觀乎《易經》的比喻語言，〔註 22〕幾乎全爲現實生活中可以觀察到的物象、事件或自然現象去比喻另一意義。現以下表列出《易經》六十四卦中的直敘語句：

【表二】

〈師〉䷆六五	田有禽	打獵
〈履〉䷉九四	履虎尾	打獵
〈泰〉䷊初九	拔茅茹以其彙	除艸
〈泰〉䷊六五	帝乙歸妹	嫁娶歷史事件
〈否〉䷋初九	拔茅茹以其彙	除艸
〈同人〉䷌全卦		戰爭
〈噬嗑〉䷔六二	噬膚滅鼻	飲食
〈噬嗑〉䷔六三	噬腊肉，遇毒	飲食
〈噬嗑〉䷔九四	噬乾胏，得金矢	飲食
〈噬嗑〉䷔六五	噬乾肉，得黃金	飲食
〈賁〉䷕初九	賁其趾，舍車而徒。	行路
〈無妄〉䷘六二	不耕獲，不菑畬	農耕、經商

〔註21〕 請見《哲學解釋學》，〔德〕加達默爾著，夏鎮平、宋建平譯，頁 85。
〔註22〕 早期中國哲學使用的詞彙是「譬」、「比」、「喻」，在本論文中通稱爲「比喻語言」。根據鮑海定（Jean-Paul Reding）在《中國古代思維模式與陰陽五行說探源》（艾蘭、汪濤、范毓周主編，江蘇：江蘇古籍出版社，1998 年 6 月一刷）的〈隱喻的要素：中西古代哲學的比較分析〉中（頁 83），認爲「中國哲學家沒有相應的術語把隱喻（metaphor）同明喻（similes）、說教性譬喻（parables）、比喻（comparisons）、類比（analogies）及其他有關的現象明顯地區分開來，但是，在類比、隱喻、明喻、甚至還有模式之間，存在著邏輯統一性，它們都從屬於同一種論証策略，即以一個領域作爲另一個領域的模型或標準。」故以此通稱爲「比喻語言」。

〈頤〉䷚初九	觀我朵頤	飲食
〈大過〉䷛卦辭	棟橈	房屋結構
〈大過〉䷛九三	棟橈	房屋結構
〈大過〉䷛初六	藉用白茅	祭祀用品
〈大過〉䷛九二	枯楊生稊	植物現象
〈大過〉䷛九四	棟隆	房屋結構
〈大過〉䷛九五	枯楊生華	植物現象
〈大過〉䷛上六	過涉滅頂	渡河
〈坎〉䷝六四	樽酒簋貳用缶	酒器、食器、飲食
〈離〉䷝	畜牝牛吉	畜養牲畜
〈離〉䷝上九	王用出征	征戰
〈咸〉䷞六	咸其拇	
〈咸〉䷞二	咸其腓	身體部份
〈咸〉䷞九三	咸其股	身體部份
〈咸〉䷞九五	咸其脢	身體部份
〈咸〉䷞上六	咸其輔頰吉	身體部份
〈恒〉䷟九四	田無禽	打獵
〈大壯〉䷡初九	壯于趾，征凶	行路、征戰
〈大壯〉䷡六五	喪羊于易	畜養牲畜
〈大壯〉䷡上六	羝羊觸藩	畜養牲畜
〈晉〉䷢	康侯用錫馬蕃庶	進獻天子
〈明夷〉䷣初九	明夷于飛，垂其翼	鳥飛動作
〈明夷〉䷣六五	箕子之明夷	歷史事件
〈家人〉䷤全卦		家庭
〈解〉䷧九二	田獲三狐	打獵
〈解〉䷧六三	負且乘，致寇至	行旅
〈解〉䷧上六	公用射隼於高墉之上	射箭
〈姤〉䷫九二	包有魚	飲食、宴客
〈姤〉䷫九四	包無魚	飲食、宴客
〈姤〉䷫九五	以杞包瓜	飲食、宴客
〈萃〉䷬	王假有廟……用大牲吉	祭祀
〈升〉䷭六四	王用亨于岐山	祭祀、歷史事件

〈困〉☱☵初六	臀困于株木	行旅
〈困〉☱☵九二	困于酒食……利用享祀	宴樂、飲食、祭祀
〈困〉☱☵六三	困于石	行旅
〈困〉☱☵九五	劓刖	刑罰
〈困〉☱☵上六	困于葛藟	行旅
〈革〉☱☲初九	鞏用黃牛之革	器物
〈鼎〉☲☴全卦		器物
〈震〉☳☳全卦		自然現象
〈艮〉☶☶	艮其背	人體部份
〈艮〉☶☶初六	艮其趾	人體部份
〈艮〉☶☶六二	艮其腓	人體部份
〈艮〉☶☶六四	艮其身	人體部份
〈艮〉☶☶六五	艮其輔	人體部份
〈漸〉☴☶全卦		鳥類
〈歸妹〉☳☱全卦		嫁娶
〈歸妹〉☳☱六五	帝乙歸妹	歷史事件
〈旅〉☲☶全卦		行旅
〈巽〉☴☴六四	田獲三品	打獵
〈渙〉☴☵	王假有廟	祭祀
〈中孚〉☴☱	中孚豚魚	漁獵
〈小過〉☳☶初六	飛鳥以凶	鳥類
〈小過〉☳☶六五	公弋取彼在穴	打獵
〈小過〉☳☶上六	飛鳥離之	補獵鳥類
〈既濟〉☵☲初九	曳其輪，濡其尾	渡水
〈既濟〉☵☲九三	高宗伐鬼方	征伐、歷史事件
〈既濟〉☵☲九五	東鄰殺牛，不如西鄰之禴祭實受其福	祭祀
〈既濟〉☵☲上六	濡其首	渡水
〈未濟〉☲☵	小狐汔濟，濡其尾	獸類渡水
〈未濟〉☲☵初六	濡其尾	渡水
〈未濟〉☲☵九二	曳其論	渡水
〈未濟〉☲☵九四	震用伐鬼方	征戰、歷史事件
〈未濟〉☲☵上九	有孚于飲酒	飲食

　　將上表中的語句代入命筮者解讀（現在的）狀況，就像（代入語句）的狀況。全部可以理解。表列的卦爻辭大多是舉出明顯可以轉換的例子，亦即為不需特別解釋的，如有難以界定的字義、句義則不列入，並不是那些語句就無法轉換。如〈乾〉☰卦的卦爻辭，現今大略分成兩種句意解讀，一是主張「龍」為星宿，一是主張「龍」是古人所說的神物。由於在本篇論文中，並非以此為研究重點，故不深究討論。然而就表列的語句及《易經》之為書，可知在筮占上是可用「比喻」的方式理解之。

　　至於以比喻連繫現在狀況的意義，在春秋時的筮例中有幾種方式，一是可用替換語言進行結構解析，如：

　　　　《左傳・僖公十五年》：「千乘三去，三去之餘，獲其雄狐。」

在此筮例中，解釋者卜徒父就將「晉君」替換「雄狐」，而論出晉君必敗。又

　　　　《左傳・哀公九年》：「帝乙歸妹，以祉元吉。」

陽虎以「宋國」代入「帝乙」，所以是宋國有「以祉元吉」，得出晉國出兵救鄭不利的結果。

　　二是補入主語及受格，由於古代漢語通常行使省略主語或受格的語句，所以必須將其補入，才能完成比喻語句的意義。同例：

　　　　《左傳・僖公十五年》：「千乘三去，三去之餘，獲其雄狐。」

　　　　補入（我、秦），後，變成

　　　　（我、秦）千乘三去，三去之餘，獲其雄狐。

　　　　即是（我、秦）獲得這隻雄狐。加上上述的替換狀況，即成為：

　　　　（我、秦）獲（晉君）

同例《左傳・哀公九年》：「帝乙歸妹，以祉元吉。」

　　　　先行替換「帝乙」為「宋國」，根據歷史事件補足受格，變成了

　　　　（宋國）嫁女於「鄭國」，所以宋國有吉祿。

　　第三種〔註23〕則較特殊，它面臨的是將卦象取象後，以語言形式轉換，如上例：

　　　　《左傳・僖公十五年》：「其卦遇蠱☶☴（因為風落山，所以山）實落材亡。」

〔註23〕第三項與卦象有強烈的連繫，由於在筮例中，是以此種語言形式進行推論，故將此列入本節討論，但是此種形式主詞、受詞的替換應放入卦象來論，與卦爻辭的比喻語言有別。

可以得出以風比喻秦，山比喻晉。即是「秦」代入「風」，「晉」代入「山」。又《左傳‧僖公十五年》，遇〈歸妹〉☲之〈睽〉☲，爲雷爲火（雷擊澤，火焚澤），爲嬴敗姬，將嬴秦代入雷、火，晉代入澤，所以是「爲嬴敗姬」。

　　所以不論在《易經》或筮例中，可歸納出比喻語句與現實的意義連繫性，其式如下：

【表三】

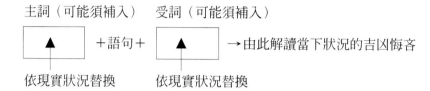

　　然而比喻有其特殊性，它並不可任意的轉換，因爲「比喻」是：「令人想起比喻本來之意義領域，及比喻被用到新的使用領域所產生的意義」，〔註24〕所以在比喻形式中，它是鎖定在部份的本來意義領域之中。錢鍾書先生也指出：「比喻包含相反相成的兩個因素，所以事物有相同之處，否則彼此無法合攏，又有不同之處，否則彼此無法分辨，兩者不合，不能相比，兩者不分，無須相比」，〔註25〕但也由於比喻是一種聯想性的思維，如果回到應用者情形，是必須遵循其語句的思維模式，但是替換的選擇權在於使用者，然後「重新界定、感知，並評估了認識客體」。〔註26〕

　　就錢鍾書先生言比喻的性質：「然非止一性一能，遂不限於一功一效」，〔註27〕則可知：比喻的作用可以隨著不同情況的需要，一直產生不同的意義，故可知「比喻」有兩種性質，一是作者本身使用比喻，有意識的鎖定對應的意義。另一種則是引用者有意識的突顯使用時的當下意義而轉移語句本義，而僅保留本句在思考上的脈絡。前者例如《左傳‧定公四年》秦哀公對申包胥賦〈無衣〉：

　　　豈曰無衣，與子同袍，王于興師，修我戈矛，與子同仇。〔註28〕
〈無衣〉之章一說爲哀公作，一日〈秦風〉本有。但不論爲何，秦哀公賦〈無

〔註24〕請見《哲學解釋學》頁86，〔德〕Gadamar 加達默爾著，夏鎮平、宋建平譯。
〔註25〕請見《管錐篇‧讀拉奧孔》。
〔註26〕請見《語言與現代邏輯》，頁112。
〔註27〕請見《管錐篇‧易經正義二十七則‧歸妹》頁39，北京：中華書局，1999年。
〔註28〕請見《詩經‧秦風》第一章。

衣〉時，就是表明了答應楚臣申包胥出兵救楚國，抵抗吳國的軍隊。〔註29〕
由「豈曰無衣，與子同袍」二句，就是用「衣服」作比喻。「無衣」的意思是
沒有衣服穿，是指人窘困的狀況。「同袍」是指同穿一件衣服，二句相連，表
示願意伸出援手，就算是只有一件衣服，也要一起穿。在申包胥救救於秦的
背景下，寓意就相當明顯。如果作者並非秦哀公，那麼作者的比喻意圖在「王
于興師，修我戈矛，與子同仇」三句也完全突顯出來。

　　而關於引用者有意識的運用比喻手法而轉移本義，《左傳‧襄公八年》
有例，晉國范宣子訪問魯國，在宴席間范宣子對魯襄公賦〈摽有梅〉，〔註30〕
這本來是情歌，意指女色如花，應把握時機追求。可是在政治外交場所中，
卻是透露出晉將出兵攻取鄭國的意思。魯國的季武子也回答了〈角弓〉之詩，
〔註31〕取意「兄弟婚姻，無胥遠矣」，表明晉魯是如兄弟之邦，願意支持的
意思。這很明顯的指出「比喻」手法的運用，不論其取義與本來的意義的差
距多遠，總還是在同一思考脈絡下進行的。

　　所以由上可知，比喻的主詞、受詞是可以轉移的，甚至本來意義在每一
次不同運用的環境下可以轉換成新的意義。在前表二所列的語句，正如前面
所說，是必須以比喻語言去了解之。《易經》作者有意識的使語句透過比喻完
成表達的意義，即使語句敘述法並不是比喻修辭。在每一次筮占，不同的人，
不同的時空環境，不同的條件，仍必須透過筮占出的卦爻辭的語句進行思考，
然後找筮占的結果——或悔、或吝、或吉、或凶。

　　《易經》的比喻語言有一種特殊的性質，即大量的使用形象的描述，達成
意義的表達，如龍、〔註32〕馬、〔註33〕禽鳥、〔註34〕虎、〔註35〕茅茹、〔註36〕
乾肉，腊肉，矢、〔註37〕車、〔註38〕草蓆、〔註39〕房屋支柱一棟〔註40〕等。常

〔註29〕 此事亦見《吳越春秋》（《吳越春秋輯較匯考》〔東漢〕趙曄撰，周生春匯考，
　　　　上海：上海古籍出版社，1997年7月初版）。
〔註30〕 見《詩經‧召南》：「摽有梅，其實七兮，求我庶士，迨其吉兮。摽有梅，其
　　　　實三兮，求我庶士，迨其今兮。摽有梅，頃筐塈之，求我庶士，迨其謂之。」
〔註31〕 請見《詩經‧小雅‧魚藻之什‧角弓》：「騂騂角弓，翩其反矣，兄弟昏姻，
　　　　無胥遠矣……」
〔註32〕 就古人的觀點而言〈乾〉卦。
〔註33〕 〈坤〉卦。
〔註34〕 〈師〉卦。
〔註35〕 〈履〉卦。
〔註36〕 〈泰〉卦。
〔註37〕 〈噬嗑〉卦。

常也以大川之能否順利渡過表示吉凶，此即是「卦爻辭多用自然事象，比擬人事得失，並由此判斷吉凶」。〔註41〕如果就鄭玄的界定：「比者，比方於物」，那麼中文裡，起碼在鄭玄之前的先秦以及兩漢的古代漢語中，比喻的手法多喜探透過形象的方式的表達，由於文學語言並非本論文的重點，在此，僅略舉中國哲學中的比喻語句以說明：

> 君子之德風，小人之德艸，草上之風必偃。（《論語·顏淵》）

君子的德行就像風，小人之德就像艸，風一吹而艸必俯順，用風與艸說明君子的德行對教化的重要。

> 上善若水，水善利萬物而不爭。（《老子》）

在上位者的善如同水一樣，可以滋養萬物且不與萬物相爭，用水的形象說明並要求上位者的善。

> 人性之善也，如水之就下也。（《孟子·告子》）

人的向善，就像水往下流一樣的性質，用水說明人性是善的。

> 君子如響矣。（《荀子·勸學》）

君子像鐘聲一樣，用鐘聲表示君子應有警世的能力。

> 物之生也若驟若馳，無動而不變。（《莊子·秋水》）

驟與馳是指馬奔跑的速度或快或慢的狀態，表示萬物的存在是處於變化之中。

> 人生天地之間，若白駒之過隙。（《莊子·知北遊》）

用馬躍過小空隙的快速，表示人的生命短暫。

> 子貢曰：「有美玉於斯，韞櫝而藏諸？求善賈而沽諸？」子曰：「沽之哉！沽之哉！我待賈者也。」（《論語·子罕》）

孔子以子貢所問之言，間接比喻自己像美玉一樣，藏于木匣中不出，等待有識者。又在回答的同時，肯定確有子貢所問的這種情形。

上面所舉全部具有形象描述，而《論語·子罕》的例子則更明顯指出引用者可以有意識的運用比喻轉移語句的本義，也運用本來語句的思考脈絡。

而比喻手法更為明顯轉換的是在《孟子·告子》：

> 魚，我所欲也；熊掌亦我所欲也，二者不可得兼，舍魚而取熊掌也。

〔註38〕〈賁〉卦。
〔註39〕〈大過〉卦。
〔註40〕〈大過〉卦。
〔註41〕引自《史官文化與史記》頁17。

生，亦我所欲也，義亦我所欲也，二者不可得兼，舍生而取義也。

孟子自行轉換前述具有形象的詞彙，不僅換上完全不具形象的詞彙「生」與「義」，甚至連語句形式和思考脈絡完全同出一轍。可以得見比喻的確是善用形象語言，並且也用形象表達出某些意義（可欲、珍貴），在新意義的出現下，[註42] 仍可保留並影響語句呈現的思考脈絡。而《孟子·告子》的例子也說明可用不具形象的詞彙替換具形象詞彙，而且詞彙之間具有聯繫意義：

【表四】

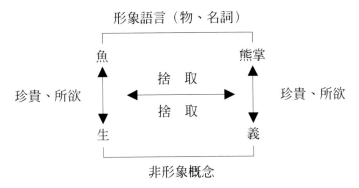

而《左傳·僖公二十五年》的筮例：「天爲澤以當日，天子降心以逆公。」也是同一用法。

【表五】

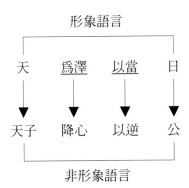

「當」、「逆」二字是以遇和迎的意義轉換；天子與秦穆公是以地位的意義轉換。天、澤和日，是物體形態，其次由是天上澤下的高低意義，得出「天

〔註42〕有關比喻語言可創造新意義的主張，其有關部份可參照《普通語言教程》第三編第四章的類比及第五章類比和演化（Ferdinand de Saussure cours de Linguistique Generale，〔瑞士〕費爾迪南·德·索緒爾著（Albert Sechehaye），高名凱譯，北京：商務印書館，1980 年 11 月初版。

子降心」。

比喻語言所以能夠代換，乃是因為字詞在意義使用上有所連繫，而這個連繫乃是由原先字詞的引申意義與代換字詞的引申意義相同而致，在艾柯（Eco）的《符號學理論》〔註43〕提出直接意指和引申意指的關係。

【表六】

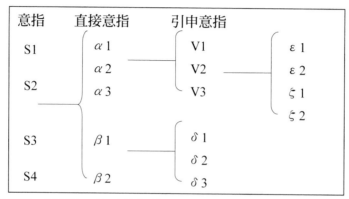

上節所舉的《孟子・告子篇》的話，根據上表可以將之轉換寫成：

直接意指	引申意指	直接意指	引申意指
魚	（所欲、珍貴）	生	（所欲、珍貴）
熊掌	（更所欲、更珍貴）	義	（更所欲、更珍貴）

括號內是其引申意指，就可指出相同的引申涵義，那麼魚與生、熊掌與義就可以劃上等號，又由魚與熊掌，生與義不是同等價值，所以可作出取捨判斷了，變作下式：

$$根據價值取向 \quad 魚＝生 \quad < \quad 熊掌＝義$$

由於孟子所處的年代較春秋時期晚，因此在筮例中的比喻語言就顯得更為古樸，直接以引申意指代換了。在上面所舉《左傳・僖公二十五年》：「天為澤以當日，天子降心以逆公」。「天子」是「天」的引申意指，〔註44〕「降心以逆」是「澤」的引申意指。〔註45〕至於「日」何以可用「晉君」去替換，〈說卦傳〉中並沒有指出日〔註46〕可引申為公侯。雖然〈離・六五・象傳〉

〔註43〕轉引《語義符號學》頁237。李幼蒸者，台北：唐山出版社，1997。
〔註44〕〈說卦傳〉：「乾以君之」，「乾為天為君」。
〔註45〕〈說卦傳〉：「兌以說之」「兌，說也。」
〔註46〕〈離〉卦。

云：「六五之吉，離王公也。」但據《正義》云：「而言公者，此連王而言；公取其使文以會韻也。」明顯的主張「公」字僅是「會韻」，求其文句順暢而已。這牽涉到語境的問題，就當時的人、事、時來論，己方唯一符合迎接周天子條件的，也僅有晉文公而已，所以解釋者以「晉君」替換「日」，並不違反比喻語句的替換概念。

上述所提比喻語言意義轉移的思考，是遵循著完整的語句形式進行，然而在筮例中存在著另外一種新的思考方式；那就是將卦爻辭的比喻語言切割，然後將其意義重組，使其成為適合目前狀態的解釋。如筮例九〈左傳·襄公二十五年〉遇〈困〉之〈大過〉，即〈困·六三爻辭〉：「困于石，據于蒺藜，入于其宮，不見其妻。」這句話本是指一個男子行旅時遇到意外而延誤，然後不小心碰到有刺的植物受了傷。回到了家中，又找不到自己的妻子。陳文子引用這段話時把爻辭分為三段：1、困于石；2、于蒺藜；3、入于其宮，不見其妻。而陳文子解釋第一條是「往不濟也」，第二條是「所恃傷也」，第三條是「無所歸也」。每一條的解釋皆緊緊的扣住了爻辭，放回爻辭也入情入理。但陳文子的真正意思卻是 1、想要迎娶棠姜是有困難的；2、就算娶了棠姜，也不利於崔武子；3、崔武子最終會失去棠姜，所以得出是凶的結論。而這正是「新的意義就是由語境的行為所創造的，它有了事件身份，因為它只存在於目前的語境中，另一方面，如果由某具體語境對某語詞所創造的一時性或依附性的意義，在其它語境中可以消失，同一字詞就會恢復其原來詞彙學意義組合。」〔註47〕因為爻辭在這樣的場景中使用，所以陳文子用這個結果警告崔武子，而為何是「凶」，乃是因為「引申意指則為作者與讀者共同創造的結果，一方面有關詞句的一切適用意義會盡量湧出，另一方面在閱讀語句中，引申意義的範圍又將逐步受到限制，這就是字詞的詞典本義與語境引申和限制的邊緣意義之間的相互作用過程和直指意義與引申意義在具體語句中相衝突的過程。其方式是將作為修飾語的引申意義歸屬於主詞，這就是在某具體語境場中"一時有效"的意義」〔註48〕

基於以上所述「一時有效」的看法，就廣泛的說明筮例中例子，何以能夠採取多樣並且各種不同的解釋，乃是因為語境的不同，所以採取的方法自然允許有如此的現象。又因解釋者的不同，是故產生了各種思考路徑與必須

〔註47〕請見《語義符號學》李幼蒸著，台北：唐山出版社，1997年。
〔註48〕出處同上。

納入的前提，如例四〈左傳‧僖公十五年〉，卜徒父便將當時的時間納入前提「歲云秋矣」進而推論「我落其實而取其材，所以克也」。又如例八，卦「遇〈艮〉䷳之八」即是「〈艮〉䷳之〈隨〉䷐」，其辭是「元、亨、利、貞，無咎」，而穆姜按照當時狀況認為自己是「不仁，不可謂元，不靖國家，不可謂亨，作而害身，不可謂利，棄位而姣，不可謂貞」既然語境有變，就不能得出「無咎」的結果。所以，比喻語言的轉換功能必須先行找出語境中相同的前提，並且保留之，做為現在推斷的條件，也需要排除比喻語句與現在語境狀況中相異的條件，才能做有效的轉換與思考。

第三節　類比推演與語句解析

上節提到比喻的語言性質，在操作比喻語言時，形象佔據了相當大的作用。從第二章的筮例中隨處可見解筮者時時處處以卦象進行解釋，但是首先必須的工作是將卦象轉換成語言。原因是筮例中所取出的卦象，是由八卦重疊而成的，其原本的概念是自然界的天、地、風、雷、火、水、山、澤，然而在「近取諸身，遠取諸物」，〔註49〕又要「彌綸天地之道」，〔註50〕使得八卦的涵義再也不是單一的意義，是故當解筮者進行解釋時，必先以語言區別其重複取象的不同語言內涵。

第二個原因是運用比喻語言，將之所以取捨的概念作一有效連繫，使之成為可論述的語句。如上節所論的「天為澤以當日，天子降心以逆公」，〔註51〕就是利用卦象轉為語言，取其某一涵義，捨去它義，而以比喻的語言作一推演，而「為雷為火，為贏敗姬」也很明白的是用雷、火比擬於贏秦，而以澤比擬於姬晉，所以不論是以卦爻辭或純以卦象作解釋時，都必須透過比喻的語言作為工具進行推演。

至於卦象之所以能夠使用比喻語言作為其推演的工具，最根本的原因在於卦象本身就是一種倣效形象的符號，它的初始概念由形象而來，〔註52〕指

〔註49〕請見〈繫辭下〉。

〔註50〕請見〈繫辭上〉。

〔註51〕請見〈左傳‧襄公二十五年〉。

〔註52〕〈繫辭下〉：「仰則觀象於天，俯則觀法於地，觀鳥獸之文與地之宜，近取諸身，遠取諸物，於是始作八卦。」又「是故易者象也，象也者，像也。」

涉的事物也多有形象意義，〔註53〕而比喻語言也多用形象語言作爲語句的基礎，然後進行轉換而達成新的意義。由於卦爻辭亦注重「形象」與卦象之「象」共通，是故卦爻辭與卦象皆可使用比喻這項工具作爲思維的方法。

　　比喻的手法是經過類的劃分才能成有效的運作，最簡單的劃分是：

　　一、語句由「非形象語言」，如《孟子・告子篇》以「生」、「義」代換「魚」、「熊掌」，筮例的《左傳・僖公十五年》（其卦遇〈蠱〉䷑）秦代入風、晉代入山，《左傳・襄公二十五年》以「天子」、「悅」、「公」代換「天」、「澤」、「日」。

　　二、由「形象語言A」及「非形象語言A」與「形象語言B」及「非形象語言B」作一連繫而劃分其類。如《論語》「風」、「君子」一類，「艸」、「小人」一類；而筮例的《左傳・僖公十五年》（遇〈歸妹〉䷵之〈睽〉䷥）「雷」、「火」、「秦」一類，「澤」、「晉」一類。

　　不過在《左傳》、《國語》的筮例，大多難以直接以此二類劃分，像第一項的舉例亦可說是「風」、「秦」一類，「山」、「晉」爲一類，「天子」、「天」爲一類，「澤」、「悅」一類，「日」、「公」一類，而第二項的舉例亦可說「秦」代換「雷」、「火」，「晉」代換「澤」。筮例中所載的語言較爲古樸。而這個情況乃是肇因於筮例之時代較早，所以在語言上，有此難以劃分類別的情形。但由此亦可知，筮例中經由取象而來的語言用法，素有「類」的劃分法。

　　並且《易傳》中亦提到「類」的觀念：「方以類聚，物以群分」，〔註54〕劃分出類以後即可「引而申之，觸類而長之，天下之能事畢矣。」〔註55〕而分類之法爲中國哲學大量使用，如《論語・衛靈公》：「有教無類」，是指不把人分類爲可受教育和不可受教育之類，由此可以證明有「類」的觀念。這句話是強調人有受教育的權利，不可用此種標準將人二分。《老子・七十六章》：「堅強者死之徒，柔弱者生之徒。」是說明以其差異分爲生、死二類，《荀子・勸學》：「物各從其類也。」是主張天下萬物，皆可以「類」劃分。《莊子・齊物論》：「今日有言于此，不知其與是類乎？其與是不類乎？類與不類，相與爲類，則與彼無以異矣。」莊子主張一種言論，就算不知是否與其它的言論屬同類，如果把「同類」的看法與「不同類」觀念，都成爲「類」來看待，這樣就無法區分類別了，當然的在《莊子》中，是意謂著不需分類的觀念。

〔註53〕請見〈說卦傳〉。
〔註54〕請見〈繫辭上〉。
〔註55〕請見〈繫辭上〉。

而把「類」的概念說得最爲明顯的是《孟子》，在《孟子·告子上》:「故凡舉同類者，舉相似也。」孟子主張劃分類別是在於「相似」上，所以在這裡可以得出一個觀念:並非一定是指有所相同之物才能算是同一類。

既然「類」的概念是一種劃分對象的方法，是故就其類的相似性爲內在法則，放入比喻的語言之中，便可追求其新義，就是由「相似」的觀點作一出發。此即上節所說的「意義聯繫」的性質，而如同錢鐘書先生所論的:「所比之物有相似之處」。〔註56〕

以上所說，是一種分類的方法，但是當古人在進行類推的時候，必須要將意義上有所聯繫的歸爲一類，方能進行類推的工作。因爲在比喻的語句之中，我們可以看到爲何可以替換的關係，就是它們是屬於同一類。如果說原本卦爻辭的語句是 A，經過類的劃分並且替換原來語句 A 中的主詞與受詞，成爲新的語句 B。通過 AB 兩組之間的對應關係，A 的推理使人了解到 B 組可以有相對應的推理，所以，通過對卦爻辭 A 句的了解，在經由轉換之後，可以讓我們了解 B 句的意義爲何。而 B 句乃是符應於命筮者的當下狀況，因此透過對 B 句的了解，又可得知現實的狀況。即所謂「舉他物而以明之也」〔註57〕因此類比推演就可順利完成。

而〈易傳〉也提出類比推演的概念，即「引而申之，觸類而長之。」其實把這句話的次序置換，「觸類而長之，引而申之」則其意更明。〔註58〕即將類的觀念作一引申而運作，則可以「天下之能事畢矣」，也就是可用類推而窮盡之。〔註59〕

孔子也強調以類推作爲一思考方式，如「舉一隅不以三隅反，則不復也。」〔註60〕強調人在思考上，應該運用類推的觀點，來進行對學問的了解。但是荀子更清晰的指出可以進行不同類之間的推算;即「辨異而不過，推類而不悖」，〔註61〕也就是主張將其相異的條件分別清楚，那麼在進行類推的思維時就不會犯錯了。

〔註56〕請見《管錐篇·讀拉奧孔》。
〔註57〕請見《墨子·小取》。
〔註58〕筆者主張此句是爲了語氣順暢而倒裝，中國哲學語言特色通常爲了語氣而先得出結論，而後補述其推論。
〔註59〕關於無窮的指涉概念見第五章。
〔註60〕請見《論語·述而》。
〔註61〕請見《荀子·正名篇》。

故就以上所論及本章第一節所言，並再行回到第二章引証，不論是如何引用卦象或爻辭，多不能脫離比喻的語言進行類比推演，當然亦有例外如《左傳・襄公九年》穆姜論〈隨〉䷐卦之「元、亨、利、貞」之所以能判準吉凶，乃是根據不符合前提，而直接証得，〔註62〕《左傳・昭公十二年》：子服惠伯論得「吉，未也。」乃是據語言中的文化禮法意涵分析而來，〔註63〕由於上面二例顯而易見，故不贅論。且筮例大多使用比喻的語句及卦象進行解釋。綜合本章所探討的結果，作出整理，可將春秋時期對《易經》使用的思維方式總體歸結如下：

【表七】

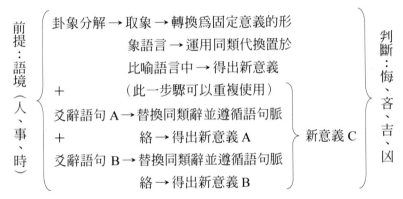

回到本章第一節，筮例中表現出對《易經》與卦象可以重複，化爲上式表示出《易經》思維的連續性，並且環環相扣。而爻辭比喻語句亦可先行拆開單獨運用，然後整合出新意義。如筮例一《左傳・莊公二十二年》論〈觀〉䷓卦六四爻辭：「觀國之光，利用賓于王」就是如此：

1、

　　觀 → 視他人行動（喻有所等待）→ 敬仲後代

把異國光大看成意義A，把敬仲之後代看成意義B，就可以得出新的意義C（敬仲的後代在異國光大）。

　　再如筮例二《左傳・閔公元年》：「〈屯〉䷂固〈比〉䷇入」

〔註62〕請見第二章筮例。

〔註63〕子服惠伯曰：「外彊內溫，忠也；和以率貞，信也；黃，中之色也；裳，下之飾之。」此論析同見第二章筮例十二。

意義 A 　〈屯〉☷☳→固 ⎫
意義 B 　〈比〉☵☷→入 ⎬ 意義 C：合而能固
　　　　　　　　　　　 ⎭

　　所以就卦象進行思考，並就語句脈絡進行思考，都可不斷的回塡而補足先行概念之不足，而產生更新的概念，並且此二種（卦象、卦爻辭）分開並行又交互滲透，互相彌補成爲連鎖而複合的思維形態，在此再引筮例一《左傳・莊公二十二年》的思維推理爲証：

　　（1）〈坤〉☷→土，〈巽〉☴→風，〈乾〉☰→天（基本意義）

　　（2）〈坤〉☷、〈巽〉☴、〈乾〉☰→（高）山

　　（3）山→有材（暗喻君子有材爲君主所用）

　　（4）〈乾〉☰→金、玉
　　　　　〈坤〉☷→布、眾（又引申爲眾多之意）

　　（5）〈坤〉☷、〈巽〉☴→異國

　　（6）山→姜姓

　　（7）山→配天（喻爲君主所用且位高權重）

事實上周史也將爻辭作引申論述：

　　（1）光 → 遠而自它有耀

　　　　　異國　　　光大（喻顯貴）

　　（2）觀 → 視他人行動（喻有所等待）→ 敬仲之後代

　　前七條乃爲前　卦象分解之條，不斷取象直至取象完成，後二條乃爲爻辭語句分解並連鎖得出新意義，語境前提是陳敬仲（人）、陳國（地）交互印証，得出結論。就《易經》的思維很明顯是原存在（的內容）→ 思維 → 新存在。〔註64〕

　　從以上所論可見，比喻語句一直是《易經》主要的思考脈絡的依憑，而比喻語句的作用卻又憑著形象概念（卦象、比喻句中的形象語言）建構出來，至於《易經》之所以大量使用形象概念，是基於生活中的共通經驗，進而使讀者能夠了解語句的本然意義及可能引申的意旨，且容易產生聯想上的意義。

　　依據本節上述所論，與句中的意義，首先可以由語境與本身所選擇的語句，依照其所欲表達的意義，通過轉換字詞，來強調自己所要表達的概念，

〔註64〕引自《敘事藝術邏輯引論》頁 22，董小英著，北京：社會科學文獻出版社，1999 年。

並達到溝通的目的。在這個情況下，通常是遵循著本來語句的脈絡來進行意義上的傳遞。或甚至可以藉由切割、然後重組所引的句子，成為新的語句脈絡，來對應目前的狀況。並完成說理或推論的效果。透過筮例的解析，所以可知《易經》中語句的意義可以下面的方式呈現：

【表八】

依據語境（人、事、物、時等）

相通于形像意義的詞彙替換　　語句中的辭彙　⎱
　　　　　　　　　　　　　　　　　　　　　⎰ 得出判斷（吉凶悔吝）
並且遵循　　語句思考脈絡　⎰

第五章 結 論

　　由於本篇論文先從筮例做為研究的基本資料，在第二章，筆者已解釋並整理春秋時期的筮例，到第三章則是討論古人運用卦象的概點，第四章為進行筮占語言在使用上的討論。然而，若欲全面了解《左傳》與《國語》的記載的筮例，對《周易》的意義，仍不可忽視春秋時期的文化脈絡及時代背景，〔註1〕因而本章特就此討論，另說明此篇論文未來發展之方向。

第一節 結 語

一、筮占具有政治決疑的功能

　　回顧《左傳》、《國語》所載的二十二個筮例，可以明顯發現發問者與參與者皆為政治人物，由於在春秋時期，是以血親做為封建制度的依據，所以政治人物為世襲的貴族，他們天生享有從事政治的權力，所以其一舉一動，對國內與國際的關係，均能產生舉足輕重的影響。

　　在周朝的文化脈絡〔註2〕下，貴族們（公侯士卿）具有相同的文化與知識

〔註1〕黃凡先生強烈主張，《周易》必須與歷史事實結合在一起，才能真正的了解。相關部份請見《周易商周之交史事表》（廣東：汕頭大學出版社，1995 年 12 月初版一刷）一書。

〔註2〕由於本論文並不是著重於文化探討，而且也無法做有效的處理，所以暫不深究。有關殷商至周朝在文化上演變的探討，可參酌以下幾本著作：宋鎮豪先生著之《夏商社會生活史》，（北京：中國社會科學出版社，1994 年 9 月一版）、楊寬先生著之《西周史》（台北：台灣商務印書館，1999 年初版）及《戰國史》（台北：台灣商務印書館，1997 年初版）、徐中舒先生著的《徐中舒歷史論文

背景，有其共通的溝通方法，如動輒引用《尚書》或《詩經》中的語言，作為立論的依據與修辭的方式，於外在行為，則以禮樂做為依歸，用以突顯自己的身份、地位及高尚的教養，是故在面臨政治問題時，這些公侯必須訴諸他們所受的教育，以及 問其他政治參與者的意見，理所當然地，其他的政治參與者也是具備貴族的身份（如士卿）。

然而，一旦所面臨的政治問題，無法以詩、書、禮、樂尋得解答之道，而其他政治參與者又有相左的意見之時，基於尊重共同的文化脈絡，也就是自殷商至西周以來的「崇祖敬天」之思想，在此承傳下，則以筮占用在政治決疑上。

如在《尚書·洪範》記載周武王訪問箕子，請教治國之方，箕子講論「洪範九疇」，其中第七點則為「稽疑擇建立卜筮人」，既使用龜卜，同時又使用筮占，就是希望以筮占來解決政治上的疑難。這點，也可從《左傳》、《國語》的筮例得到證明，茲略舉 大者：

筮例二《左傳·閔公元年》畢萬筮

筮例四《左傳·僖公十五年》秦晉之戰

筮例五《左傳·僖公十五年》秦晉和親

筮例六《左傳·僖公二十五年》晉狄之戰

筮例七《左傳·成公十六年》晉楚之戰

筮例八《左傳·襄公九年》穆姜欲廢成公

筮例十二《左傳·昭公十二年》、南蒯欲叛魯降齊

筮例十三《左傳·哀公九年》、晉欲伐宋救鄭

筮例十四《國語·周語》、成公歸國即位

筮例十五《國語·晉語》晉文公歸國〔註3〕

所以《易經》是用於筮占，其目的是「稽疑」，〔註4〕以解決政治上的疑難，換言之，《周易》之筮占乃是周代政治決策的一種方式。

選輯》（北京：中華書局，1998年9月一版）、楊華先生所著之《先秦禮樂文化》（傳統文化專題研究叢書，武漢：湖北教育出版社，1996年初版）等書。

〔註3〕《左傳·成公十三年》有載：「國之大事，在祀與戎。」由於《易經》與祭祀之事，二者本身都是有尊崇天意的觀念。而根據筮例，《易經》亦有用於軍事，故本論文主張《易經》一書與政治有強烈的關聯性。

〔註4〕請見《尚書·洪範》：「稽疑，則建立卜筮人。」

二、筮占由求告於「天」以稽疑轉爲對人事義理的發揮

至於在使用筮占時，所發問的對象則是天，西周時期，「天」的概念是含有神格的意味，茲引《今文尚書》中之數例〔註5〕爲証：

> 惟天監下民，典厥義。降年有永有不永。〔註6〕

> 予迓續乃命於天。〔註7〕

> 昊天大降喪於殷。〔註8〕

卜筮皆是用來測知天的意向的，高懷民先生在《先秦易學史》中提及這個觀點：

> 欲瞭解天而力尚不能，又爲了求生存的心理，乃興求助於天的念頭，
> 於是遂假想天也如人一般爲有意志、有分別心的存在，祈天、祭天之
> 事由此而生。《尚書‧大禹謨》載禹將伐有苗，誓于師曰：「民棄不保，
> 天降之咎。」〈湯誓〉載商湯伐桀，誓曰：「有夏多罪，天命殛之。」
> 〈泰誓〉載武王伐紂，誓曰：「今商王受弗敬上天……皇天震怒。」
> 天能降「咎」，天能「命」，天能「震怒」，都表示天有意志、有分別
> 善惡之心；卜與筮中求吉凶悔吝之斷，對象即是這種天。〔註9〕

但是筮占的概念到了春秋時代則不然，觀乎《左傳》、《國語》所載筮例，卻毫不言天之意向所在，而僅做爲一種判斷事情變化趨向的方法，因爲，

> 到了東周以後，人道思想時代來臨，於是人智大興，神道思想衰退，
> 天也從神道思想中解放出來，一變而爲代表自然的規律、代表人心
> 共通的理念。春夏秋冬之運行，生長老死之次序，是一種自然規律；
> 做一個人謙謙則吉，鳴豫則凶，是一種人心共通的理念。這種自然
> 的規律與人心共通的理念，不能違背，違背則一切行不通。〔註10〕

所以在春秋時期，神格天概念僅保留在筮儀之形式中，如用著策演算以象天地之數，〔註11〕而在命筮之初，所問必有對象，其預設概念中的發問對象則爲鬼神。筮占已成爲一種輔助思考與推測事態變化的方法，它所論證的內容並不涉及「天」的概念與「意向」。因而在《左傳》、《國語》所見筮例中，解

〔註 5〕在《尚書》中，提到「天」的地方不少，基於篇幅有限，僅取數例。

〔註 6〕引自《尚書‧高宗肜日》。

〔註 7〕引自《尚書‧盤庚》。

〔註 8〕引自《尚書‧多士》。

〔註 9〕請見《先秦易學史》頁 101。

〔註 10〕請見《先秦易學史》頁 102。

〔註 11〕請見《周易‧繫辭傳》。

釋者完全依照卦象與卦爻辭解釋，並用以推測事物所可能的變化狀態，甚至不提及所問的對象是否爲天或鬼神。由這個演變，我們可以看到宗教意味的消退，與人類理性的開啓。

三、由「人事義理」發展到《易傳》的哲學概念

在《周易》中，經文與傳文有其不同之處，高懷民先生曾指出其差異：〔註12〕

> 第一，卦爻辭爲據象以言事，故其思想本身是分散的；十翼爲據象以言理，故其思想是成體系的。
>
> 第二，卦爻辭言事的對象是個人，十翼言理的對象是眾人。
>
> 第三，卦爻辭的目的教人行事而善，十翼的目的在培養高尚的人格。

就第二點而言，因爲「求筮問占是問占者一人的事，而每個問占者所遭遇的疑難也決不相同，故甲之占斷不宜於乙，乙之占斷不合於丙。」〔註13〕因而，它的解答之有效範圍也僅只限於求筮者本身。〔註14〕

高先生的這個說法，正是本論文在第三章中主張「卦象的取象是由命筮者限定的選擇」，以及曾在第四章中述及的「比喻語言之一時有效性」的最好說明與總結。

大部份的筮例的確也呈現出解釋的對象僅限於個人，而「言理的對象是眾人」的這個觀點，不僅是可以針對十翼而發，已可由《左傳‧昭公十二年》的筮例中見到，子服惠伯曰：

> 吾嘗學此矣，忠信之事則可，不然，必敗。外彊內溫，忠也。和以率貞，信也；黃，中之色也；裳，下之飾也；元，善之長也。中不衷，不得其色，下不共，不得其飾，事不善，不得其極，外內倡和爲忠，供養三德爲善，非此三者弗當。且夫《易》，不可以占險，將何事也？且可飾乎？中美能黃，上美爲元，下美爲裳，參成可筮，猶有闕也，雖吉，未也。

〔註12〕請見《先秦易學史》頁233～234。

〔註13〕出處同上。

〔註14〕戴璉璋先生在《易傳之形成及其思想》（台灣：文津出版社，1989年12月初版）一書中亦有相同的主張：「《周易》對於卦爻吉凶悔吝的判斷，總是因時、因地、因事、因人而異。這就是說作者認爲時間、處所、事件、人物都是決定成敗得失、吉凶禍福的主要因素。」頁24～25。

另外，在《左傳‧襄公九年》，穆姜曰：

> 元，體之長也；亨，嘉之會也；利，義之和也；貞，事之幹也，體
> 仁足以長人，嘉會足以合禮，利物足以合義，貞固足以幹事。

可以看出春秋時期論筮占之吉凶，已由道德義理的條件出發，卦爻辭在筮占
的解釋上，已不限於個人對象，可以看出這些義理同時也可以是針對眾人所
發。所以在筮例中論斷吉凶之關鍵，不是單由卦爻辭字面上所呈現的吉凶而
定，乃是由義理的違反與否而定，若是求筮者的行事合乎義理則吉，反之，
行為違背義理，即使卦爻的占斷辭為吉，但應符於事實的結果仍然是凶。在
《左傳》的記載中，甚至出現直接以《周易》之義理做為判斷事件的準則，
而 除了筮占之形式，如在〈宣公六年〉中：

> 伯廖告人曰：「無德而貪，其在《周易》：『〈豐〉䷶之〈離〉䷝』，弗
> 過之矣。」

〈豐〉䷶之〈離〉䷝，是〈豐〉卦上六爻，其爻辭是：「豐其屋， 其家，
其戶， 其無人，三歲不 ，凶。」伯廖即是根據爻辭，論鄭公子 滿貪得
無 ，欲望沒有止境，就算是鄭公子 滿能夠「豐其屋」，然而卻因此而失去
人心，結果就會成為「 其無人，三歲不 ，凶」，在此例中，可以看出《周
易》已不僅是單純的筮占書，進而成為論證事理的依據。

另在〈宣公十二年〉亦有以《周易》做為論證依據的例子，知莊子見到
晉國軍隊出兵鄭國，但卻軍紀不整，進而論斷：

> 此師殆哉！《周易》有之，在〈師〉䷆之〈臨〉䷒，曰：「師出以律，
> 否臧，凶。」執事順成而為臧，逆為否。眾散為弱，川壅為澤，有
> 律如已也，故曰律否臧。且律，竭也，盈而以竭，天且不整，所以
> 凶也。不行謂之臨，有帥而不從，臨孰甚焉？此之謂矣。

同樣以《周易》經文做為論證依據的例子，尚有〈襄公二十八年〉、〈昭公元
年〉、〈昭公二十九年〉、〈昭公三十二年〉等等。皆顯示《周易》一書如同《尚
書》、〔註15〕《詩經》〔註16〕般，具有指示人道德行為規範以及判斷事理的功

〔註15〕 有關《尚書》具有指示人道德行為規範以及判斷事理的功能，可見於《左傳‧
莊公十四年》君子曰：「商書所謂：『惡之易也，如火之燎于原，不可鄉邇，
其猶可撲滅者？』」（請見〈商書‧盤庚上〉）《左傳‧襄公三十一年》穆叔引
《尚書》：「大誓云：『民之所欲，天必從之。』」（ ：杜預注：今《尚書‧大誓》
亦無之）、《左傳‧僖公五年》宮之奇引《尚書》：「周書曰：『皇天無親，惟德
是輔。』」（此文不見於今本《尚書》）、《左傳‧僖公二十三年》卜偃引《尚書》：

能。另外，當我們看《左傳》中其它筮例的解釋，亦呈現出理性思維的趨勢，是故從筮例的探討，可塡補傳文與經文間思維活動的呈現（體系與非體系）、與解釋的有效範圍（個人與眾人）的落差。即使，二者的關注焦點並無差異，同樣都放在天道之於人事的關係與變化。所以，《周易》從西周時代的筮占活動而演變成後來的哲學概念，是有跡可尋的。

至於李杜先生在《中國古代天道思想論》一書中，曾說：

> 宗教性的卜筮活動之所以不能本質地發展為哲學，因為宗教與哲學有本質上的不同。此不同在於宗教的本質是超自然的，是神性的，而不可以有理性與經驗上充份的說明。哲學則是應用人的理性活動於自然與人生事務上以從事系統的說明。此一不同是對宗教與哲學的重要區別。易經中原來的卜筮作用與後來發展出的哲學性的理解亦有此根本的區別。在發展的過程中對此一本質性的區別或不能有完全的了解。〔註17〕

這個觀點完全不能解釋如何由《易經》的筮占活動，可以發展出〈易傳〉的哲學性思想，因為就他所說的「宗教性的卜筮活動之所以不能本質地發展為哲學」，那又如何能「發展出的哲學性的理解」呢？在本論文指出在筮占所運用的思維法則裡，仍然關注著自然之道與人事之道這兩個對象，當此活動逐漸脫離天意與鬼神的概念，那麼《易傳》發展為哲學性的著作，也是很自然的。

另外，他說道：「宗教的本質是超自然的，是神性的，而不可以有理性與經驗上充份的說明。」這樣的說法也是不嚴謹的，其根本的差異在於：具有宗教性的思想，並不等同於宗教本身。相信有神，是具有宗教性的思想，占

〔「〈周書〉有之：『乃大明服』」（見〈周書・康誥〉）、《左傳・昭公二十四年》萇弘引《尚書》：「〈大誓〉曰：『紂有億兆夷人，離心離德；予有亂臣十人，同心同德。』」（因為例証繁多，茲不盡舉，略舉數例）

〔註16〕有關《詩經》具有指示人道德行為規範以及判斷事理的功能。可見於《左傳・莊公二十二年》敬仲引詩：「詩曰：『翹翹車乘，招我以弓，豈不欲往？畏我友朋。』」（此逸詩，不見詩三百篇中）。《左傳・閔公元年》管敬仲引詩：「《詩》云：『豈不懷歸，畏此簡書』，『簡書』，同惡相恤之謂也，請救邢以從簡書。」（此詩見於〈小雅・出車〉）《左傳・襄三十一年》馮簡子言於衛侯，引詩：「《詩》云：『誰能執熱，逝不以濯？』禮之於政，如熱之有濯也；濯以救熱，何患之有？」（此詩為〈大雅・桑柔〉）《左傳・哀公二十六年》子贛引詩：「《詩》曰：『無競惟人，四方其順之。』若得其人，四方以為主，而國於何有？」（此詩為〈周頌・烈文〉）（因為例証繁多，茲不盡舉，略舉數例）

〔註17〕李杜著，台灣：藍燈文化事業股份有限公司，民國81年9月，頁8～9。

問的筮儀是類似于宗教性的儀式，但不必然保証這樣的思想與儀式一定發展出宗教。觀乎中國歷史，有神諭的記載、教團及儀軌的宗教（即道教），是在東漢末年經由佛教的刺激而形成，若直接界定筮占活動爲宗教，實不甚恰當。

　　如果要了解《周易》的經文，閱讀者必須自己透過理性的思維活動，和運用經驗法則的判斷（當然，運用經驗法則必須透過共同經驗，如同時期的文化背景、或透過經典知識的累積），才能夠理解、發現卦爻辭的語句意義，否則如〈既濟〉䷾九三爻辭：「高宗伐鬼方，三年克之，小人勿用。」既不是神諭，又不是超自然的歷史事件，僅管沒有「理性與經驗上充份的說明」，又如何能直接歸於宗教的範疇來解釋它呢？

　　其次，在傳統儒家的概念中，傳是用以解經，若是義理不合，如何解經？假使說，二三千年下來，所有的儒者都不能區別其義理乖悖之處，那麼，自漢易以下，直至清代的所有易學論述與注解，爲何仍多引用《易傳》的觀念來解釋經文呢？傳文從經文發展而來，較經文在思想上的論述更爲清晰與系統化（〈說卦傳〉除外），此處之相異，不能直接視爲義理不合。而按中國傳統之學術分類觀念，若新學說出自於本有之舊學說，則應歸於舊學說的體系之內。

　　另外，回顧易學史，數術派與義理派之分，即是因爲《易經》具備了這二種理路，而派別之分即是由於觀點著重有異而產生的，觀乎《左傳》、《國語》的記載，筮例十六則，引論六則，可知筮占的活動，與義理上的發揮，早在春秋時期就已存在，更何況在筮例中，亦有著重在義理的發揮，以及運用理性思維活動解釋卦象，是故斷不能直接以宗教論之。

　　由於，《易經》、《易傳》與筮例的觀點的確可以找出其意義的重合與聯繫，僅管彼此的文字風貌有異，較爲晚出的《易傳》的確是將《易經》所蘊涵的概念，做出清晰的闡述與系統性的理論。因此，也不可輕易論斷《易經》僅只是一本筮占書而已。〔註18〕

　　所以傳文的概念雖然是由經文衍生出來的，但當我們由傳文出發而試圖去了解經文時，若忽略其相異之處，則有　格不入的感覺。而本論文的焦點雖然是放在如何由筮例去了解經文的意義，但就〈象傳〉與〈說卦傳〉而論，

〔註18〕在顧頡剛所著的〈周易卦爻辭中的故事〉，結論部份以爲：「《易》本來只是一部卜筮之書。」筆者仍需強調的一點是，《易經》絕對不僅「只是一部卜筮之書」而已。請見《十家論易》，頁129。（郭沫若、顧頡剛、聞一多、熊十力、馮友蘭等著，蔡尚思主編，湖南：岳麓書社，1993年3月初版）

《易傳》在詮釋《易經》的觀點上，與筮例有其相近之處。是故經由前幾章對筮例的討論，或可尋覓出《易經》和《易傳》間思考脈絡的傳承與演變。

第二節　本論文未來的展望

在第二章的筮例中，有以卦名作爲論証的依據。在《左傳》、《國語》中有：

《左傳・閔公元年》：「〈屯〉☷☷固〈比〉☷☷入」

《左傳・襄公九年》：「隨，其出也。」

《國語・晉語》：「〈屯〉☷☷，厚也。〈豫〉☷☷，樂也。」

可見在古人的觀念中，卦名是判準吉凶的條件，在第四章中，曾提到如何對語言做一有效的分析與理解，由於卦爻辭是以文字表現卦象的意義，雖然曲折隱微，但是透過卦爻辭，仍可明白卦象的含義所在。〈繫辭傳〉也表示此種觀點：

易有四象，所以示也。繫辭焉，所以告也。

聖人立象以盡意……繫辭焉以盡言。〔註19〕

所以卦名也應是總括一卦之含義，而其意義之呈現在筮占之中，也應透過其引申之意指來了解其使用上之意義，也就是說，卦名本身的字義並不是限定在單一的定義上，至於，其字義的多樣性，在稍後將予以論述。然而在李鏡池先生的《周易探源・周易卦名考釋》中，卻主張卦名是無意義的，與卦象也是毫無關聯的：

《易》本身只有卦畫而無卦名。卦名之增添，由於卦畫之難畫而易訛，而且也難稱謂，不能不另給它一個文字的名目；有了名目，說起來方便多了，正如其它古書一樣，本來是沒有篇章名目的，爲了稱謂起見，就在篇首給它一個名目，「甲乙丙丁」、「天地玄黃」之類，在目錄與圖書的性質、類別、內容之間，沒有必然的關係，也沒有意義的關聯，即使是有關係，也是偶然的。古書中篇目的與內容關係越少的，可以說是越古；關聯意義越多的越後。〔註20〕

筆者認爲這樣的觀點是大可以質疑，甚至是可被推翻的。李鏡池先生的主張可歸納爲三點：

〔註19〕以上二引文同見於〈繫辭上〉。
〔註20〕請見《周易探源》頁280。

一、《易》本身只有卦畫，而無卦名。

二、卦名是後起名目，與本來的易卦是沒什麼必然和意義的關聯，即使有，也是偶然的。

三、篇目與內容的關係越少，是越古的。關聯意義越多的，越後。

就此三點而論，第二與第三項的論述就不能自圓其說。首先，李鏡池先生落入了自我的語言陷阱之中——引喻失義，亦即所講的話與事實不能做有效的對應，甚至會發生誤解事實的狀態。李鏡池先生自己引了一個「甲乙丙丁、天地玄黃」的例子，來說明了卦名和卦畫間沒有關係，進而推論即使卦名和卦畫若真有關係，也是偶然的，這個觀念是不能解釋的。因為圖書之多，不得不編一號碼，而這項歸類乃在於自己個人的任意性，而且，應有一個順序性。如果說以《周易》六十四卦運用類似天干中的「甲乙丙丁」或千字文的「天地玄黃」的方法，那麼這項編碼最少也得有順序性了。反究《周易》卦名卻找不出順序性，如此又何必起一無順序的卦名？亦即編碼的意義不存在了。

第二、李鏡池所說的「必然的關係」難以釐定所指為何，但就第三條來論，他承認卦名是有意義的，那麼與第二條的主張：「沒有意義的關聯」就產生自我矛盾了。而就所謂「偶然的」一語，如果筆者的解讀無誤，應即是碰巧、剛好的意思了，此項又與第三項相違反。「內容關係越少的，可以說是越古，關聯意義越多的，越後」亦即主張後人不可能進行無意義的指謂。既然後人編定有意義的指謂——即卦名，那麼，就不可能是「偶然的」。故就李鏡池先生所言，若第二條成立，第三條就不能成立；而倘使第三條成立，第二條就不能成立了。

再來就第一條所說：「《易》本身只有卦畫而無卦名……正如其它的古書一樣，本來是沒有篇章名目的……」。這一條的預設成份頗大，畢竟目前無法確定《周易》在著作之初沒有被作者自行賦予卦名，因此這一主張僅可以用存而未決的方式來看待，並不能直接作為立論的根據或前提。並且就其所言「卦畫之難畫而易訛，而且也難稱謂」，那麼在創造之初，作者本身面臨卦象之時，也很難稱謂之。如果，創作者本身亦面臨這一個問題，而我們如何能先行肯定作者在創作之初，並不賦予卦名。故就李鏡池先生所論，我們尚未能肯定其結論一定是正確的。

由於考証卦名是由於何人給定，筆者無法就此論斷，但是不論是誰所定，六十四卦的名稱肯定是與卦象、卦爻辭有所聯繫，而其程度或強或弱，則有

待一一檢定。在此肯定有所意義的聯繫的，筆者在此有三項推論：

第一、《易經》作者既然將之成書，如果又是作者賦予卦名，是不必取一無意義連繫的卦名。如果取名毫無意義，那麼《易經》通篇的意義何在那也很可疑了。

第二、如果卦名是後起者所賦予，取名的最低程度是方便辨識，也應歸納並擷取卦爻辭中的常用字，有點「述而不作」的意思，即有標出卦象或卦爻辭重點的觀點，要說毫無意義則難以令人認同。

第三、如果卦名是後起者賦予，並非取常用字，而是以自己本身的了解或觀點取名，則更不可能毫無意義了。如果卦名不能與卦象、爻辭相契合，可能之一是取名者認識錯誤，因而起出錯誤的卦名。可能之二是，當時的命名側重於引申意指，而與卦爻辭的引申意指重合，但在後人解讀時，難以直接了解其意。而可能之二較可能之一的情形機會更高；在本論文第三章第二節即指出，古人在進行爻辭的解釋，基於比喻語言的特性，多強調語句的引申意指而並非使用卦爻辭的字典語義。〔註21〕並且在古人引用卦名解釋時，也遵循此種方式。

第二層的証據是在春秋時期，解筮者亦有用卦名作為參與論証的條件。如果在春秋時期，傳承《易經》並且能夠解釋《易經》者是錯誤的。那麼遠在兩千年後的我們，未曾由掌管《易經》的學者傳予知識，僅僅依憑自己對《易經》的了解，就臆測古人之觀點，似乎是有欠考慮的。

所以基於以上的推論，卦名絕對有與卦象、卦爻辭連繫的意義，至於強弱度如何界定尚有待討論了。

至於解釋卦名的困難度為何？筆者在此先引楊成凱先生的觀點，他在《漢語語法理論研究‧語言單位的同一性》一書中提到：

> 根據語言單位具有形式和意義要素這一點，我們可以得出結論，如
> 果兩個語言單位 a 和 b 具有某種相同之處，那麼它們只能屬于下列
> 三種情況之一：
> a、形式的同一：形式相同，意義不同。
> b、意義的同一：意義相同，形式不同。
> c、絕對的同一：形式和意義都相同。
> 除了第三種情況可能得出 a（語言單位）和 b（語言單位）二者同一

〔註21〕詳見本論文第四章。

> 的結論外，第一和第二兩種情況就需要研究……但是在語法分析中
> 經常產生的麻煩是，判斷相同與否的標準不同。事情往往是尺度嚴
> 一點可以說它們不同，尺度寬一點也可以說它們相同，漢語學者常
> 常說根據意義確定詞的同一性，而按照我們的分析，在許多情況下，
> 所謂 a 和 b 的意義相同，其實只能說它們的詞根意義相同而已，全
> 面考慮就很難說意義相同。〔註22〕

在文字的互相比對上，尚有此困難之處；在引文所指的語言單位是語句，還不是單一的字詞，更何況在面臨單一字詞的卦名時，它的比對的對象是「卦象」，不是文字。

　　如果從筮例中，論其引用的卦名，的確有難以直接鎖定其字義的現象。如在筮例一中曾出現的「觀」字，按照現今的解釋，是「看」的意思，然而，根據蘇新春先生在《漢語詞義學》一書中所提到的：

> 《說文》中表示看這個動作的動詞有 105 個，其中充當訓釋詞或訓
> 釋語中心詞有十二個：視、見、望、察、觀、窺、瞻、眙、睎、顧、
> 目祭、曬、目。〔註23〕

他並以圖表的方式說明，這些本義相同的字群，在《說文》中的條例如下：

【表一】

釋　詞	訓　釋　形　式		舉　　　例
	單字相訓	充當中心詞	
視	4	60	省、視也。睨、小視也。
見	4	10	睹、見也。
望	3	2	闚、望也。候，伺望也。
察	2		督、察也。
觀	2		覽、觀也。
窺	1		覘、窺也。
瞻	1		視、瞻也。
眙	1		盯、眙也。
睎	1		看、睎也。

〔註22〕請見《漢語語法理論研究》楊成凱著，遼寧：遼寧教育出版社，1996 年 12
　　　　月一版，頁 147。
〔註23〕引自《漢語詞義學》，蘇新春著，廣東：廣東教育出版社，頁 115，1997 年。

顧	1		睊、顧也。
目祭	1		瞟、目祭也。
眄	1		目各、眄也。
目		10	瞋，張目也。

　　接著，蘇新春先生就《說文解字》、《爾雅》二書中所出現頻率較為頻繁的訓釋辭，進一步地分析其字義，並區分出各字在義素上的細微差異，也一併以圖表示：〔註24〕

【表二】

義素分析	見於《說文》				見於《爾雅》					
	視	見	診	省	監	瞻	臨	蒞	覬	相
以目觸物	+	+	+	+	+	+	+	+		+
驗証			+						+	+
審察				+						
從高往下			+	+						
君臣之間					+	+	+	+		
有時間性									+	
了悟			+						+	
往上						+				
看守					+					
監督					+		+			
斷定病灶		+								
看到的結果		+								
猜占										+
距離遠						+			+	
距離近			+				+	+		+
有所選擇										+

　　由上二個圖表，我們可以看到在古漢語的系統裡面，單一字詞的意思是多義的，就像筮例一中的「觀」字，在現代我們可以單純視之為「看」這個意義，然而在實際上對古人來說，其具有的意義未必僅僅是「看」字的意義，

〔註24〕引自《漢語詞義學》，蘇新春著，頁118。

由於筆者的論文研究方向並不是從事於古漢語的討論，因此無法直接分析出「觀」字之所有義素，僅僅只能提供《左傳》上筮例一的記載：

> 猶有觀焉。故曰：「其在後乎。」

得出有等待觀望之意；也就是說，依筮例所載，「觀」有看、且具有時間性的含義。在筮例中，很明顯的論述者僅強調「觀」字的時間意涵，而不論及「看」的本義。基於在相同的考量下，可以發現卦名同樣是單一的字或單一的詞，並沒有上下文與之聯繫，又無其它文字作為比對的對象，所以很難鎖定卦名的意義何在。經由古漢語學者的相關研究，可以發現單字具有多義性。若如同李鏡池先生的作法，也就是僅僅從單一的卦爻辭來論斷卦名的意義，就會產生將卦名視為無意義的謬誤。

　　由於本論文僅從筮例出發，至於卦名、卦象與卦爻辭意義之間的聯繫，是有詳加討論的必要，方法之一乃是以各種語言學方法，透過對古代漢語之分析與解讀，尋找出眾多可能的意義，並試圖釐清。

方法之二，透過上節提到的文化脈絡（詩、書、禮、樂之文化意涵）、政治背景（政治制度、政治思想）的研究，了解其相關之背景知識，從而解讀《易經》。本論文雖未涉及文化脈絡與政治背景的討論，然而由筮例之中，可發現《易經》一書與政治制度、政治思想有強烈的關聯性。透過對當時政治背景的了解，有助於吾人認識《易經》一書，而欲了解周代的政治思想與制度，就不能不提及禮樂文化，因為在實際上，周代的政治制度就是由禮樂的規範而來，如《春秋公羊傳》有載：〔註25〕「天子八佾，諸公六，諸侯四。」《春秋左氏傳》中亦載：「天子用八，諸侯用六，大夫四，士二。」〔註26〕據《禮記‧祭統》鄭玄注：「佾，猶列也。」《論語》何晏集解：「佾，列也……八人為列。」周代的佾是一種樂舞制度，根據身份之不同，樂舞人數也跟著不同。凡所用樂舞不符合身份，即不合禮，所以在《論語‧八佾》中，孔子謂季氏：「八佾舞於庭，是可忍也，孰不可忍也。」可知，周代的禮樂除了原本蘊涵的文化義涵之外，其外在之表徵即為政治制度。至於，如何透過文化與政治的觀點，來進一步的理解《易經》，則留待他日做詳細探討。

〔註25〕請見《公羊傳‧隱公五年》。
〔註26〕請見《左傳‧隱公五年》。

參考書目

        凡古書今刷者，一律列爲古代著作，不論出版先後，以作者所屬年代爲排列順序。凡古書今註者或今人所著作者，一律以出版年份的先後順序排定。民國以前一律劃爲古代，民國以來爲現代。

一、有關周易著作

（一）古代著作

1. 《周易王韓注》，〔魏〕王弼、韓康伯注，台灣：台灣中華書局，1985 年 3 月五版。
2. 《十三經周易注疏》，〔魏〕王弼、韓康伯注，〔唐〕孔穎達正義，台灣：藝文印書館，1989 年 1 月十一版。
3. 《周易集解》，〔唐〕李鼎祚撰，台灣：鼎文書局，1975 年 4 月初版。
4. 《六十四卦經解》，〔清〕朱駿聲著，北京：中華書局，1953 年 6 月一版。
5. 《周易集解纂疏》，〔清〕李道平撰，北京：中華書局，1994 年 3 月初版。
6. 《春秋占筮書》，易學叢書續編，〔清〕毛奇齡著，台灣：廣文書局，1974 年 9 月初版。

（二）現代著作

1. 《先秦漢魏易例述評》，屈萬里著，台灣：學生書局，1969 年 4 月初版。
2. 《周易大傳今注》，高亨著，山東：齊魯書社，1979 年初版。
3. 《周易尚氏學》，尚秉和著，北京：中華書局，1980 年 5 月初版。
4. 《周易探源》，李鏡池著，北京：中華書局，1982 年 7 月一版 2 刷。
5. 《讀易三種》，屈萬里全集 1，屈萬里著，台灣：聯經出版社，1983 年初版。
6. 《先秦易學史》，高懷民著，台灣，1986 年 8 月再版。
7. 《大易哲學論》，高懷民著，台灣，1988 年 7 月再版。

8. 《易學新探》，程石泉著，台灣：黎明文化事業股份有限公司，1989 年初版。

9. 《易傳之形成及其思想》，戴璉璋著，台灣：文津出版社，1989 年 12 月初版。

10. 《易學窺餘》，李周龍著，台灣：文津出版社，1991 年 8 月初版。

11. 《易學拾遺》，李周龍著，台灣：文津出版社，1992 年 3 月初版。

12. 《周易辭典》，張善文編著，上海：上海古籍出版社，1992 年 12 月初版。

13. 《周易的數學原理》，歐陽維城著，湖北：湖北教育出版社，1993 年 8 月一版。

14. 《周易知識通覽》，朱伯崑主編，濟南：齊魯書社，1993 年 12 月初版。

15. 《易傳與道家思想》，陳鼓應著，台灣：台灣商務印書館，1994 年 9 月一版。

16. 《易學哲學史》，朱伯崑著，北京：華夏出版社，1995 年 1 月初版。

17. 《易經古歌考釋》，黃玉順著，四川：巴蜀書社，1995 年 3 月初版。

18. 《周易大侃》，王曉強編著，湖南：岳麓書社，1995 年 3 月一版一刷。

19. 《周易經傳溯源》，李學勤著，台灣：麗文文化事業股份有限公司，1995 年 10 月一版初刷。

20. 《周易商周之交史事錄》，黃凡著，廣東：汕頭大學出版社，1995 年 12 月初版 1 刷。

21. 《易學精華》，鄭萬根主編，北京：北京出版社，1996 年 2 月一版一刷。

22. 《易學漫涉》，朱伯崑主編，台灣：學生書局，1996 年 11 月初版。

23. 《易道新論》，顧文炳著，上海：上海社會科學院出版社，1996 年 11 月初版。

24. 《周易思想探微》，劉瀚平著，商鼎文化出版社，1997 年 2 月一版。

25. 《周易今註今譯》，南懷瑾、笭芹庭註譯，1997 年 4 月修訂版十刷。

26. 《周易漫談》，張善文著，台灣：頂淵文化事業有限公司，1997 年 4 月初版。

27. 《周易索引》，宋祥瑞編，台京：北京大學出版社，1997 年 6 月初版。

28. 《周易符號思維模型論》，楊樹帆著，四川：四川人民出版社，1998 年 4 月一版。

29. 《周易哲學和古代社會思想》，張吉良著，山東：齊魯書社，1998 年 9 月初版。

30. 《帛書周易研究》，邢文著，北京：人民出版社，1998 年 12 月一版。

31. 《周易與華夏文明》，翟廷晉著，上海：上海人民出版社，1998 年 12 月初版。

32. 《周易象說》，錢世明著，上海：上海書局出版社，1999 年 1 月初版。

33. 《偉大的孕育》，高懷民著，台灣，1999 年 2 月初版。

34. 《周易注譯與研究》，陳鼓應、趙建偉著，台灣：台灣商務印書館，1999年7月初刷。

（三）論文集

1. 《大易集述》，第三屆海峽兩岸周易學術研討會論文集，劉大鈞主編，四川：巴蜀書社，1980年10月初版。

2. 《十家論易》，郭沫若、顧頡剛、聞一多、熊十力、馮友蘭等著，蔡尚思主編，湖南：岳麓書社，1993年3月初版。

3. 《國際易學研究》第二輯，朱伯崑主編，北京：華夏出版社，1996年4月初版。

4. 《國際易學研究》第三輯，朱伯崑主編，北京：華夏出版社，1997年初版。

5. 《中國古代思維模式與陰陽五行說探源》，艾蘭、汪濤、范毓周主編，江蘇：江蘇古籍出版社，1998年6月一版一刷。

二、其餘經部叢書及相關著作

（一）古代著作

1. 《十三經春秋左氏傳注疏》，〔東周〕左丘明撰，〔晉〕杜預集解，〔唐〕孔穎達疏，台灣：藝文印書館，1989年1月十一版。

2. 《十三經毛詩注疏》，〔西漢〕毛公傳，〔東漢〕鄭玄箋，〔唐〕孔穎達疏，台灣：藝文印書館，1989年1月十一版。

3. 《十三經春秋公羊傳注疏》，〔西漢〕公羊壽傳，〔東漢〕何休解詁，〔唐〕徐彥疏，台灣：藝文印書館，1989年1月十一版。

4. 《十三經尚書注疏》，〔西漢〕孔安國傳，〔唐〕孔穎達正義，台灣：藝文印書館，1989年1月十一版。

5. 《十三經儀禮注疏》，〔東漢〕鄭玄注，〔唐〕賈公彥疏，台灣：藝文印書館，1989年1月十一版。

6. 《十三經禮記注疏》，〔東漢〕鄭玄注，〔唐〕孔穎達疏，台灣：藝文印書館，1989年1月十一版。

7. 《十三經周禮注疏》，〔東漢〕鄭玄注，〔唐〕賈公彥疏，台灣：藝文印書館，1989年1月十一版。

8. 《十三經孟子注疏》，〔漢〕趙岐注，〔宋〕孫奭疏，台灣：藝文印書館，1989年1月十一版。

9. 《十三經論語注疏》，〔魏〕何晏注，〔宋〕邢昺疏，台灣：藝文印書館，1989年1月十一版。

10. 《十三經春秋穀梁傳注疏》，〔晉〕范寧集解，〔唐〕楊士勛疏，台灣：藝文印書館，1989年1月十一版。

11. 《春秋經傳集解》，相台岳氏本，〔晉〕杜預注，台灣：新興書局，1992年初版。

12. 《十三經爾雅注疏》，〔晉〕郭樸注，〔宋〕邢昺疏，台灣：藝文印書館，1989年1月十一版。

13. 《文史通義》，四庫備要，〔清〕章學誠著，台灣：中華書局，1992年初版，1965年台一版。

14. 《春秋會要》，〔清〕姚彥渠撰，北京：中華書局，1955年11月初版。

15. 《經義考》，〔清〕朱彝尊著，北京：中華書局，1998年11月初版。

（二）現代著作

1. 《春秋左傳注》，楊伯峻著，北京：中華書局，1990年二版。

2. 《尚書學史》，劉起釪著，北京：中華書局，1996年初版。

3. 《先秦禮樂文化》，傳統文化專題研究叢書，楊華著，武漢：湖北教育出版社，1996年初版。

4. 《周予同經學史論著選集》，朱維錚編，上海：上海人民出版社，1996年7月二版。

5. 《中國古代宗教與禮樂文化》，謝謙著，四川：四川人民出版社，1996年7月一版。

6. 《詩經的文化精神》，李山著，北京：東方出版社，1997年6月一版。

7. 《詩義知新》，劉運興著，濟南：山東教育出版社，1998年初版。

8. 《詩經語言藝術新編》，夏傳才著，北京：語文出版社，1998年1月一版。

三、傳統中國哲學著作

1. 《老子王弼注》，〔東周〕老子著，〔魏〕王弼注，台灣：學海出版社，1984初版。

2. 《老子指歸》，〔東周〕老子著，〔漢〕嚴遵注，北京：中華書局，1994年3月初版。

3. 《莊子》，〔東周〕莊子著，〔晉〕郭象注，台灣：藝文印書館，1973年6月四版。

4. 《莊子集釋》，〔東周〕莊子著，〔晉〕郭象注，〔唐〕成玄英疏，郭慶藩集釋，台灣：廣文書局，1971年影本。

5. 《莊子解》，〔東周〕莊子著，〔清〕王夫之解，臺灣：里仁書局，1995年初版。

6. 《定本墨子閒詁》，〔東周〕墨子著，〔清〕孫詒讓著，台灣：世界書局，1986年10月十一版。

7. 《荀子集解》，〔東周〕荀子著，〔唐〕楊倞注，〔清〕王先謙集解，台灣：世界書局，1992 年 11 月十二版。

8. 《老子翼》，〔明〕焦竑撰，台灣：廣文書局，六十六年二版。

四、史及相關著作

（一）古代著作

1. 《國語》，舊傳〔東周〕左丘明著，〔吳〕韋昭注，上海師範大學古籍整理研究所校點，上海：上海古籍出版社，1988 年 3 月初版。

2. 《史記》，御製重刻二十一史，〔西漢〕司馬遷著，〔劉宋〕裴駰《集解》，〔唐〕張守節《正義》，〔唐〕司馬貞《索隱》，影本，台灣：啟明書局，1959 年 7 月初版。

（二）現代著作

1. 《夏商社會生活史》，宋鎮豪著，北京：中國社會科學出版社，1994 年 9 月一版。

2. 《周秦社會結構研究》，田昌五、臧知非著，1996 年 10 月初版，西安：西北大學出版社。

3. 《戰國史》，楊寬著，台灣：台灣商務印書館，1997 年初版。

4. 《吳越春秋輯較匯考》，〔東漢〕趙曄撰，周生春匯考，上海：上海古籍出版社，1997 年 7 月初版。

5. 《徐中舒歷史論文選輯》，徐中舒著，北京：中華書局，1998 年 9 月一版。

6. 《西周史》，楊寬著，台灣：台灣商務印書館，1999 年初版。

五、語言類著作

（一）古代著作

1. 《說文解字》，〔東漢〕許慎著，〔清〕段玉裁注，台灣：書銘出版社，1992 年 9 月六版。

2. 《廣雅疏證》，〔魏〕張揖撰，〔清〕王念孫疏證，台灣：廣文書局，1991 年 1 月再版。

3. 《經典釋文》，〔唐〕陸德明著，台灣：鼎文，國學名著珍會刊，1992 年。

4. 《說文解字義証》，〔清〕桂馥著，北京：中華書局，1998 年初版。

5. 《經傳釋詞》，〔清〕王引之著，台灣：世界書局，1956 年影本。

6. 《經傳釋詞補再補》，〔清〕孫經世撰，台灣：漢京出版社，四部刊要，初版。

（二）現代著作

1. 《語言學概論》，高名凱、石安石主編，北京：中華書局，1987 年 3 月再版。

2. 《古漢語同義修辭》，李維琦、王玉堂、王大年、李運富著，湖南：湖南師範大學出版社，1989 年 12 月初版。

3. 《古書文字易解》，于安瀾著，河南：河南大學出版社，1991 年 11 月初版。

4. 《古漢語語法及其發展》，楊伯峻、何樂士著，北京：語文出版社，1992 年 3 月初版。

5. 《語文的闡釋》，申小龍著，台灣：洪葉文化，1993 年初版。

6. 《漢語大字典》，徐中舒等主編，中國：四川辭書出版社及湖北辭書出版社，1995 年初版。

7. 《語言與現代邏輯》，周斌武、張國梁編著，上海：復旦大學出版社，1996 年。

8. 《語境與修辭》，寸鎮東著，貴州：貴州人民出版社，1996 年 6 月一版一刷。

9. 《漢語語法理論研究》，楊成凱著，遼寧：遼寧教育出版社，1996 年 12 月一版。

10. 《語義符號學》，李幼蒸著，台灣：唐山出版社，1997 年 3 月初版一刷。

11. 《敘事藝術邏輯引論》，董小英著，北京：社會科學文獻出版社，1997 年 5 月一版。

12. 《漢語詞義學》，蘇新春著，廣東：廣東教育出版社，1997 年 7 月二版二刷。

13. 《修辭語法論稿》，張潛著，河北：河北教育出版社，1998 年初版。

14. 《渾沌語義與哲學》，中國科學哲學論叢，劉華杰著，湖南：湖南教育出版社，1998 年 6 月初版。

15. 《讀解學引論》，蔣成瑀著，上海：上海文藝出版社，1998 年 11 月一版一刷。

（三）論文集

1. 《古漢語研究》第一輯，《古漢語研究》編輯部編，北京：中華書局，1996 年 11 月一版。

六、文學與文學理論類

1. 《文心雕龍注釋》，〔宋〕劉勰著，周振甫注，台灣：里仁書局，1984 年 5 月。

2. 《超越文學——文學的文化哲學思考》，周憲著，上海：三聯書店，1997 年 3 月第一版。

3. 《楚辭今注》,〔東周〕屈原著,湯炳正等注,上海:上海古籍出版社,1997年4月一版二刷。

4. 《文學解釋學》,金元浦著,吉林:東北師範大學出版社,1997年5月一版。

5. 《藝概》,〔清〕劉熙載著,龔鵬程等校注,台灣:金楓出版社,1998年7月革新一版。

6. 《讀解學引論》,蔣成瑀著,上海:上海文藝出版社,1998年11月一版一刷。

七、其餘相關著作

1. 《管錐編》,錢鍾書著,北京:中華書局,1986年6月二版。

2. 《中國古代崇祖敬天思想》,王祥齡著,台灣:台灣學生書局,1992年2月初版。

3. 《中國古代天道思想論》,李杜著,台灣:藍燈文化事業股份有限公司,1992年9月。

4. 《古史辨》,顧頡剛編,台灣:藍燈文化事業股份有限公司,1993年8月二版。

5. 《形象思維史稿》,李欣复著,濟南:山東教育,1998年。

6. 《商代文明》,〔美〕張光直著,毛小雨譯,北京:北京工藝美術出版社,1999年1月初版。

八、西方譯作

1. 《符號學要義》,Elements of Semiology 羅蘭・巴特著,洪顯勝譯,台灣:南方出版社,1989年初版。

2. 《普通語言學教程》,Ferdinand de Saussure cours de Linguistique Generale,〔瑞士〕費爾迪南・德・索緒爾著(Albert Sechehaye),高名凱譯,北京:商務印書館,1980年11月初版。

3. 《思想方式》,Modes of Thought,懷德海著,韓東輝、李紅譯,北京:華夏出版社,1998年。

4. 《語言哲學》,The Philosophy of Language,〔美〕A.P.馬蒂尼奇編,牟博、楊音萊、韓林合等譯,北京:商務印書館,1998年2月一版。

5. 《哲學解釋學》,〔德〕加達默爾著,夏鎮平、宋建平譯,上海:上海譯文出版社,1998年一版二刷。

6. 《材料與記憶》,〔法〕昂利・柏格森著,肖聿譯,北京:華夏出版社,1999年1月一版一刷。

張景岳〈醫易義〉研究

李玉芳　著

提　　要

　　中國醫學之精深博大是無庸置疑的，追本溯源，其理論基礎源自於中國經典《易經》，為醫者除必需熟讀《內經》外，更強調必須將《易經》徹底研讀。中國醫學理論，大體上是以陰陽為其中心思想，為了證明中醫與《易經》之關聯，故吾人藉明代張景岳所著《類經附翼》中〈醫易義〉一篇，來加以闡述易理醫用之義，並大約概述中國醫學之淵源。本篇論文共分六章。

　　中醫強調「陰陽調和」的重要性，認為人體內若陰陽失調就會生病，唯有使陰陽恢復平衡，人體才能恢復健康，這與《易經》中的陰陽思想是不謀而合的。為了證明中醫與《易經》之關聯，故吾人欲藉明代張景岳所著《類經附翼》中〈醫易義〉一篇，來加以闡述易理醫用之義，並大約概述中國醫學之淵源。因為〈醫易義〉一篇內容淺顯易懂，能將易理醫用之旨義娓娓道來，從《易經》八卦取象自然開始，到如何為中醫取法發展學理，言簡意賅無不切中核心，不失為初入中醫門檻之墊腳石。

第一章 緒 論

　　中國醫學之精深博大是無庸置疑的，由其能縱橫海內外幾千年而不墜即可證明。追本溯源，其理論基礎源自於中國經典《易經》，卻鮮為現今一般人所知。其實自古以來，為醫者除必需熟讀《內經》外，更強調必須將《易經》徹底研讀。因為中醫理論是建立在《易經》的學術基礎上所發展出來的，如果不懂得《易經》裡陰陽變化原理，就無法深入了解中醫學理之奧義。而今或由於社會變遷，使得儒醫分途，分屬於不同領域，致使二者分道揚鑣。今幸賴部分有識之士，仍能秉持易醫同源之理念繼續倡導下去，使之發揚光大，中醫方得以溯本清源之真面貌傳承下去，不致於失去其中易理醫用之精髓。

　　中國醫學理論，大體上是以陰陽為其中心思想，實際上是根據《易經》思想而加以發揮的。例如中醫強調「陰陽調和」的重要性，認為人體內若陰陽失調就會生病，唯有使陰陽恢復平衡，人體才能恢復健康，這與《易經》中的陰陽思想是不謀而合的。為了證明中醫與《易經》之關聯，故吾人欲藉明代張景岳所著《類經附翼》中〈醫易義〉一篇，來加以闡述易理醫用之義，並大約概述中國醫學之淵源。因為〈醫易義〉一篇內容淺顯易懂，能將易理醫用之旨義娓娓道來，從《易經》八卦取象自然開始，到如何為中醫取法發展學理，言簡意賅無不切中核心，不失為初入中醫門檻之墊腳石。

第一節　研究動機

　　鑒於二十一世紀科技雖然日益發達，但卻常常伴隨著文明病衝擊著我們的身心健康。為了人類生命的延續，醫學的研究絕不能鬆懈片刻。目前由於人類的濫用自然物資，生態環境慘遭破壞，導致更多不知名的病毒、細菌產

生，人類若不積極研究提升技術，恐將失去掌控病菌的能力。爲了求生存，人類必須更積極地思考如何提昇醫學水準，如果能多方面研究各種不同理論的醫學，然後去蕪存菁，截長補短，或許能爲我們帶來更多的福祉。

一、中醫理論值得西醫借鑑

中醫是我國幾千年來歷代先賢的醫學智慧，是經過無數次不斷嘗試錯誤實驗累積的結果。在上古時代，我們的祖先雖然沒有科學的基礎，但他們卻有不斷研究嘗試錯誤的精神。先人爲了對抗惡劣的環境，即以親身體驗發現了一些初淺的醫衛生常識，歷經伏羲、神農時代，累聚了許多寶貴的醫學常識，至黃帝時代，中國第一部醫書《內經》問世後，中醫學術即在《內經》的基礎上，歷經各代醫家不斷融入不同學說，加以補充修正擴充，期間雖有不同流派產生，然其範圍仍不離《內經》與《易經》。

目前有些西醫無法醫治卻被中醫治癒的案例，證明中國醫學確有可取之處。中國醫學因融入《易經》哲學思想，具有整體觀念，故較注重病因的前因後果及內外在環境的因素。而西方醫學較注重科學實驗，重視的是患病的部位的治療，較忽略隱藏在其中的眞正病因。中國醫學與西醫學理相較之下，雖然較屬於形而上的理論，缺乏機械式的科學實驗，然卻是經由無數確實的親身體驗所印證而來的，其自成一個完整的理論系統，許多理論經現代科學實驗亦多符合。在重視西醫科學的同時，若能融合中醫之理論，使醫學能兼顧科學與哲理，相信定能爲醫學開拓更寬廣的新契機。

二、中國醫學濫觴於《易經》

被中國醫學奉爲圭臬的《內經》，事實上其思想有許多與《易經》是如出一轍的，甚至多有引用《易經》經傳之原文來解釋醫理。誠如張景岳〈醫易義〉所云：「欲該醫易，理只陰陽。」〔註1〕醫與易有許多相通處，因爲《內經》有許多思想承襲自《易經》哲理，並且以「陰陽」爲其中心思想，然後再加以發揮的。《易經》裡陰陽思想隨處可見，如《易經·繫辭上傳》曰：「天尊地卑，乾坤定矣」、「動靜有常，剛柔斷矣」、「剛柔相摩，八卦相盪」、「乾

〔註 1〕見明·張景岳《張氏類經圖義·類經附翼·醫易·醫易義》（台北：新文豐出版公司， 1976 年 5 月初版），頁 247。

道成男，坤道成女。」〔註2〕天爲陽，地爲陰。乾爲陽，坤爲陰。動爲陽，靜爲陰。剛爲陽，柔爲陰。《易經》中認爲宇宙萬物皆可分陰分陽，並且陰陽相盪產生變化，萬物才得以繁衍，亦即若無陰陽之分，則萬物無從生焉。可見《內經》裡的陰陽學說，即引申自《易經》。

　　是故《易經》不僅是先人爲了探究自然環境，所以「進取諸身、遠取諸物」的符號與哲學而已，其最大的貢獻，更是對宇宙萬物變化的詮釋。程頤《周易・序》：「易有太極，是生兩儀。太極者，道也；兩儀者，陰陽也。陰陽一道也，太極，無極也，萬物之生，負陰而抱陽，莫不有太極，莫不有兩儀，絪縕交感，變化不窮。」〔註3〕《易經》藉陰陽兩儀、八卦、六十四卦而推衍出天地人關係之哲理，中國醫學將之擴大應用在人體，亦以「陰陽」爲總綱，並據以發展出陰陽學說、五行學說、六經八綱等醫學理論。今已知中國醫學理論傳承自《易經》，故欲明瞭中醫之原貌，必先追溯其根《易經》之原委。故吾人興起探索《易經》與中醫之「連屬關係」及「易理醫用」之研究動機。

三、〈醫易義〉旨意明確易懂

　　中國醫學取經於《易經》爲不爭的事實，歷代亦不乏醫家暢論《易經》與《內經》關係之論述，然多艱深龐雜，對於初學者是一個極大的負擔。明朝張景岳〈醫易義〉即針對醫易關係作一個總論，字淺易懂，論述井然有序，不失爲對初學者欲入中國醫學門檻之捷徑。〈醫易義〉闡明「易理醫用，醫易同源」之旨明白肯切，精闢易懂。「易理醫用」經〈醫易義〉闡釋義理更明，醫者若能兼顧《易經》哲理給予之啓示，相信更能掌握醫學之要領。加以〈醫易義〉作者張景岳生於明代，用字遣辭較無上古典籍之艱澀難辨，省去不少文字考究之麻煩，故吾人覺得欲窺「易理醫用」之奧妙，〈醫易義〉不失爲醫學之領航。

第二節　研究目的

一、據〈醫易義〉闡明醫易同源之理

　　〈醫易義〉主旨在闡明中國醫學與《易經》哲理的關係，醫學其實是《易

〔註2〕見宋・程頤《易程傳》（台北：世界書局，1996年2月出版13刷），頁56。
〔註3〕見宋・程頤《易程傳》，頁1。

經》哲理的引申運用。張景岳〈醫易義〉引唐孫思邈：「不知《易》，不足以言太醫」，〔註4〕認為醫家如果只懂得醫學，卻不懂得《易經》之運用，是不夠資格當醫家的，因為「以《易》之變化參乎醫，則有象莫非醫，醫盡回天之造化；以醫之運用贊乎《易》，則一身都是《易》，《易》真係我之安危。」〔註5〕認為醫者必須先熟讀《易經》義理，否則無法完全了解醫理，因為《易經》的哲理蘊涵無限醫理變化。人的生理變化莫測，然而莫不盡藏於《易經》之中。故張景岳又曰：「是以《易》之為書，一言一字，皆藏醫學之指南。」〔註6〕所以《易經》哲理是醫學的指南，醫者必須先明瞭《易經》變化之理，如果不懂《易經》哲理，就難以明瞭醫理的變化，則難為良醫也。

　　《易經》言天地人的變化，裡頭蘊藏著許多醫學的原理，它雖然沒有直接記載病機病理，但字字句句卻都隱含著醫學的道理。中醫把人體看成是一個小宇宙的觀念，和《易經》的天人合一的觀念，是如出一轍的。又《易經》認為萬事萬物皆由陰陽而生，中醫藉此發展出陰陽學說。中醫是根據《易經》思想建立理論系統，與《易經》是一脈相承的。所以張景岳認為醫者如果能明瞭《易經》，則對醫理能有更大助益。醫者若能融入《易經》於醫，深知變化之理與運用，相信必定是患者之福。如張景岳所說：「伏羲八卦，分陰陽之體象；文王八卦，明五行之精微。醫而明此，方知陰陽之中復有陰陽，剛柔之中復有剛柔。其對待之體，消息之機，交感之妙，錯綜之義，昭乎已備，則凡人之性理神機，形情病治，可因之以得其綱領，而會通其變化之多矣。」〔註7〕先天八卦將人體臟腑脈絡分陰分陽，而後天八卦藉五行說明生理運行之理，也就是說不論是生理或病理之變化，均可藉由易理參詳，故《易經》之於醫理大矣哉。

二、發揚中醫國粹，以補西醫疏漏之處

　　西醫注重科學與實驗，講求的是事實與證據，雖然確實治癒了不少疾病，但往往只是局部醫療，而忽略隱藏在病機背後真正致病的因素，而無法全盤根治，所以很有可能導致日後再度復發，或產生其他的後遺症。中醫則不同，注重的是整體性的療程，不只是頭痛醫頭，腳痛醫腳，不僅看到局部的病象，

〔註4〕見明・張景岳《張氏類經圖義・類經附翼・醫易・醫易義》，頁240。
〔註5〕見明・張景岳《張氏類經圖義・類經附翼・醫易・醫易義》，頁248。
〔註6〕見明・張景岳《張氏類經圖義・類經附翼・醫易・醫易義》，頁247～248。
〔註7〕見明・張景岳《張氏類經圖義・類經附翼・醫易・醫易義》，頁242。

更會進一步去深入探究真正的病因，然後再循序漸進，將病根逐步徹底根除，更講求的是整體系統的醫治，因為疾病可能已從甲部位傳至乙部位，若僅醫治甲部位而忽略乙部位，恐怕乙部位不僅會傳給丙部位，甚或再度使甲部位復發。故中醫治病絕不是只看表面那麼簡單，強調務必多方面旁敲側擊，找出所有可能病因，再加以完全消除為止。

中醫認為人體各部位的器官及臟腑，是互相聯屬成一個統整系統，是無法分割的，是整體性的。如果某個部位出了狀況，絕不能僅單就這個部分醫治，必須做全盤性考量。因為也有可能是其他某個部分病了，因為沒有醫治，而延伸影響到這個部位，甚至還會影響更多其他的部位。所以治病絕不能只看局部，這也正是中西醫之間最大的不同處，中醫的理論確實可提供西醫另類思考。

三、中西醫合璧，共創醫學新紀元

其實中西醫各有其優缺點，然其目的都是希望能解脫人們的病痛，只要目的達到了，我們如何能評斷孰是孰非？自古以來，人類為了求生存，勢必與環境搏鬥，中西醫其實均代表人類戰勝環境病魔的智慧結晶。只是不同的人有不同的思路，更何況是不同的民族？不同的國家民族各自發展出一套醫學，亦理所當然。故我們不能主觀的論斷孰優孰劣，但肯定的是，若能結合各種不同觀點來共同為醫學研究努力，相信醫學定會更精進成長，為人類帶來更大福利。

事實上證明，臨床上有很多因結合中西醫而治癒的實例，中西醫若能各自擯棄成見而結合，相信醫學療效一定能更好。近年來國內很多醫護學術機關已開始著手中西醫結合之研究，是為中西醫結合的一個肯定。另外，國外如日本、韓國及歐美等國家也因肯定中國傳統醫學，正積極將中國醫學融入其醫學範疇研究。另一方面，西醫所注重之科學儀器與實驗，亦可提供中國醫學醫療之診斷、治療、紀錄與配藥之參考。所以二者都有可取之處，學者實應共同攜手合作研究，共同為醫學技術努力。

第三節　研究資料

一、張景岳相關著作及生平事蹟

作者的思想，應可從其著作窺見出一些端倪，或許不同著作會因時空、

心境之不同而有些差異，然而其中心思想是一貫的，其思想應離其核心範疇不遠。是故欲了解張景岳〈醫易義〉之易理醫用思想，除了應深入了解《類經附翼》外，其他相關著作像《類經》、《類經圖翼》、《景岳全書》等，相信均有更多論點可印證其學說。此外包括作者張景岳的生平、時代背景、成長過程、經歷際遇及學術師承，相信多多少少都會對張景岳學術思想產生影響，故不可忽略對作者生平事蹟的考究，故亦在研究範範之內。所以吾人欲先對張景岳先有初步了解，然後蒐集閱讀其相關著作，追溯其思想之淵源，再歸納出其學術之中心思想。

二、《易經》與《內經》

〈醫易義〉主要是探討中國醫學與《易經》思想之關聯性，及中醫如何運用《易經》思想而發展出來的醫學理論，並且實際運用在醫學中。故研究範圍除了張景岳的著作外，中國醫學經典《內經》及《易經》亦為主要研究範疇。

（一）《易經》

《周易本義·上經》曰：

> 分為上下兩篇，《經》為伏羲所畫，文王、周公之辭也，并孔子所作
> 之《傳》十篇。凡十二篇。〔註8〕

《易經》提及伏羲「仰觀象於天，俯則觀法於地，觀鳥獸之文，與地之宜，進取諸身，遠取諸物，於是始作八卦，以通神明之德，以類萬物之情。」〔註9〕《易經》從伏羲時代畫八卦開始，即已有哲理醞釀其中，而且易理有先天與後天之別。另外，經以外，尚有傳。為了對張景岳「易理醫用」理論加以佐證，故吾人研究範圍大約上起自伏羲時代，下迄明朝張景岳之《易經》與醫學相關之著作。《漢書·藝文志》：「《易經》十二篇」〔註10〕、「孔氏為之彖、象、繫辭、文言、序卦之屬十篇。」〔註11〕故除了《易經》外，《彖》、《象》、《繫辭》、《文言》、《序卦》等，皆為研究《易經》時不可或缺的參考輔佐資料。

〔註8〕 見宋·朱熹《周易本義·上經》，頁1。
〔註9〕 見楊家駱主編《新校本漢書集注并附編二種》（台北：鼎文書局）第二冊〈藝文志〉第十，頁1704。
〔註10〕 見楊家駱主編《新校本漢書集注并附編二種》第二冊〈藝文志〉第十，頁1703。
〔註11〕 見楊家駱主編《新校本漢書集注并附編二種》第二冊〈藝文志〉第十，頁1704。

（二）《內經》

《內經》係取《易經》內卦之義，而命名。《漢書‧藝文志》記載上古時代醫書，除了《內經》外，還有《外經》，如「其名內外者，義取《易經》內、外卦之理，先成者爲內卦，後成者爲外卦也。亦即上下卦之意。」〔註12〕《內經》是根據《易經》理論發展而成，其取名淵源亦自《易經》。當初因內外不同卦義而分有《內經》與《外經》，可想而知《內經》是講求先成者，而《外經》是講求後成者之易。

陰陽學說爲《內經》重要理論基礎，分爲《素問》與《靈樞》兩部分，共計有一百六十二篇，範圍廣泛龐雜，實爲一部醫學叢書，若不分門別類，很難將每篇主旨提綱挈領，而明張景岳《類經》將《內經》分成十二類，並對之詳加解說詮釋，其彙整工作對中國醫學實功不可沒，對後學者確實提供了進入中醫之門的捷徑。爲《素問》作註者多達五十餘家，然首推唐王冰最爲可信與豐碩，儼然爲研究《素問》必備的聖典。而《靈樞》現今所流傳者，爲宋趙府居敬堂本，而後世能爲之註者卻寥寥可數，然首推明馬蒔。至於《內經》一書之整理，至唐楊上善才首開其端，後至金羅天益亦加入整理之行列，至明張景岳作《類經》以分門別類，使後學者得以輕易進入《內經》之門，厥功最偉。〔註13〕

1.《黃帝內經》十八卷

《漢書‧藝文志》：

> 《黃帝內經》十八卷，《外經》三十卷。《扁鵲內經》九卷，《外經》
> 十二卷。《白氏內經》三十八卷，《外經》十二卷。《旁篇》二十五卷。

〔註14〕

《漢書‧藝文志》記載中國古代醫經原本有《黃帝內經》與《黃帝外經》、《扁鵲內經》、《扁鵲外經》、《白氏內經》、《白氏外經》及《旁篇》等。中國醫學專書可謂洋洋灑灑，理論可謂豐富優渥。可惜年代久遠，或因戰亂因素，或因醫家私相授與，不授外人，以致許多寶貴醫書失傳，直至目前僅留存《黃

〔註12〕見《易經與中醫學》，頁 271。
〔註13〕參閱吳國定撰，賴易誠總編輯〈中醫古籍簡介一《內經》〉，《新醫潮》第 10 期（民國 69 年 8 月），頁 38～39。
〔註14〕見楊家駱主編《新校本漢書集注并附編二種》第二冊〈藝文志〉第十‧醫經，頁 1776。

帝內經》十八卷，其餘皆已失傳，對中國醫學而言，可謂一大損失矣。

2.《靈樞》與《素問》

余嘉錫《四庫提要辯証》：

> 《漢書・藝文志》載《黃帝內經》十八篇，無《素問》之名。後漢
> 張機《傷寒論》引之，始稱《素問》。晉皇甫謐《甲乙經・序》稱：
> 「《鍼經》九卷，《素問》九卷，皆爲《內經》。」〔註15〕

也就是說《黃帝內經》本來沒有《素問》與《鍼經》的名稱。是到了東漢時
張機編撰《傷寒論》時引用《黃帝內經》，才開始有了《素問》的名稱。到了
晉皇甫謐編著了《甲乙經》一書，才將《內經》分爲《鍼經》九卷及《素問》
九卷。案晁公武《讀書志》曰：「王冰謂《靈樞》即《漢志》：《內經》十八卷
之九」〔註16〕到了唐朝，王冰又將《鍼經》更名爲《靈樞》。所以現今《黃帝
內經》分有《靈樞》與《素問》兩部分，而《靈樞》就是原來的《鍼經》。

《四庫提要辨証》：

> 嘉錫案：《書錄解題》卷十三云：「《漢志》但有《黃帝内外經》，至
> 《隋志》乃有《素問》之名。……《漢志・方技略》：『醫經七家二
> 百一十六卷，經方十一家二百七十四卷。今其存者，《黃帝内經》十
> 八卷而已』。」〔註17〕

這段話再度說明了託名黃帝時代的醫經確實有《內經》與《外經》兩種，可
惜《外經》已亡佚散失不見，目前所能見到的僅有《內經》了，或因戰亂，
或因政變等因素，致使中國豐富的醫學寶庫無法完全保存下來，甚爲可惜。
故目前所能見到的託名黃帝時代的醫經，唯《黃帝內經》耳。

3. 中醫理論完備

《黃帝內經》反映了我國醫學理論體系已經形成。兩千多年來，我國醫
學的基礎理論儘管在不斷地充實和發展，但皆未離《內經》範圍。《內經》全
面地論述了人的生理、病理、診斷、治則、治法及人與自然的關係。中醫的

〔註15〕 見《四庫提要辨証》子部三・醫家類一・黃帝素問，收入《四庫全書總目》
第七冊，頁623。

〔註16〕 見《四庫提要辨証》子部三・醫家類一・靈樞經，收入《四庫全書總目》第
七冊，頁625。

〔註17〕 見《四庫提要辨証》子部三・醫家類一・黃帝素問，收入《四庫全書總目》
第七冊，頁623。

陰陽、五行、臟俯、經絡、病因病機等理論，皆源於這部醫學經典。它反映了中國醫學的整體性，釀括了中醫學術所有特點，更是中醫辨證論治的重要依據。〔註18〕《內經》根據《易經》思想而發展出，實不愧爲中國醫學寶典，不僅被歷代醫者奉爲圭臬，迄今亦爲修習中國傳統醫學必讀之讀本，亦爲各家研究中國醫學之重要藍本。

三、中醫相關書籍爲輔

　　黃帝時代以後，歷代醫家莫不在《內經》的基礎上，逐步發展研究出各種醫學理論。經過歷代醫家之傳承、修正及創新，中國醫學理論日趨成熟完整。歷代亦不乏傑出之醫家及醫書，如周秦越人《難經》、東漢張機《傷寒論》、東漢魏伯陽《周易參同契》、唐朝孫思邈《千金要方》、宋邵雍《皇極經世書》、宋劉完素《醫方精要宣明論》與《素問玄機原病式》、元李杲《內外傷辨惑論》、《脾胃論》、元朱震亨《格致餘論》等，皆爲值得參考之文獻資料。爲廓清「易理醫用」之旨意，並對張景岳《醫易義》所提議論加以考證及印證，上述資料亦列爲參考資料。

　　另外，台灣目前研究中國醫學之大學或機構，經常定期出版刊物，並作學術發表，也可作爲參考研究之資料。例如中華民國易經學會所出版之《中華易學月刊》、中國醫藥研究叢刊社出版之《中國醫藥研究叢刊》、中國醫藥學院中醫學系中醫藥現代化促進社發行之《新醫潮》、中國文化大學易學研究社發行之《華岡易學》、國立中國醫藥研究所中國醫藥社出版之《中國醫藥雜誌》雙月刊、荷蘭 Swets & Zeitlinger Publisher 出版之《中外醫學哲學》等，皆有專家定期發表其研究結果，均具有研究中醫之參考價值，另外，亦提供了不少目前中醫之趨勢與發展方向。

〔註18〕參閱魏子孝、聶莉芳著《中國古代醫藥衛生》（台北：台灣商務印書館，1994年8月初版第一次印刷），頁 11～12。

第二章 作者生平及〈醫易義〉簡介

　　《類經附翼》是明張景岳完成於明朝熹宗天啟四年（西元 1624 年）。書中共有四卷，包括《醫易義》、《律原》、《求正錄》及《針灸賦》等。其中〈醫易義〉係闡釋《易經》與中國醫學「易理醫用」關係的一篇論文。作者在書中引唐孫思邈之言明白揭示「不知《易》，不足以言太醫」，〔註1〕認為身為醫家，就必須熟讀善用《易經》之理，因為人體生理病理百態之變化，均可在《易經》裡找到答案。如果不懂得《易經》變化哲學，如何能判辨生理之變化？並引用宋朱熹《易本義》、邵雍《皇極經世書》、《擊壤集》及周敦頤《太極圖說》等思想理論來加以驗證。

　　為了使讀者能一目了然，首先，作者把《河圖》、《洛書》、《伏羲八卦次序》、《伏羲八卦方位》、《伏羲六十四卦圓圖》、《伏羲六十四卦方圖》、《文王八卦次序》與《文王八卦方位》等提綱要領點出重點，並附上圖表方便讀者能夠一目了然。文中，巨細靡遺、井然有序地綜合歸納《易經》、《內經》等相關議題，無論是陰陽學說、八卦起源、六十四卦變化、醫易同源、天人一理、五行學說、臟象學說、致中和等學說，無不詳細說明。

第一節　作者家世及生平

一、作者簡介

　　張景岳外孫林日蔚跋載：

　　　　先外祖張景岳公，名介賓，字會卿，先世居四川綿竹縣，明初以軍

〔註 1〕見明・張景岳《張氏類經圖翼・類經附翼・醫易・醫易義》，頁 240。

功，世授紹興衛指揮。……苦志編輯《內經》，窮年縷析，彙成《類
經》若干卷問世。〔註2〕

另《圖書集成》引《會稽縣志》：

> 張介賓，號景岳，素性端靜，易事難悅，年十三，隨父至京，學醫
> 於金英，盡得其傳，暇及研窮書史醫法。東垣立齋，喜用熟地黃，
> 人呼爲張熟地。越人柔脆而幼，即戕削墊地，專補腎後輒效。病未
> 極，人多不敢邀，危甚乃始求救，已無及矣。然亦有死中得活者。
> 著有《類經》一書，爲葉寅陽嘆賞。卒年七十八。醫術中杰士也。
>
> 〔註3〕

張景岳生於明朝嘉靖四十二年（1563），卒於崇禎十三年（1640），享年七十
八歲。十三歲時，隨著父親到京師，後來拜金夢石爲師學習醫術，長大以後，
以行醫爲生，醫術精湛，遠近馳名。〔註4〕按《浙江通志》：

> 以扶元氣爲主，謂河間、丹溪立論稍偏，後世寒涼之蔽多減元氣，
> 故其註《本草》，獨詳參附之用。所著《類經》綜覈百家，剖悉微義，
> 凡數十萬言，歷四十年而成。西安葉秉敬謂之海內奇書。又作《古
> 方八陣》、《新方八陣》，醫學至介賓而無餘蘊。〔註5〕

綜合以上所述，作者張景岳出生於明朝嘉靖年間，四川省綿竹縣人，十
三歲就隨著父親到京師求學，並拜名醫金英爲師，盡得其學。閒暇時亦不忘
瀏覽經史醫學書籍，故其學識相當豐富。後曾從軍授官，然終因非興趣所在
而作罷。棄官後從醫謀業，一邊看病一邊研究，興趣與生活結合，使張景岳
能專心投入醫學之鑽研及寫作。其最大貢獻爲鑽研《內經》而作《類經》以
傳世，並綜合許多醫家言論，歷經四十年才完成，共計數十萬言之多，可見
張景岳對醫學研究之熱忱與專注，幾乎佔據了其生命中泰半之歲月，可謂窮
極一生之巨作也。

由於張景岳治病時喜歡用熟地黃，故被稱爲張熟地。認爲陽爲陰之主，
故主張治病時應以扶陽爲主。對於先前丹溪所創滋陰派大力撻伐，認爲其以

〔註2〕明・張景岳撰，清・葉天士批評《景岳全書・全書紀略》（台北：廣文書局，
1982 年 8 月初版），頁 1。
〔註3〕見《圖書集成醫部全錄・醫術名流列傳十四》第五百十七卷，頁 447。
〔註4〕參閱陳邦賢《中國醫學史》（台北：台灣商務印書館，1973 年 8 月臺四版），
頁 149。
〔註5〕見《圖書集成醫部全錄・醫術名流列傳十四》第五百十七卷，頁 447。

滋陰養陰爲主，忽視陽才是陰之基，很容易在療程中傷到了元氣，故極力矯正當時滋陰派之缺失，而以宣揚溫補派爲主。對於當時許多滋陰派醫家濫用「寒涼藥」的弊端，他特別提出「重視虛證、寒證」的辨治，可說是溫補派醫家中的傑出者，被後世譽爲「醫門之柱石」。〔註6〕

二、著　作

　　張景岳以其豐富的醫學經驗及雄厚的醫學學識，不斷地鑽研創新，不僅能夠繼往開來，兼重理論與實踐，又善於通變。治學雖爲嚴謹，然並非全然墨守成規食古不化被動接受，遇有存疑亦必求證而不拘泥，故其著作不僅豐富且多有創見之處，甚具有參考價值，如《類經》、《類經圖翼》、《類經附翼》、《景岳全書》、《質疑錄》等，均爲難得之傳統醫學作品。

　　《類經》是作者鑑於《內經》經文古奧艱澀，難以了解，因此鑽研編纂歷經將近四十年，根據以類相從的原則，將《內經》原文分別摘錄成分十二類，進行分門編排注疏編撰而成。對後來學習《內經》者多所助益。綜合《素問》、《靈樞》，以類相從，分爲攝生、陰陽、臟象、脈色、經絡、標本、氣味、論治、疾病、針刺、運氣、會通十二編，並加以註解，對《內經》的整理和注釋，張景岳其貢獻可謂不小。此外書中亦綜覈百家，剖析各家理論之微言大義，共計有數十萬言之多。

　　張景岳《類經》大約於西元 1624 年問世，後又編《類經圖翼》十一卷對《類經》加以補註闡釋，係利用圖解形式闡述運氣學說。另外《類經附翼》四卷，則闡發「醫易同源」思想以補充《類經》之不足。晚年以其豐富之臨証經驗和深湛理論，撰成《景岳全書》六十四卷，其立法及論治均有獨到創見之處。另外，尚著有《質疑錄》，係針對金、元時期諸家論醫偏頗或缺失遺漏之處，加以剖析辨明，並對其早年所言有未當者作修正或補充，後爲清王琦收入《醫林指月》。〔註7〕

（一）《類經》三十二卷

《類經·序》：

　　得觀《內經》，遂確然深信以爲天地人之理盡備於此，此即所謂伏羲

〔註6〕　參閱魏子孝、聶莉芳著《中國中藥史》，頁291。
〔註7〕　參閱《中醫人物辭典》，頁350。

之《易》也，於是出而治世之病，一以《內經》爲主。〔註8〕

張景岳認爲《內經》蘊藏所有天地人萬物之理，完全與《易經》無異，故《內經》係以《易經》哲理爲其圭臬，而人世間所有疾病變化皆蘊藏在其中。其序又曰：「猶恐《內經》資其自用而不能與天下共用，遂乃著而爲《類經》」，〔註9〕景岳深恐《易經》大義不能爲眾人知悉運用，又爲能使《內經》救人大義發揚，故著《類經》以推廣。希望藉此將《內經》醫理與《易經》變化易理結合運用，使人能免於疾病之威脅，造人民福祉於萬年。《類經》是張景岳爲了研究《內經》時，廣泛蒐集綜合歷代多位醫家之言論而成，歷經四十年而成，可謂嘔心瀝血之作。

1. 共有十二類，三百九十條

《類經・序》：

> 一曰攝生，二曰陰陽，三曰藏象，四曰脉色，五曰經絡，六曰標本，
> 七曰氣味，八曰論治，九曰疾病，十曰鍼刺，十一曰運氣，十二曰
> 會通，共三十二卷，犁爲三百九十條。〔註10〕

《類經》將《內經》中《靈樞》與《素問》兩部份分成二大類，再加以互相參考佐證，闡明醫理。共有攝生、陰陽、藏象、脉色、經絡、標本、氣味、論治、疾病、鍼刺、運氣、會通等十二類，分成三十二卷，三百九十條。

2. 《靈樞》與《素問》互爲表裡

張景岳認爲《內經》蘊藏天地人之理，雖然《靈樞》、《素問》分屬上下兩部分，但其理則可合併，故綜合剖析而爲《類經》一書。其《類經》自序曰：

> 類之者，以《靈樞》啓《素問》之微，《素問》發《靈樞》之秘，相
> 爲表裡，通其義也，兩經既合，迺分爲十二類。〔註11〕

認爲《靈樞》、《素問》兩部分關聯密切，二者理論其實無法分割。因爲《靈樞》之精義必須靠《素問》闡釋，而《素問》之精微深義也必須藉助《靈樞》才能更加明確，所以二者不可偏廢，亦無法分開討論。

3. 以分類注釋法編撰

《類經》以分類注釋法編撰，《四庫全書總目》以爲：「雖不免割裂古書，

〔註8〕明張景岳《張氏類經・序》（台北：新文豐出版公司，1976年5月初版），頁2。
〔註9〕明張景岳《張氏類經・序》，頁3。
〔註10〕見明張景岳《張氏類經・序》，頁3～4。
〔註11〕見明張景岳《張氏類經・序》，頁9。

而條理井然，易於尋覽；其注亦有所發明，因而深爲學者稱賞。」〔註12〕《類經》係依據《內經》重新編纂，內容與《內經》多所相同而加以發揮，而編排方式則與《內經》不同。例如《素問》第一卷有〈上古天眞論〉一篇，而《類經》第一卷攝生類將之分爲〈上古之人春秋百歲，今時之人半百而衰〉、〈上古聖人之教下〉及〈古有眞人、至人、聖人、賢人〉等三篇，不僅將《內經》分門別類，又依內文將篇章加以細分爲更多篇，篇名並加以注釋，如此使讀者更加容易了解內文大意，不失爲研讀《內經》之導讀。

（二）《類經圖翼》十一卷

　　《類經圖翼》是張景岳利用圖象來說明《類經》，因爲《類經》有些文字較艱深難懂，爲了方便學者閱讀，《類經圖翼》將《類經》歸納條理化，並加註解。如此讓學者更能按圖索驥，輕易掌握住《類經》之精義。所謂工欲善其事，必先利其器，《圖翼》是研讀《類經》的最佳工具書，有了《圖翼》，了解《類經》也就更容易。

　　《類經》自序曰：

> 更益以《圖翼》十一卷，《附翼》四卷，觀其運氣諸圖註，則天道可
> 悉諸掌；觀其經絡諸布置，則藏象可洞其垣；觀其治法之玄機，則
> 見之諸條詳案。〔註13〕

所以有了《類經圖翼》，那麼運氣、天道、經絡分布、藏象，乃至治法無所不包，對於了解《類經》與《內經》有更大助益。《類經圖翼》十一卷，「運氣」部分，對於陰陽、五行、六氣等，皆用圖解說明；「針灸」部分，關於臟腑、經脈等，則作系統說明。

　　《類經》自序又曰：

> 此外，復附著《圖翼》十五卷，蓋以義有深邃而言不能該者，不拾
> 以圖，其精莫聚；圖象雖顯，而意有未達者，不翼以說，其奧難窺。
> 自是而條理分，綱目舉，晦者明，隱者見，巨細通融。〔註14〕

景岳深怕《類經》義深難懂，特用圖象或圖翼來加以說明，希望能讓學者一目了然。

（三）《類經附翼》四卷

〔註12〕見《四庫全書總目》第三冊子部十四‧醫家類二‧類經，頁2045。
〔註13〕見明張景岳《張氏類經‧序》，頁4。
〔註14〕明張景岳《張氏類經‧序》，頁10。

內容包括《醫易》、《律原》、《求正錄》、《針灸賦》等四卷。其中第一卷《醫易》，內容包含了《河圖》、《洛書》、伏羲八卦次序圖、伏羲八卦方位圖、伏羲六十四卦圓圖、伏羲六十四卦方圖、文王八卦次序圖、文王八卦方位圖及〈醫易義〉一篇。其〈醫易義〉一篇即是本文論述研究的重點，其結合《易經》哲理思想闡發易理醫用之理。另外，《求正錄》裡的〈三焦包絡命門辯〉、〈大寶論〉、〈眞陰論〉，亦有景岳醫易理論結合的發輝。

（四）《景岳全書》六十四卷

《四庫全書總目・景岳全書》：

> 《景岳全書》六十四卷，……其命名皆沿明末纖佻之習，至以傷寒爲典，雜證爲謨。〔註15〕

共有一百數十萬言，二十四集，六十四卷。博採歷代醫家之論，並結合作者經驗，自成一家之言。成書於晚年，全書共分入集、道集、須集、從集、性集、理集、明集、心集、必集、貫集、天集、人集、謨集、烈集、聖集、大集、德集、圖集、宙集、長集、春集等。入集有《傳忠錄》上、中卷。道集有：《傳忠錄》下卷、《脈神章》。須集有《傷寒典》。從集、性集、理集、明集、心集、必集、貫集、天集等《雜證謨》。人集有：《婦人規》。謨集有：《小兒則》、《痘疹詮》。烈集有：《痘疹詮》。聖集有：《外科鈐》。大集有：《本草正》。德集有：《新方八略》、《新方八陣》。圖集有：《古方八陣》、《古方補陣》、《古方和陣》、《古方攻陣》、《古方散陣》、《古方寒陣》。宙集有：《古方熱陣》、《古方固陣》、《古方因陣》。長集有：《婦人》、《小兒》、《痘疹》。春集有：《外科》等。可謂分類明確，巨細靡遺，方便讀者閱讀及查閱，對於醫家治病或學者研究均不失爲具有價值之參考書。

三、學術成就

《四庫全書總目・景岳全書》云：

> 能用二家之長，而無二家之弊，則治庶幾乎，其言至爲明切。夫扶陽抑陰，天之道也。然陰之極至於龍戰，陽之極亦至於亢龍。使六陰盛於坤，而一陽不生於復，則造化息矣。……《素問》曰：「亢則害，承乃制。」聖人立訓，其義至精，知陰陽不可偏重，

〔註15〕見《四庫全書總目》第三冊第一百四卷子部十四・醫家類二・景岳全書，頁2045。

攻補不可偏廢，庶乎！不至除一弊而生一弊也。〔註16〕

張景岳不僅研究了歷代以來不少醫家的學說，綜合歸納了許多醫學理論，更在雄厚的學理基礎上，結合了自己的臨床經驗，創立了不少學說，對後世醫學貢獻不少。其中尤其是提出「扶陽抑陰」的論點，推翻當時滋陰學派，最爲突出。認爲天地間陰陽二氣都很重要，然而若僅存陰氣而無一陽之氣，則萬物無以有復生之機。另外又主張「溫補學說」，闡發「易理醫用」、「陰陽理論」和「命門學說」等，皆爲精闢之言論，對後世更是有不少影響。

（一）主張溫補學說

1. 時代背景

明代以來，有些醫家沿襲了金、元醫家學說，而倡導滋陰養陰學說，雖然大力改善了南宋以來濫用「燥熱藥」的弊端，但卻也導致許多不知變通的醫者濫用「滋陰降火」之治法，反而造成另一種弊端。後幸賴朱震亨弟子戴思恭開啓了「溫補學派」，最大的特色是強調脾、胃、腎等在生理活動中的主導作用，主張善用甘溫藥來扶脾補腎。其學派之先驅者爲薛己，後至明朝，如孫一奎、張景岳、趙獻可等沿襲此說，並加以闡釋宣揚，至此溫補學說可謂臻至完備。〔註17〕

2. 溫補學派的代表人物

張景岳在醫學方面的成就，主要是吸收了元李東垣和明薛己的論點。如〈眞陰論〉云：

凡物之死生，本由陽氣。〔註18〕

他主張應以「溫補」爲主，反對用「寒涼」入藥治療。因爲人身須要養陽氣，切莫養陰以害陽。如〈大寶論〉云：

陽非有餘，不可不顧。夫陽主生，陰主殺。凡陽氣不充，則生意不廣。……故陽畏其衰，……陽來則生，陽去則死。〔註19〕

景岳認爲陰陽二氣雖然都很重要，但陽氣主宰著生機，陽氣若不足，則會影響生機，甚至會危及生命，所以我們平時應該注重陽氣的保養，唯有「溫補」

〔註16〕見《四庫全書總目》第三冊第一百四卷子部十四・醫家類二・景岳全書，頁2046。

〔註17〕參閱魏子孝、聶莉芳著《中國中藥史》，頁285。

〔註18〕見明・張景岳《張氏類經圖翼・類經附翼・求正錄・眞陰論》，頁275。

〔註19〕見明・張景岳《張氏類經圖翼・類經附翼・求正錄・大寶論》，頁274。

陽氣，才能使生機盎然。

張景岳原本是尊崇丹溪學派朱震亨「陽常有餘，陰常不足」〔註20〕之說，中年以後，則根據《內經》：『陰平陽秘，精神乃治』〔註21〕、「凡陰陽之要，陽密乃固。此言陰之所恃者，惟陽爲主也。」〔註22〕等理論，認爲丹溪學派立論有偏，而提出「人是小乾坤，得陽則生，失陽則死。」〔註23〕、『夫陰以陽爲主』，〔註24〕「一生之活者，陽氣也。五官五藏之神明不測者，陽氣也。」〔註25〕等論，主張扶陽抑陰理論。另外，對於命門、陰陽學說頗有闡發。主張補眞陰元陽，認爲善補陰者必于陽中求陰，善補陽者必于陰中求陽。

（二）醫易同原理論

張景岳〈醫易義〉：「擴易理精義，用資醫學變通」，〔註26〕認爲醫學的變通之道，是建立在《易經》的基礎義理上。故將醫學結合《易經》哲學思想來闡述，運用陰陽學說，來說明人體生理病理的變化規律。認爲「醫易同源」，醫與易理道理是相同的，所以〈醫易義〉曰：「《易》者，易也，具陰陽動靜之妙；醫者，易也，合陰陽消長之機也。雖陰陽已備於《內經》，而變化莫大乎《周易》。故曰天人一理者，一此陰陽也；醫易同原，同此變化也。」〔註27〕他認爲《易經》具備陰陽動靜之理，與醫學蘊藏陰陽人生消長之變化，其道理是一致的。故《內經》陰陽精微之義均已備載於《易經》，所以身爲醫家，如果只是熟讀《內經》是不夠的，亦必須將《易經》研讀運用，方算完備。

（三）陰陽五行理論

〈運氣篇〉裡將《易經》的「太極」與「陰陽」思維納入《內經》研究。如〈陰陽體象〉：

〔註20〕見明・張景岳《張氏類經圖翼・類經附翼・求正錄・大寶論》：「丹溪引日月之盈虧，以爲陽常有餘，陰常不足之論，而立補陰大埔等丸。……家傳戶用，其害孰甚。」，頁273。

〔註21〕見明・馬元台、張隱庵合註《馬張合註素問靈樞・素問・生氣通天論》中集，（台北：廣文書局，71年8月初版），第一卷，頁13。

〔註22〕見明・馬元台、張隱庵合註《馬張合註素問靈樞・素問・生氣通天論》中集，第一卷，頁13。

〔註23〕見明・張景岳《張氏類經圖翼・類經附翼・求正錄・大寶論》，頁274。

〔註24〕見明・張景岳《張氏類經圖翼・類經附翼・求正錄・大寶論》，頁273。

〔註25〕見明・張景岳《張氏類經圖翼・類經附翼・求正錄・大寶論》，頁273。

〔註26〕見明・張景岳《張氏類經圖翼・類經附翼・醫易・醫易義》，頁240。

〔註27〕見明・張景岳《張氏類經圖翼・類經附翼・醫易・醫易義》，頁240。

　　陰陽之氣，本同一體。〔註28〕

認爲天地原本是一體的，同屬於一個「太極」，後來太極分兩儀，也就是陰與陽二儀。這是引《易經》來說明《內經》裡的陰陽觀念，並無二致。〈陰陽類〉：

　　陽以陰爲基，陰以陽爲偶。〔註29〕

說明了陰與陽相互依的關係，是一體的兩面，陽是以陰爲基礎，而陰與陽是缺一不可，必須同時存在的。〈五行統論〉：

　　變雖無窮，總不出乎陰陽。〔註30〕

認爲天地萬物變化，總不離陰陽之範疇。張景岳復根據《內經》「陰平陽秘，精神乃治」〔註31〕等論點，提出「陽非有餘」、「眞陰不足」、「人體虛多實少」等理論，以支持其扶陽抑陰理論。

　　張景岳醫學理論中有關陰陽五行學說，大體上都是《易經》哲理的闡發。從形氣、寒熱、水火三個方向闡釋「陰以陽爲主」的觀點。提出「人之大寶只此一息眞陽」，〔註32〕認爲「眞陽」是維繫人之生命，猶如大寶一般，有了眞陽元氣，生命才有生存下去的可能。又「陰以陽爲主，而天地之大德曰生。夫生也者，陽也，一也，丹也。易有萬象，而欲以一字統之者，曰陽而已矣。」〔註33〕總而言之，有了陽氣，天地萬物才能生生不息繁衍下去，陰陽雖同爲太極之二氣，然無陽無以爲生，爲恐「陽常不足」需常常溫補，故治病喜歡用溫補之劑。

　　復提出「陰陽互根」理念，如「陰根於陽，陽根與陰，陰陽相合，萬物乃生。」〔註34〕「至若奇偶相銜，互藏其宅，一二同根，神化莫測。」〔註35〕「陰無陽不生，陽無陰不成，而陰陽之氣，本同一體。」〔註36〕而「陰陽之中，又有陰陽。」〔註37〕陰陽二氣化分以後，卻是難分難離，分分合合，互爲其根，

〔註28〕見明‧張景岳《張氏類經圖翼‧運氣‧陰陽體象》，頁14。
〔註29〕見明‧張景岳《張氏類經圖翼‧類經附翼‧醫易‧醫易義》，頁241。
〔註30〕見明‧張景岳《類經圖翼‧運氣‧五行統論》，頁19。
〔註31〕見明‧馬元台、張隱庵合註《馬張合註素問靈樞‧素問‧生氣通天論》中集，第一卷，頁13。
〔註32〕見明‧張景岳《張氏類經圖翼‧類經附翼‧求正錄‧大寶論》，頁275。
〔註33〕見明‧張景岳《張氏類經圖翼‧類經附翼‧醫易‧醫易義》，頁247。
〔註34〕見明‧張景岳《張氏類經圖翼‧運氣‧陰陽體象》，頁12。
〔註35〕見明‧張景岳《張氏類經圖翼‧運氣‧陰陽體象》，頁14。
〔註36〕見明‧張景岳《張氏類經圖翼‧運氣‧陰陽體象》，頁14。
〔註37〕見明‧張景岳《張氏類經圖翼‧運氣‧陰陽體象》，頁12。

彼此相須，生化缺一不可。陰陽之中復有陰陽，孤陰無陽就無以爲生，而獨陽若無陰也無法產生變化。若應用在醫學上，須視疾病陰陽屬性與陰陽體質，加以補陰或補陽。這種陰陽互根互補的治療思想，對後世醫學很有影響。

第二節　〈醫易義〉的主旨及大綱

張景岳〈醫易義〉主要是闡明《易經》理論如何影響中醫理論，並藉《易經》理論將中醫理論系統化。首先將「醫易」兩個字合併提出，主張「醫易同源」、「醫易相通」等理論。如果說《內經》是第一次引用《易經》理論建立中醫理論體系，那麼〈醫易義〉可說是進一步運用《易經》中象數部分，再一次整合中醫理論系統，他認爲醫與易的天人之理是相通的，所以藉易理以闡釋醫理。

一、主　旨

〈醫易義〉云：

> 賓常聞之孫眞人曰：「不知易，不足以言太醫。」每竊疑焉。以謂《易》之爲書，在開物成務，知來藏往，而醫之爲道，則調元贊化，起死回生，其義似殊，其用似異。且以醫有《內經》，何藉於《易》？舍近求遠，奚必其然。而今也年逾不惑，茅塞稍開，學道知羞，方克漸悟。乃知天地之道，以陰陽二氣而造化萬物；人生之理，以陰陽二氣而長養百骸。〔註38〕

張景岳原以爲《內經》與《易經》功用與意義不同，是分屬不同領域的學說。後因唐孫思邈一句「不知易，不足以言太醫」之啓示，茅塞頓開，才開始研究《易經》與醫理之關係。至此方知天地之理乃陰陽二氣之化生耳，《內經》所言人體陰陽與《易經》所言天地人陰陽之理無所不同，故欲將隱藏在《易經》裡的醫學理念，加以闡揚。

綜觀《易經》與《內經》哲理，不難發現，二者均是以「陰陽學說」爲其中心思想。《易經》認爲宇宙萬物均是由陰陽變化而起，人也不例外，中醫將人體視爲一個小宇宙，就是《易經》天人合一觀念的引申，故探討人生醫學的《內經》當然亦在天地萬物陰陽變化之中。張景岳在努力鑽研醫易關係

〔註38〕見明・張景岳《張氏類經圖翼・類經附翼・醫易・醫易義》，頁240。

的同時，並勉勵學醫者務必先熟讀《易經》，因為中醫的很多理論都是源自於《易經》，唯有將易理變化哲學導入醫學來應用，方能掌握住中醫之精髓及解開中醫學說的奧妙。

二、大　綱

（一）天人一理

景岳認為《內經》思想是承襲《易經》而來，故學者必須先對《易經》有所了解。如《易經》有「天人一理」之觀念，〈醫易義〉亦云：「天之氣，即人之氣；人之體，即天之體。」〔註39〕認為天人是一體的，其氣是相通、不可分割的。又「天地之易，『外易』也，身心之易，『內易』也。」〔註40〕天地與人均在「易」的範圍內，天地是屬於「外易」，而人是屬於「內易」，所謂「內易」則是法天而說明人體的一切。然而應該「先乎內，而後可以反乎外。是物理之易，猶可緩；而身心之易，不容忽。」〔註41〕而內外易重要的程度是有差異的，雖然天地人是一體的，然而應先把攸關生命的「內易」照顧好，畢竟維繫生命的身體照顧好了，才有餘力去照顧身外之環境。

另外，張氏認為：

> 易道無窮，而萬生於一。一分為二，二分為四，四分為八，八分為十六，自十六而三十二，三十二而六十四，以至三百八十四爻，萬有一千五百二十策，而交感之妙，化生之機，萬物之數，皆從此出矣。〔註42〕

《易經》中由太極演化為陰陽二儀、四象、八卦、六十四卦，每卦又有六爻相應。是故天地萬物變化雖然無窮無盡，然而皆由一開始而生，以迄一萬一千五百二十策。當然萬物變化不僅止於這些而已，而是說天地萬物所有變化，莫不由一而生，而所有變化雖然莫測，然都可尋其軌跡找出其原理。

（二）陰陽學說

《易經》與《內經》均建立在陰陽思想之上，而加以發揮的。如〈醫易

〔註39〕見明·張景岳《張氏類經圖翼·類經附翼·醫易·醫易義》，頁 241。
〔註40〕見明·張景岳《張氏類經圖翼·類經附翼·醫易·醫易義》，頁 241。
〔註41〕見明·張景岳《張氏類經圖翼·類經附翼·醫易·醫易義》，頁 241。
〔註42〕見明·張景岳《張氏類經圖翼·類經附翼·醫易·醫易義》，頁 241。

義〉曰：「天地之道，以陰陽二氣，而造化萬物。」〔註43 認爲天地萬物均是
由陰陽二氣而生。所以景岳〈醫易義〉中將《易經》陰陽學說詳細闡釋，並
將之融入醫學運用。包括陰陽起源、發展、推衍，各卦爻變化、涵義，及天
地人彼此之因果關係與影響等。

　　說明陰陽的關係是「陽爲陰之偶，陰爲陽之基。以體而言爲天地，以用而
言爲乾坤，以道而言爲陰陽」，〔註44〕陰陽兩儀雖然是相對而立的，然而無法獨
自存在，無論是宇宙之體，或運行之功用，或是自然之道，都必須有陰有陽才
能變化而成。另外，雖曰「一動一靜，互爲其根」，〔註45〕但景岳顯然還是將「陽」
氣的地位置於「陰」氣之上。如「陰以陽爲主，而天之大德曰生。夫生也者，
陽也。……易有萬象，而欲以一字統之者，曰陽而已矣。」〔註46〕景岳以爲陰
陽雖然互根依存，然陰氣是以陽氣爲主的，因爲如果沒有陽氣，不僅陰氣無以
爲生，而且生命體終將滅亡。

　　再者，將天地人與陰陽應對。如：

　　　　陰陽血氣，皆有所鍾。則凡吾身之形體氣質，可因之以知其純駁偏
　　　　正，而默會其稟賦之剛柔矣。〔註47〕

天地與人體稟賦對應，故人體體質有陰有陽。又由於每個人身上陰陽成份多
寡不同，也造成了世上不同體質的人。另外：

　　　　太少陰陽爲天四象，太少剛柔爲地四體。耳目口鼻以應天，血氣骨
　　　　肉以應地。醫而明此，乃知陽中有陰，陰中有陽。〔註48〕

將天地現象分陰陽與剛柔，而人體五官身軀亦與天地對應。因此，醫家必須
能夠確實掌握住陰陽之理，並善加運用陰陽變化之理，則醫理大致上皆能切
中其要領。

（三）伏羲「先天圓圖」配合陰陽五行與人體

　　　　伏羲八卦，分陰陽之體象。文王八卦，明五行之精微。〔註49〕

張景岳藉伏羲「先天圓圖」配合文王五行學說，將人體依卦象分陰分陽，並

〔註43〕見明・張景岳《張氏類經圖翼・類經附翼・醫易・醫易義》，頁240。
〔註44〕見明・張景岳《張氏類經圖翼・類經附翼・醫易・醫易義》，頁241。
〔註45〕見明・張景岳《張氏類經圖翼・類經附翼・醫易・醫易義》，頁241。
〔註46〕見明・張景岳《張氏類經圖翼・類經附翼・醫易・醫易義》，頁247。
〔註47〕見明・張景岳《張氏類經圖翼・類經附翼・醫易・醫易義》，頁242。
〔註48〕見明・張景岳《張氏類經圖翼・類經附翼・醫易・醫易義》，頁242。
〔註49〕見明・張景岳《張氏類經圖翼・類經附翼・醫易・醫易義》，頁242。

將人生老病死歷程用六十四卦解說。如〈醫易義〉：

> 是圖雖象乎萬有，猶切夫人之一身。〔註50〕

觀伏羲六十四卦圖，萬有萬物都具備，就好像人體自成一個小天地一般，以
人心爲主，其餘臟腑經絡皆環繞在外運行不輟。故以其卦圖陰陽變化探究人
身變化，無一不對應。

〈醫易義〉云：

> 先天圖者，環中也，環中者，天之象也。六十四卦列於外，昭陰陽
> 交變之理也，太極獨運乎其中，象心爲一身之主也。乾南坤北者，
> 象首腹之上下也。離東坎西者，象耳目之左右也。〔註51〕

復將人體配合八卦來分陰陽，心如太極般爲主宰，主宰著其他臟腑之運行，
以六十四卦變化與生命生老病死歷程相應。如：

> 自復至同人，……爲陰中少陽之十六，在人爲二八。自臨至乾，……
> 爲陽中太陽之十六，在人爲四八。自姤至師，……爲陽中少陰之十
> 六，在人爲六八。自遯至坤，……爲陰中太陰之十六，在人爲八八。
>
> 〔註52〕

大體而言，依卦之演進將人生分爲「自復至同人卦」、「自臨至乾卦」、「自姤
至師卦」、「自遯至坤卦」等四個階段。另外將人生分成「陰中少陽」、「陽中
太陽」、「陽中少陰」、「陰中太陰」四個階段，分別以十六、三十二、四十八、
六十四歲爲分界。認爲人生各階段陰陽組成比例不盡相同，所以人生保健之
道必須隨著年齡增長而有所調整。

> 陽生於子而極於午，故復曰「天根」，至乾爲三十二卦，以應前之一
> 世。陰生於午而極於子，故姤曰「月窟」，至坤爲三十二卦，以應後
> 之半生。〔註53〕

復將六十四卦分成前後段，用卦象說明人生前後階段不同之陰陽變化及保健
養生哲學。前三十二卦階段，因有復卦「天根」之始生，陽生陰減，概屬人
生青壯時期；而後三十二卦開始因姤卦「月窟」──陰始生，故陰生陽減，
概屬人生衰老階段。故生老病死乃屬天地自然現象，有陰有陽，有生必有死，

〔註50〕見明·張景岳《張氏類經圖翼·類經附翼·醫易·醫易義》，頁242。
〔註51〕見明·張景岳《張氏類經圖翼·類經附翼·醫易·醫易義》，頁242。
〔註52〕見明·張景岳《張氏類經圖翼·類經附翼·醫易·醫易義》，頁242。
〔註53〕見明·張景岳《張氏類經圖翼·類經附翼·醫易·醫易義》，頁242。

如此萬物才得以生生不息。

（四）文王八卦與醫理

〈醫易義〉云：「常者易之體，變者易之用」，〔註54〕然而「常易不易，太極之理也。變易常易，造化之動也」，〔註55〕又：

> 以爻象言之，則天地之道，以六爲節，三才而兩，是爲六爻。六奇六偶，是爲十二。故天有十二月，人有十二臟；天有十二會，人有十二經；天有十二辰，人有十二節。〔註56〕

伏羲八卦乃取象自然，爲易之體；而文王八卦以五行變化爲主，爲易之用。易有三義，是爲不易、變易、常易。天地萬物亦然，人身生理亦如此，故張景岳藉文王八卦之變化運用在人體生理，將人體十二藏與天地十二會相應，人體十二經脈與天地十二節相應。認爲人體內陰陽循環，與經絡運行之象皆可由卦象看出。另外，無論是臟俯、形體、精神，皆可與八卦五行相對應，由卦象來闡釋其生理變化。當知陰陽不是一成不變的，舉凡人體脈理、形體、臟腑均會因陰陽變化而有所改變。所以醫者須掌握住陰陽變化契機，以期能對症醫治無誤。

（五）《易經》爲醫學指南

〈醫易義〉云：

> 易者，易也，具陰陽動靜之妙；醫者，意也，合陰陽消長之機。
> 雖陰陽已備於《內經》，而變化莫大乎《周易》。〔註57〕

景岳認爲《易經》乃說明陰陽動靜變化之理，而《內經》所說陰陽消長亦不跳脫《易經》範疇。事實上，醫理已盡在《易經》裡。醫與易，均是在陰陽理論上，然後再加以發揮。

醫學理論實際運用時，無不充滿《易經》哲理。故〈醫易義〉云：

> 天人一理者，一此陰陽也。醫易同原者，同此變化也。豈非醫易相通，理無二致，可以醫而不知易乎？〔註58〕

《易經》字裡行間，處處蘊藏醫學奧理，甚至每一象一爻，無不透露出生理

〔註54〕見明・張景岳《張氏類經圖翼・類經附翼・醫易・醫易義》，頁245。
〔註55〕見明・張景岳《張氏類經圖翼・類經附翼・醫易・醫易義》，頁245。
〔註56〕見明・張景岳《張氏類經圖翼・類經附翼・醫易・醫易義》，頁243。
〔註57〕見明・張景岳《張氏類經圖翼・類經附翼・醫易・醫易義》，頁240。
〔註58〕見明・張景岳《張氏類經圖翼・類經附翼・醫易・醫易義》，頁240。

變化之玄機。既然醫與易道理相通，那麼如何能捨棄《易經》於不顧？再說「以易之變化參乎醫，則有象莫非醫。醫盡回天之造化，以醫之運用贊乎易，則一身都示易，易真係我之安危。」〔註59〕如此說來，《易經》是學習醫學時不可或缺的參考經典，醫者若能掌握《易經》變化哲理，得宜適當運用在醫理，相信任何疑難雜症均應可迎刃而解。

〔註59〕見明・張景岳《張氏類經圖翼・類經附翼・醫易・醫易義》，頁 248。

第三章　張景岳之前，易理醫用相關著作之回顧

　　遠古時代，人類即為了對抗惡劣的環境，很早就有了基本的救護能力，隨著人類生活體驗的增加與智慧的累積，於是進一步發展出醫療理論與行為。大體而言，某個時代的醫學理論，不會是由一個人能獨立完成，而是匯聚了許多人智慧結晶的集體創作。學說的架構也不例外，它是經過許多人及無數次的修正與補充逐漸完成的。中國醫學精深博大完備，自遠古時代迄今，歷經各朝代先哲不斷補正與考驗，通過無數生活的體驗與實踐，方能造就目前豐富的醫學理論。中國醫學理論體系之形成，是建立在《內經》的基礎上，而《內經》又是依據《易經》思想發展出來的，可見「易理醫用」之想法起源甚早，應該說《易經》成書時代就已經萌芽了。所以如果欲一窺中國醫學之瑰寶，則必先從《易經》哲理入門，事實上，《內經》即是一部最佳的「易理醫用」的創作。

一、上古時代

　　自上古時代迄今，中國醫學之發展已逾五千餘年悠久的歷史，從近代殷墟出土甲骨卜辭中，有卜問疾病及康復的資料刻在甲骨上，就可窺見早在仰韶文化時代就已經有醫藥的事實。雖然遠古時代醫藥不發達，然而人類在日常生活中，為了生存，必須長期與大自然搏鬥，從茹毛飲血到醫藥發明，期間累積了許多有關醫藥的知識，雖然當時無法用科學實驗證明，卻是祖先們

實際體驗的智慧結晶。

醫藥發明猶如文字發明一樣，不可能是某一地或某一人的創作，應該是經過一段漫長時間，期間相關學說並不斷陸續附會，最後經由後人統一彙整，並依托於某聖賢名下，以便於能問世流行。如《淮南子‧修務》所說：

> 世俗之人多尊古而賤今，故爲道者，必托於神農、黃帝而後始能入
> 說。〔註1〕

因爲自古文人相輕，在貴古賤今的心態下，許多名不見經傳的作者爲了能將作品流傳，所以通常都是僭用某聖賢之名，以免作品乏人問津而失傳。所以像《黃帝內經》、《神農本草經》等書經考據後皆爲後人依託之作，而非黃帝或神農氏本人所創作，亦非屬意外。雖爲假託之作，然亦甚具參考價值，因其著作正代表著那一個時代的思想、文化及發明，幸而賴後人慧眼戮力彙集，方得以保存而呈現其面貌。

（一）伏羲氏

至於中國醫學的起源，眾說紛紜，有起源於上古時代伏羲之說。唐司馬貞《補史記‧三皇本紀》：

> 太皥‧庖犧氏，風姓，代燧人氏繼天而王，……蛇身人首，有聖德，
> 仰則觀象於天，俯則觀法於地，旁觀鳥獸之文與地之宜，進取諸身，
> 遠取諸物，始畫八卦，以通神明之德，以類萬物之情。〔註2〕

所敘述古之聖者庖犧氏，儼然已被神話，爲人首蛇身形象，爲了能與天地溝通，於是取象自然而作八卦，成爲天地與人之間能夠溝通的媒介。以現代眼光觀之，誠屬荒謬，然而在上古神權時代，民智未開的情形之下，唯有如此，爲政者方能取信百姓，對自然環境做合理解釋，以便於教化人民，故神話亦有其貢獻所在。

晉皇甫謐《帝王世紀》：

> 伏羲氏仰觀象於天，俯觀法於地，觀鳥獸之文與地之宜，近取諸身，
> 遠取諸物，於是造書契以代結繩之政，畫八卦以通神明之德，以類
> 萬物之情。所以六氣、六府、五藏、五行、陰陽、四時、水火升降、
> 得以有象，百病之理，得以有類。乃嘗味百藥，而制九針，以拯天

〔註1〕見熊禮匯注譯《新譯淮南子》下集（台北：三民書局，86年5月初版），頁1066。
〔註2〕見《史記二‧補史記‧三皇本紀》（台北縣：藝文印書館，71年出版），頁1365。

枉焉。〔註3〕

皇甫謐認爲伏羲不僅造書契、畫八卦以教化人民，並將八卦中天地萬象運用在人體，使人體五藏六府及生理病理，均得以有合理解釋，並因之而發展出救人的醫藥基礎。這當然是指後人所作，並已假托伏羲氏所作之八卦。

《易經》經伏羲畫八卦，文王演繹，及孔子爲之作傳。〔註4〕

《易經》歷經伏羲畫八卦、文王演繹，及孔子爲之作傳解釋後，學說完備，思想成熟，不僅被歷代儒家奉爲必讀經典，後來亦成爲中國醫學之淵藪。《易經》運用八卦與陰陽學說推演出天地人所有變化，《內經》將之運用在人體上，發展出陰陽學說、天人一理等理論，使中國醫學理論得以大放異彩。

（二）神農氏

唐司馬貞《補史記・三皇本紀》：

> 炎帝神農氏，姜姓，母曰女登，有媧氏之女，爲少典妃，感神龍而生炎帝，人身牛首，長於姜水，因以爲姓。……神農氏於是作蜡祭以赭鞭鞭草木，始嘗百草，始有醫藥。……遂重八卦爲六十四爻。

〔註5〕

上古時代，認爲醫藥最早係起源於神農氏。當時因爲醫藥不發達，所以神農氏親自嘗試草木，在累積多年實際經驗後，對草藥有了基本認識，並歸納出草藥之藥性。另皇甫謐《帝王世紀》：「炎帝神農氏，……嘗味草木，宣藥療疾，救夭傷人命，百姓日用而不知，著《本草》四卷。」〔註6〕雖然當時神農氏已有醫藥常識，但尚未爲一般人民所流傳，故神農氏編著了《本草》一書傳世，希望一般百姓能因此而對醫藥有所認識，進而減少疾病對人民健康的威脅。

《四庫全書總目・醫家類》：

> 世傳《神農本草經》三卷，載藥三百六十五味，分上中下三品。〔註7〕

〔註3〕見《叢書集成新編・帝王世紀》（台北：新文豐出版公司，1986年1月台一版），頁324。

〔註4〕「文王以諸侯順命而行道，天人之占可得可效，於是重《易》六爻，作上下篇。孔氏爲之《彖》、《象》、《繫辭》、《文言》、《序卦》之屬十篇。故曰《易》道深矣，人更三聖，世歷三古。」（見楊家駱編《新校本漢書集注并附編二種》第二冊〈藝文志〉第十，頁1704。

〔註5〕見《史記二・補史記・三皇本紀》，頁1365。

〔註6〕見《叢書集成新編・帝王世紀》，頁324。

〔註7〕見《四庫提要辨証》第十二卷，子部三・醫家類一・黃帝素問，收入《四庫全書總目》第七冊，頁674。

《中國醫學史》云：

> 《神農本草經》的內容，分為上中下三品。上品一百二十種，久服
> 可以輕身益氣，不老延年；中品一百二十種，可以抗疾病，補虛弱；
> 下品一百二十五種，可以除寒熱邪，破積聚；合共三百六十五種。
> 〔註8〕

綜合以上所述，可知《神農本草經》共蒐集了三百六十五種藥材之多，並且
還按照品質分有上中下三種不同的等級，各有其不同療效。上等藥材可補氣，
非針對特定疾病服用，若長期服用不僅可延長壽命，對於益氣補身有很大助
益。中等藥材主要是用來治病補虛，有治病功效。下等藥材主要是去除疾病，
功效較短，無法延年益壽，亦無法治病補虛。如此看來，中醫認為若要補身
強壯，則平常即須服用上等藥材累積健康；若只是驅除小病，則下等藥即可。
中醫將藥分長期及短期服用，無病補氣，有病除病，甚符養生之道。

（三）巫　彭

　　遠古時代因民智未開，對於大自然存著敬畏之心，可說是一個神權時代。
故當時巫師被神化，具有崇高地位，不僅被百姓視為人神之間溝通的橋樑，
也被視為具有醫治病人的神力。所以古「醫」字寫作「毉」，又如東漢許慎《說
文解字》云：「古者巫彭初作醫。」〔註9〕古時「毉」字，是將「醫」與「巫」
合為一字，「巫彭」古時是由巫師擔任的官名，又兼有醫師的身分，即說明了
遠古時代巫師與醫師的雙重身分，是一人兼任的。《史記·殷本紀》：「巫咸治
王家有成。」〔註10〕也記載了殷商時代，巫咸成功的治癒了帝王之家的疾病
例子，可見巫師在當時地位的崇高，甚至是官方所倚重的御醫。另外，《山海
經》中也保存了許多巫醫的神話，例如《山海經·海內西經》：「開明東有巫
彭、巫抵、巫陽、巫履、巫凡、巫相，夾窫窳之尸，皆操不死之藥以距之。
窫窳者，蛇身人面，貳負臣所殺也。」〔註11〕記載了遠古時代，巫師被神話
的結果，他不僅擁有長生不死之藥，甚至任何怪病都可藉由巫師去除。雖是

〔註8〕見陳邦賢《中國醫學史》（台北：台灣商務印書館，1973年8月臺四版），頁
　　　43。
〔註9〕見清·段玉裁《說文解字注·第十四篇》（台北縣：藝文印書館，1997年4
　　　月出版），頁757。
〔註10〕見《史記二·殷本紀》卷三，頁63。
〔註11〕見袁珂校注《山海經校注·海內西經》，（台北：里仁書局，84年4月15日初
　　　版三刷），頁301。

神話，但也說明了巫醫在當時社會所具有的影響力及崇高的地位。

《圖書集成‧醫術名流列傳一》云：

> 巫彭初作周醫官，謂人惟五穀五藥養其病，五聲五色視其生，觀之
> 以九竅之變，參之以五臟之動，遂用五毒攻之，以藥療之。〔註12〕

認為巫彭是周時代的醫官，當時已運用天地及五行觀念，說明人體生老病死變化，並且從身體表裡交接處的九竅，可以得知體內臟府運行的情形。在遠古時代，由於人民對於天地的敬畏，加以醫藥不發達，所以無法避免地將醫療求助於具有神力的巫師，並且很自然地將巫與醫合一，巫醫於是生焉。姑且不論其是否迷信與否，至少在當時社會確實扮演著安撫民心的角色，更是許多人的精神寄託。眾所周知，病可分身、心兩個部分，而且心理部分在醫療上也不亞於身體部分。病情可因信心好轉，而心病亦可使人致病或加重病情。故巫醫在醫藥不發達的上古時代，可謂發揮了重建病人心理建設的極大效果，實功不可沒。

二、黃帝時代

（一）《本草經》

皇甫謐《帝王世紀》謂：

> 黃帝……使岐伯嘗味草木，典醫療疾，今經方《本草》之書咸出焉。
>
> 〔註13〕

記載黃帝時代，曾命大臣岐伯嘗試各種草木，並將藥草編列成書。今傳所謂《本草經》，恐是後人依托。

（二）《黃帝內經》

1. 目前僅存《黃帝內經》，《黃帝外經》已亡佚

《漢書‧藝文志》曰：「《黃帝內經》十八卷，《外經》三十七卷」。〔註14〕
又皇甫謐《帝王世紀》云：「黃帝有熊氏命雷公、岐伯論經脈傍通，問難八十一，為《難經》，教制《九鍼》，著《內外術經》十八卷。」〔註15〕又《靈樞‧

〔註12〕見清‧陳夢雷纂《新校本圖書集成醫部全錄‧醫術名流列傳一》第540卷，（台北：新文豐出版公司，68年8月初版），頁74。

〔註13〕見《叢書集成新編‧帝王世紀》，頁324。

〔註14〕見楊家駱主編《新校本漢書集注并附編二種》第二冊〈藝文志〉第十，頁1776。

〔註15〕見《叢書集成新編‧帝王世紀》，頁325。

九鍼十二原》：「余欲勿使被毒藥，無用砭石，欲以微鍼，通其經脈，調其血氣。」〔註 16〕《漢書》中記載黃帝時代醫經原本有《外經》與《內經》兩部分，可惜《外經》已亡佚失傳，故目前僅存《內經》部分。當時黃帝命數位大臣雷公等，除了綜覽經脈相關典籍外，並廣泛蒐集疑難雜症，然後以問答方式彙編成《難經》等書，以供醫療參考。除了編著《內外術經》外，並編著《九鍼》一書將砭針運用在治病上，可見針灸之使用歷史已相當悠久。針灸在當時已運用在去毒、調氣及通經脈等。可見中醫理論之精闢及洋洋可觀，可惜《外經》已亡佚，而無法一窺其奧妙之處，更是中醫界一大損失。

2. 作者與編排

《四庫全書總目》：

> 《內經》十八卷，其九卷名《素問》，其餘九卷則本無書名，故張仲景、王叔和引後九卷之文以名之，直名之曰《九卷》。……劉向於《素問》之外，復得黃帝醫經若干篇，於是別其純駁，以其純者合《素問》編之，爲《內經》十八卷，其餘則爲《外經》三十七卷。〔註17〕

其實《黃帝內經》並非一時一人的作品，它是自戰國至秦漢時期，綜合許多醫家理論及醫療經驗，不斷修正補充後的結果，是匯聚眾多醫家所累積的經驗和理論的醫學總集，是一部由後人集體創作而依託黃帝之名的作品。敘述《內經》十八卷的內容，又分爲兩部分。一爲具有篇名的《素問》九卷，另外缺乏篇名的九卷則直接命名爲《九卷》。而漢劉向則認爲《內經》十八卷中，有《素問》篇名的，固爲《素問》；其他九卷雖有文無目，然內容仍屬《素問》範疇，故與《素問》共合爲《內經》十八卷。而其餘與《素問》內容不相干的，才另編爲《外經》。目前所看到的《內經》是唐王冰所編註的《素問》，經宋林億等校正之本，而《靈樞》仍附編于後。其實《素問》與《靈樞》內容相關，互有關連，同爲《內經》部分，應視爲一書。

所以春秋、戰國時代，中醫理論應當已具備基本雛型，至漢代更是人才輩出，理論蜂出，學術更往前邁向一大步。歷代學者莫不以《黃帝內經》爲醫宗聖典，各家學說並藉以研究闡發。《黃帝內經》一書，取法《易經》藉人

〔註16〕見明・馬元台、張隱庵合註《馬張全註素問靈樞・九鍼十二原》中集，第一卷，頁1。

〔註17〕見《四庫提要辨証》第十二卷子部三・醫家類一・黃帝素問，收入《四庫全書總目》第七冊，頁624。

與自然萬象的關係，闡述人體生理病理各方面的因果變化。並運用陰陽五行等觀念，井然有序的用科學方法，條理分析各種症候的複雜現象。

（三）《難經》

1. 作　者

《四庫提要辯証‧難經本義》：「八十一難之名，始見《傷寒論‧序》。」〔註18〕又：「《黃帝扁鵲脈書》疑即指《難經》言之，以其書爲扁鵲所著，發明《黃帝明堂經脈》之理，故謂之《黃帝扁鵲脈書》。《隋唐志》著錄作《黃帝八十一難經》二卷，扁鵲書而冠以黃帝之名，一以此也。《史記》稱脈書上、下經，則其書實指二卷，……而有八十一難。」〔註19〕《漢書‧藝文志》：「《扁鵲內經》九卷。」〔註20〕《史記‧扁鵲倉公列傳》：「扁鵲者，勃海鄭郡人也。姓秦氏，名越人。」〔註21〕也就是說西漢時已有《扁鵲內經》傳世，即《難經》，是扁鵲爲闡釋《黃帝明堂經脈》義理而創作，並依託黃帝所作。其實《難經》的作者是扁鵲，內容主要是闡發《黃帝明堂經脈》之理論，共分上下兩卷。

而「八十一難」之名始見於東漢張仲景的《傷寒論‧自序》。至《隋書‧經籍志》才有《難經》書名。後至三國時代吳國太醫令呂廣爲其作注後，始流傳於世。〔註22〕所以《難經》書名之沿革依次爲：秦朝《黃帝扁鵲脈書》、西漢《扁鵲內經》、東漢《八十一難》，隋朝《難經》。

2. 提出三部九候的診法

《四庫提要辯証‧難經本義》：

> 漢張仲景《傷寒論‧序》云：「撰用《素問》、《九卷》、《八十一難》、《陰陽大論》、《胎臚藥錄》、《平脈辨證》，爲《傷寒雜病論》。」
>
> 〔註23〕

〔註18〕見《四庫提要辨証》第十二卷子部三‧醫家類一‧難經本義，收入《四庫全書總目》第七冊，頁633。

〔註19〕見《四庫提要辨証》第十二卷子部三‧醫家類一‧難經本義，收入《四庫全書總目》第七冊，頁633。

〔註20〕見楊家駱主編《新校本漢書集注并附編二種》第二冊〈藝文志〉第十，頁1776。

〔註21〕見《史記‧扁鵲倉公列傳》卷一百五，頁1136。

〔註22〕參閱魏子孝、聶莉芳著《中醫中藥史》，頁102～104。

〔註23〕見《四庫提要辨証》第十二卷子部三‧醫家類一‧難經本義，收入《四庫全書總目》第七冊，頁633。

其中《八十一難》即爲《難經》，東漢張仲景編著《傷寒論》時，即多所參考。另外，張景岳許多相關著作亦多採《難經》之義，足見《難經》在醫學地位之重要性。

《難經》書中對於寸口脈寸、關、尺三部的陰陽屬性與臟腑的相應關係介紹的很詳細。另提出三部九候的診法，然僅只針對寸口部位，與《內經》的三部九候完全不同。因爲《難經》以「經脈」爲主，所以「三部九候」僅限於手部寸口部位的經脈，而《內經》所論則涵蓋全身上中下的三部九候。《難經》是根據《黃帝明堂經脈》的脈經理論而發揮，故亦充滿《內經》與《易經》天地人合一之觀念。認爲脈經在人體有一個完整系統，有天地有陰陽，就像一個宇宙，脈經又將寸口部位視爲一個更小天地。於是上部反映上焦，中部反映中焦，下部反映下焦。所以《難經》中「三部九候」是一種可以診斷全身經脈的方法，把人分成上中下三部，每部又各再細分天地人三候，共爲九候，用此診法，診察全身經脈運行。〔註 24〕

《難經》理論進一步把五行學說融會貫通，較之《素問》及《靈樞》有過之而無不及，是一本古時教授鍼灸學的教科書。從三國時代吳太醫令呂廣開始爲《難經》作註，可惜已亡佚不存，然可從宋王惟一《難經集註》窺見其註。目前流通者爲元滑壽《難經本義》。〔註 25〕

三、漢朝時期

（一）東漢張仲景《傷寒論》

1. 作　者

《金匱要略論註》云：

> 漢張機，……機字仲景，南陽人。嘗舉孝廉。〔註 26〕

《古今圖書集成》引《襄陽府志》：

> 張機，字仲景，南陽棘陽人，學醫於同郡張伯祖，盡得其傳。……
> 仲景宗族二百餘口，自建安以來，未及十稔，死者三之二而傷寒居

〔註 24〕參閱陳立夫《中華醫藥學史》，第 58 頁。

〔註 25〕參閱吳國定撰，〈中國古籍簡介《難經》〉，《新醫潮》第 10 期（69 年 8 月），頁 41。

〔註 26〕見《四庫提要辨証》第十二卷子部三·醫家類一·金匱要略，收入《四庫全書總目》第七冊，頁 635。

其七，乃著《傷寒論》十卷行於世。華陀讀而喜曰：此眞活人書也。

又著《金匱玉函要略》三卷，漢、魏迄今，家肆戶習，論者推爲醫

中亞聖。〔註27〕

張仲景生於東漢，靈帝時曾舉孝廉，建安中官至長沙太守，有治績。博通群書，潛樂道術，可惜范曄《後漢書》未爲立傳，故其生平不詳。幸有清陸懋修《世補齋醫書》中有《補漢書・張機傳》，及清章太炎撰《張仲景事狀考》，陳存仁撰《張仲景史事考證》。故《後漢書》雖未爲其立傳，仍可依據上述書籍中一窺一代醫聖張仲景之生平事蹟。〔註28〕《傷寒論》作者張仲景，因其家族多人感染傷寒疾病，在十年之中死傷殆盡，內心之傷痛可以想見，故其發憤研究傷寒惡疾而編撰此書以救世，另又編著《金匱玉函要略》，醫名遠播，華陀稱《傷寒論》爲活人書，其說亦爲後世所宗，堪稱爲醫家亞聖。

2. 內　容

《傷寒論・序》云：

撰用《素問》、《八十一難》、《陰陽大論》、《胎臚藥錄》、並平脈辨證，

爲《傷寒雜病論》，合十六卷。〔註29〕

故主要內容是以研究傷寒疾病爲主，而廣博採納參考《內經》及《難經》等相關理論撰寫而成。

（1）以《內經》爲基礎

《內經》分爲《素問》、《靈樞》兩大部分，同爲張仲景撰《傷寒論》時所採用。故《傷寒論》是以《內經》爲基礎，加上作者本身醫學素養及臨床實驗，深入探討臟腑經絡的病理變化及證侯，並詳加闡釋病變的傳變規律、治療原則及用藥方法，爲後世醫者提供不少精闢醫論。另外，中醫因理論不同，向來有溫補、寒涼派之不同，而《傷寒論》屬於溫補派，其根據爲《內經》中陽常不足之理論，故需溫補陽氣。

（2）脈象理論

張仲景《傷寒論・平脈法》：

平脈者，平人不病之脈也。如四時平脈、五藏平脈、陰陽同等平脈

之類是也。人病，則脈不得其平矣。如四時太過、不及，陰陽藏府，

〔註27〕見《新校本圖書集成醫部全錄・醫術名流列傳二》第五百五卷，頁 99、99。

〔註28〕參閱陳立夫主編，鄭曼青、林品石編著《中華醫藥學史》，第 65 頁。

〔註29〕見李家雄《傷寒論診治入門》（台北：武陵出版，2000 年 9 月），頁 19。

相乘相侮。及百病相錯，生死不平之脈之類是也。〔註30〕

《傷寒論》中認爲不病時有平脈，而病有病脈，故可從經脈三部觀察出是否有病。大凡人體或因氣候變化而影響生理陰陽失調，以致百病叢生。經脈三部各並隨氣候寒暑變化有其不同之象，例如冬天時經脈較沉，夏天時經脈較洪大。另外，經脈亦隨著藏府之不同而有不同之脈象。例如腎藏經脈較沉，而心臟經脈較洪大。隨著陰陽變化及病邪虛實風寒之不同，所呈現之脈象又不同，例如風邪則脈較虛弱浮大，而寒邪則較牢固堅硬。

（3）六經與八綱理論

《傷寒論・辨合病併病脈證併治篇》：

> 太陽病脈反沉，少陰病反發熱，是少陰、太陽合病也。陽明病脈遲，太陰病大實痛，是太陰、陽明合病也；少陽病脈細而厥，厥陰病嘔而發熱，是厥陰、少陽合病也。〔註31〕

《傷寒論》所謂六經是指太陽、陽明、少陽、太陰、少陰、厥陰等，利用六經來表示人體疾病的病位、寒熱及邪正消長疾病情況，《傷寒論》所謂八綱爲陰、陽、熱、實、寒、虛、邪、正。因爲《傷寒論》復依病的屬性分爲三陰三陽不同之症。例如陽病多屬熱症、實症，陰病多屬寒症、虛症。從邪正盛衰的關係言病情狀態，此即六經症與八綱中陰陽綱領的關係。後來中醫即藉此論將病症分爲陰陽、正邪及虛實等，概以此爲核心。〔註32〕

（4）傳變、合病與併病理論

《傷寒論・辨合病併病脈證併治篇》：

> 傷寒有六經之證，有六經之脈，證脈井然不雜，則可直指爲某經之病。若兩經三經，陰陽混淆，不可以一經名者，或一經未罷又傳一經，二經三經同病，不歸併一經者，則名曰合病。或二經三經同病，其後歸併一經自病者，則名曰併病。……誠以人之藏府互根，陰陽相合。三陽既有合併之病，則三陰亦有合併之病。〔註33〕

《傷寒論》主要強調的是六經的傳變、合病與併病。病不論陰陽皆有合病、

〔註30〕見清・吳謙等著《傷寒論・醫宗金鑑卷十六・訂正傷寒論註目錄・平脈法》，（台北：鼎文書局，90年8月27日初版），頁243。

〔註31〕見清・吳謙等著《傷寒論・醫宗金鑑卷九・辨合病併病脈證并治篇》，頁243。

〔註32〕參閱黃紹祖《易經與中醫學》，第84頁。

〔註33〕見清・吳謙等著《傷寒論・醫宗金鑑卷九・訂正傷寒論註合病併病篇》，頁243。

併病之不同，有兩種或三種病症同時發生者，稱爲合病。大病未愈、而又引發另一病症者，稱爲併病。所以中醫強調整體觀念，小病若不醫治，則可能引發「傳變、合病、併病」等疾病，故強調若發現小病就得必須趕緊醫治，以免釀成大病，或變成難治的「壞病」，則後悔莫及矣。

（5）辨症施治理論

《傷寒論・辨脈法》：

> 陰陽相搏，名曰動，陽動則汗出，陰動則發熱。形冷惡寒者，此三焦傷也。若數脈見於關上，上下無頭尾，如豆大，厥決動搖者，名曰動也。〔註 34〕

《傷寒論》是中國醫學中運用辨症施治的第一部書，經過歷代醫家的不斷實驗與充實，已成爲診斷疾病的依據。治病原則可分爲驅邪與扶正兩方面。陽病應先驅邪再扶正，而陰病則應先扶正再驅邪。當然，仍須根據病情變化而靈活運用，或驅邪，或扶正，或此先彼後，或彼先此後。〔註 35〕又中醫因將人體經脈分爲三陰及三陽，故病有分爲三陰三陽。然中醫以「扶陽抑陰」爲治病原則，爲免傷到「正氣」，故陽病以驅邪爲主、陰病應以扶正爲主。

（6）創　見

《傷寒論・辨脈法》：

> 凡脈大、浮、數、動、滑，此名陽也，脈沉、濇、弱、弦、微，此名陰也。凡陰病見陽脈者生，陽病見陰脈者死。……其脈浮而數，能食不大便者，此爲實，名曰陽結也，期十七日當劇。其脈沉而遲，不能食，身體重，大便反硬，名曰陰結也，期十四日當劇。〔註 36〕

《傷寒論》除了參考發揚《內經》與《難經》理論外，亦有自創發明者。如脈象分陰分陽，而各有不同病脈徵象，及所代表的病理特徵即不同的醫治方法。另外，所論藥方，亦配合陰陽及六氣理論。「且六經傳變難明，陰陽疑似之易惑，用劑少有乖違，殺人速於用刀，故立三百九十七法，一百一十三方，所以補《內經》之未備，而成一家言者也。」〔註 37〕大凡人體體質不同，隨著

〔註 34〕見《圖書集成醫部全錄・彙考七十四・脈法四・傷寒論》第七十四卷，頁 148。
〔註 35〕參閱《中華醫藥學史》，頁 89。
〔註 36〕見《圖書集成醫部全錄・彙考七十四・脈法四・傷寒論》第七十四卷，頁 147。
〔註 37〕見李中梓著《新版醫宗必讀》，（台北：文光圖書公司，87 年第一版），頁 3。

氣候寒暑變化不同，故病有陰陽，而藥亦分陰陽，故藥因人因地因時而產生
不同的結果。六經陰陽與藥性陰陽如果搭配不宜，可能反而還會加重病情，
所以醫者除了需慎明六經與八綱之變化外，尚須審慎運用醫藥陰陽之理。

（二）東漢魏伯陽《周易參同契》

1. 據《易經》思想闡丹砂為何物

《周易參同契・贊序》：

> 至於剖析陰陽，合其銖兩，日月弦望，八卦成象，男女施化，剛柔
> 動靜，米鹽分判，以經爲證，用意健矣。〔註38〕

東漢末年政治動盪不安，許多人爲追求心靈之寄託，故道教興起，玄學亦應
運而生，提煉金丹之術士亦隨之產生。魏伯陽《周易參同契》，即引用《易經》
哲學來闡述煉丹之原理。認爲丹砂就像一個小天地，其中蘊藏著陰陽二氣，
並且有如日月般之運行而不亂，又如《易經》裡八卦天地萬象之具備。太極
有陰陽二儀，丹砂亦如太極般具有陽陰二氣，及剛動柔靜之性。所以丹砂具
有調和陰陽的作用，服食得當應能使身體益壯。其實自然界中有許多對皮膚
有益的草藥，至此由魏伯陽在《周易參同契》中藉《易經》加以闡發，除了
說明丹砂對人的益處外，並實際多方去提煉出有益的丹砂。

2. 丹砂中五行運行與臟腑關係

《周易參同契》內容廣泛的使用《易經》，藉以修煉，可說是開啓中醫藥
製藥的開端。〔註39〕《周易參同契・丹砂木精》：

> 丹砂木精，得金乃并。金水合處，木火爲侶。四者混沌，列爲龍虎。
> 龍陽數奇，虎陰數偶。肝青爲父，肺白爲母，腎黑爲子，心赤爲女，
> 子五行始，脾黃爲祖。三物一家，都歸戊己。〔註40〕

魏伯陽將丹砂視爲一小天地，並運用陰陽與五行來說明丹砂的種類及功用。
例如說丹砂得金而成鉛，入水而成液態鉛，遇火又融化成水銀。另外，丹砂
裡的五行變化又與肝肺腎心脾五臟相應，即不同的藥性會對不同的藏府產生
不同的影響。故中醫界認爲中醫煉丹始於東漢魏伯陽。

〔註38〕見劉國樑注釋，黃沛榮校閱《新譯周易參同契・贊序》（台北市：三民書局，
88 年 11 月），頁 182。
〔註39〕參閱黃紹祖《易經與中醫學》，頁 112。
〔註40〕見劉國樑注釋，黃沛榮校閱《新譯周易參同契・丹砂木精》，頁 144、145。

3.《易經》哲理之實踐家

《周易參同契·乾坤易之門戶》：

> 乾卦者，易之門户，眾卦之父母。〔註41〕

《周易參同契·牝牡四卦》：

> 牝牡四卦，以爲橐籥。覆冒陰陽之道，猶工御者準繩墨，執銜轡，正
> 規矩，隨軌轍。處中以制外，數在律曆紀。……剛柔有表裡。〔註42〕

魏伯陽藉《易經》乾坤坎離等四卦原理來說明丹砂陰陽變化的道理，說橐像陰門，籥像陽門，而陰陽二氣藉之注入丹砂中。故丹砂一如一小宇宙，乾坤處其中，變化而生萬物，故丹砂亦具萬象，分陰分陽，有剛有柔。《內經》藉《易經》闡揚中醫原理，而魏伯陽運用《易經》原理於鍊丹之術，皆爲運用《易經》變化哲學之實踐者。

四、隋唐時期

隋朝以前因政治因素分爲南北朝時期，當時政治雖以北朝爲主，而醫學仍以南方爲重心，幸因當時北朝吸收南方醫學，南方醫學不因政治因素沒落而得以繼續傳承。其實亦有賴於當時南北朝醫家南北來回之奔波交流，方使得南北醫學得以融合，進而促進了中國醫學範圍之更加璀璨豐富。其中最有名者爲孫思邈，孫思邈學醫時間大約在西魏、北周年間，而於唐時所著《千金方》更是研究唐朝與南北朝醫學之重要依據。〔註43〕

（一）隋楊上善《太素》

《黃帝內經·序》：「隋楊上善纂而爲《太素》。」〔註44〕《圖書集成·醫術名流列傳三》引《古今醫統》：「楊上善，不知何郡人，大業中爲太醫侍御，名著當代，稱神，診療出奇，能起沉痾篤疾，不拘局方，述《內經》爲《太素》。」〔註45〕故楊上善應爲隋朝時人，曾爲隋煬帝之御醫，在當時頗富醫名，所用藥並不限定，應是多方採取藥方，只要有效即爲採用，而診治亦通常

〔註41〕見劉國樑注釋，黃沛榮校閱《新譯周易參同契·乾坤易之門戶》，頁3。
〔註42〕見劉國樑注釋，黃沛榮校閱《新譯周易參同契·牝牡四卦》，頁4。
〔註43〕參閱范家偉撰，〈南朝醫家入仕北朝之探討－唐代醫學淵源考論之一〉，《漢學研究》第十八卷第2期（89年12月），頁143～165。
〔註44〕見明·馬元台、張隱庵合註《馬張合註素問靈樞·黃帝內經序》上集，頁1。
〔註45〕見《新校本圖書集成醫部全錄·醫術名流列傳二》第五百六卷，頁135。

有療效。並依據《內經》而編纂《太素》。

楊上善，所著《黃帝內經太素》，是第一位將《黃帝內經》作類編的作者，並對類編後的《內經》作了注釋，從其內容可發現其學深受《易經》影響。他將《老子》的「道」與《易經》的「太極」結合，以「道」爲宇宙無形之本體，而以「太極」爲宇宙有形之起始。又對《黃帝內經》的天人相應、四時五臟的理論進行發揮，進一步闡明自然界氣候變化與人體陰陽虛實的應對體系。〔註46〕

（二）唐孫思邈《千金要方》

1. 作　者

《圖書集成・醫術名流列傳三》引《唐書》本傳：

> 孫思邈，京兆華原人，通百家說，善言老子、莊周，……思邈於陰
> 陽推步醫藥無不善。〔註47〕

> 孫思邈，七歲就學，日誦千餘言，弱冠善談莊老百家之說，兼好釋
> 典。〔註48〕

> 自注《老子》、《莊子》，撰《千金方》三十卷行於世。又撰《福祿論》
> 三卷，《攝生眞錄》及《枕中素書》、《會三教論》各一卷。〔註49〕

案《新唐書・藝文志》、《崇文總目》卷三十五、《通志・藝文略》、《宋史・藝文志》均有孫思邈《千金方》三十卷、《千金髓方》二十卷、《千金翼方》三十卷。〔註50〕

孫思邈爲唐朝時人，七歲就開始讀書，最喜歡老莊學術思想，可見其學術思想是較受道家影響，對於醫藥學理最愛用陰陽變化來解釋。綜合其著作有《千金方》、《福祿論》、《攝生眞錄》、《枕中素書》、《會三教論》、《千金髓方》、《千金翼方》及《老子注》、《莊子注》，著作多以老莊思想及醫書爲多。

《四庫提要辯証・千金要方》：

> 思邈嘗謂「人命至重，貴於千金，一方濟之，德踰於此。」故所著

〔註46〕參閱張其成《易學與中醫》，（北京：中國書店，2001年1月第2次印刷），頁245～250。

〔註47〕見《新校本圖書集成醫部全錄・醫術名流列傳二》第五百六卷，頁139。

〔註48〕見《新校本圖書集成醫部全錄・醫術名流列傳二》第五百六卷，頁140。

〔註49〕見《新校本圖書集成醫部全錄・醫術名流列傳二》第五百六卷，頁141。

〔註50〕見《四庫提要辨証》第十二卷子部三・千金要方，收入《四庫全書總目》第七冊，頁656。

方書，以千金名，凡診治之訣，鍼灸之法，以至導引養生之術，無
不周悉，猶慮有闕遺，更撰《翼方》輔之。〔註51〕

可見孫思邈相當具有醫德，他重視人命貴於千金，他認為一個藥方若能使病
人免於死亡，則真是功德無量。故所著藥方之書，亦以「千金」名之。書中
包括了診治的秘訣及針灸的方法，甚至包括了養生的哲學，又恐有遺漏未明
之處，還補撰《翼方》來加以闡明，可謂仁心仁術，堪為醫家表率。

2. 《千金要方》具《易經》思想

孫思邈所著《千金要方》、《千金翼方》。以氣、陰陽與三才來概括醫易思
想。「氣」是繼承易家與道家的一元論，因為人體生理病理變化均以「氣」為
範疇。所謂「陰陽」乃《易經》陰陽二儀相摩相盪之義，以陰陽化生萬物和
變化規律。所謂「三才」，是根據《易經》天地人合一的思想。《千金要方》
充滿了《易經》思想，從天地之道論及人道，以闡明人體生理、病理、診治
及養生的原理。〔註52〕

3. 《千金要方》之易理醫用

孫思邈《千金方·論大醫習業》曰：

凡欲為大醫，必須諳《素問》、《甲乙》、《黃帝鍼經》……等諸部經
方。又須妙解陰陽祿命，諸家相法及灼龜五兆，《周易》六爻，並須
精熟如此，乃得為大醫，……不讀《內經》，則不知有慈悲喜舍之德。

〔註53〕

孫思邈認為若要進入醫學之門，當然必須熟諳《內經》之醫理，此外對於《易
經》陰陽及卦義等變化亦必須精熟，否則對於生理病理變化無法掌握。

《千金方·論治病略例》曰：

夫天布五行以植萬類，人稟五常以為五臟，經絡腑輸，陰陽會通，
玄冥幽微，變化難極。〔註54〕

又曰：

〔註51〕見《四庫提要辨証》第十二卷子部三·千金要方，收入《四庫全書總目》第
　　　　七冊，頁656。
〔註52〕參閱張其成《易學與中醫》，頁250～251。
〔註53〕見中華世界資料供應出版社編整《醫方類聚·總論·千金方·論大醫習業》
　　　　卷一，（台北：中華世界資料供應出版社，67年11月11日），頁2。
〔註54〕見中華世界資料供應出版社編整《醫方類聚·總論·千金方·論治病略例》
　　　　卷一，頁3。

夫二儀之內，陰陽之中，唯人最貴。人者稟受天地中和之氣，法律禮
樂莫不由人。人始生先成其精，精成而腦髓生。頭圓法天，足方象地，
眼目應日月，五臟法五星，六腑法六律，以心爲中極，大腸長一丈二
尺以應十二時，小腸長二丈四尺以應二十四氣，身有三百六十五絡以
應一歲，人有九竅以應九州。天有寒暑，人有虛實。天有利德，人有
愛憎。天有陰陽，人有男女。月有大小，人有長短。所以服食五穀，
不能將節。冷熱鹹苦，更相根觸。共爲攻擊，變成疾病。〔註55〕

故孫思邈曰：「不知《易》，不足以學醫。」大體而言，孫思邈亦將《易經》
陰陽五行變化運用在人體，不只是人體，甚至理法之理亦不出《易經》範圍。
此外，不僅人體外形與天地相應，就連臟腑，都與天地、星宿、節氣相應。
所以醫者不僅須熟讀《內經》，尚須研讀《易經》哲理，方能知道醫理變化，
在治病時才不致因所學不足而草菅人命。

（三）唐王冰註《黃帝素問》

《黃帝內經・序》：

> 唐寶應中太僕王冰篤好之，得先師所藏之卷，大爲次註，猶是，三
> 皇遺文，爛然可觀。〔註56〕

《四庫提要辯証・黃帝素問》：

> 《漢書・藝文志》載《黃帝內經》十八篇，無《素問》之名，後漢・
> 張機《傷寒論》引之，始稱《素問》。……案爲京兆府參軍之王冰，
> 見於世系表者，乃王播之子，播爲唐文宗相。〔註57〕

《內經》至東漢張機《傷寒論》，方有《素問》名稱出現。至唐朝王冰，因其
本身熱衷《內經》，又幸得先師所藏三皇遺文，故憤力爲之作註，所以王冰主
要的貢獻是整理及注釋《黃帝內經・素問》。從內容來看，可見《易經》亦爲
王冰的中心思想。運氣理論概以《易經》天人相應的整體思想觀念爲其原則，
復根據陰陽五行之理，將天之五行發展爲五運之說。重視氣與陰陽的自然哲
學，以卦象解說醫理。

〔註55〕見中華世界資料供應出版社編整《醫方類聚・總論・千金方・論治病略例》
　　　　卷一，頁3。
〔註56〕見明・馬元台、張隱庵合註《馬張合註素問靈樞・黃帝內經序》上集，頁1。
〔註57〕見《四庫提要辨証》第十二卷子部三・黃帝素問，收入《四庫全書總目》第
　　　　七冊，頁624。

五、宋朝時期

（一）宋邵雍《皇極經世書》

1. 作 者

《宋史》：

> 雍，字堯夫，河南人。事北海李之才，受《河圖》、《洛書》、宓犧八
> 卦六十四卦圖象，探賾索隱，妙悟神契，玩心高明，以觀天地之運
> 化，陰陽之消長。〔註58〕

《經義考·皇極經世書》：

> 晁公武曰：「雍隱居博學，尤精於《易》，世謂其能窮作《易》之本
> 原。」〔註59〕

宋朝邵雍亦為將易融於醫的重要學者，本身鑽研《河圖》、《洛書》及《易經》象數義頗有心得，對於《易經》尤其專精，並運用在觀察天文地理之變化，與自然萬物生長消息陰陽變化。

2.《皇極經世書》內容

（1）取法《易經》闡述陰陽之理

《經義考·皇極經世書》：

> 《皇極經世書》十卷，以元經會，以會經運，以運經世。……《易》
> 用九、六，《經世》用十、十二。一元統十二會，十二會統三十運，
> 三十運統十二世，一世統三十年，一年統十二月，一月統三十日，
> 是十二與三十迭為用也。〔註60〕

> 邵堯夫撰《皇極經世》十二卷，以謂天地之氣化、陰陽之消長，皆
> 可以數推之，其理其數咸本於《易》。〔註61〕

《皇極經世指要·自序》：

> 上古聖人皆有《易》，但作用不同，今之《易》，文王之《易》也，
> 故謂之《周易》。若然，則所謂三易者，皆本於伏羲之圖，而取象繫

〔註58〕見朱彝尊原著《點校補正經義考·易經十八》第一冊，頁425。
〔註59〕見朱彝尊原著《點校補正經義考·擬經四·皇極經世書》第八冊卷271，頁169。
〔註60〕見朱彝尊原著《點校補正經義考·擬經四·皇極經世書》第八冊卷271，頁173～174。
〔註61〕見朱彝尊原著《點校補正經義考·擬經四·皇極經世書》第八冊卷271，頁175。

辭以定吉凶者，名不同耳。〔註62〕

邵雍認爲《易經》有古今易不同，伏羲時代代表古易，而文王時代代表今易。
雖同爲《易經》，然其作用不同。而邵雍《皇極經世》雖取法《易經》解說陰
陽消長之理，然《易經》言六、九之數，與《皇極經世書》中用十、十二不
同，而且《皇極經世書》裡用十二及三十之數將世運連成一貫。

（2）由三元而轉化成七百二十九贊

邵雍《太玄準易圖‧自序》：

> 夫玄之於易，猶地之於天也。天主太極，而地總元氣，元氣轉而爲
> 三統在元。三元轉而爲九州，九州轉而爲二十七部，二十七部轉而
> 爲八十一首。首有九贊，贊分晝夜，而剛柔之用見矣。故玄之贊七
> 百二十九而有奇，以應三百六旬有六日之度，蓋本出於元氣而作者
> 也。太極生兩儀，兩儀生四象，四象生八卦，八卦因而重之爲六十
> 四。〔註63〕

> 三百六十爻，各司其日，則周天三百六十度，而寒暑進退之道，陰
> 陽之運備矣，蓋本乎太極而作者也。〔註64〕

邵雍將《易經》天地人關係擴大說明。天有太極，而地有元氣，天地立，繼
之以三爲基礎繼續不斷演化，而生萬物，陰陽剛柔自然應運而生。由三元而
衍生成七百二十九贊，無不與天地日月相應，與《易經》由八卦重卦而成六
十四卦相比，有異曲同工之意。

（3）進一步闡釋「三才與三焦」的關聯

邵雍進一步研究醫通於易的理論，提出「三才與三焦」的關聯。如《朱
子語類》：

> 古今曆家，只是推得個陰陽消長界分爾，如何得似康節說得那「天
> 依地，地附天，天地自相依附，天依形，地依氣」幾句。〔註65〕

「三才」見於《易經‧繫辭》：

> 易之爲書也，廣大悉備，有天道焉，有人道焉，有地道焉。兼三才

〔註62〕見朱彝尊原著《點校補正經義考‧擬經四‧皇極經世書》第八冊卷271，頁184。
〔註63〕見朱彝尊原著《點校補正經義考‧擬經二‧太玄準易圖》第八冊卷269，頁122。
〔註64〕見朱彝尊原著《點校補正經義考‧擬經二‧太玄準易圖》第八冊卷269，頁122。
〔註65〕見《四庫提要辨證》第十卷子部一‧儒家類二‧漁樵問對，收入《四庫全書
總目》第七冊，頁575。

而兩之，故六。六者非它也，三才之道也。〔註66〕

邵雍認爲宇宙有天地人的三才，而天地人又各有上中下三才。人身的天地人三才，也就是中醫所謂人身之運與六氣相表裡的上中下三焦。

（二）宋劉完素《醫方精要宣明論》、《素問玄機原病式》

1. 作者及著作

劉完素生於北宋大觀四年（西元 1110 年），卒於金章宗承安五年（西元1200 年）。因母親患病不治而立志學醫。他認爲火熱是多種病症的主要病機，因而治病喜用寒涼藥劑，對於後來的攻邪派及滋陰學說啓蒙不少，爲寒涼派的創始人。〔註67〕劉完素著有《河間六書》，包括《醫方精要宣明論》十五卷、《素問玄機原病式》二卷、《傷寒直格》三卷、《傷寒標本心法類萃》二卷、《傷寒醫鑒》一卷、《素問病機氣宜保命集》三卷。此外還有《三消論》、《素問藥註》、《素問要旨》、《內經運氣要旨》、《保童秘要》、《河間先生十八劑》等等。其中以《醫方精要宣明論》與《素問玄機原病式》兩本著作，對後世傳統醫學影響最大。〔註68〕

2. 《素問玄機原病式》

（1）病機十九條

《金史》本傳：

> 劉完素，字守眞，河間人，嘗遇異人陳先生，以酒飲守眞，大醉，及寤，洞達醫術，若有授之者，乃撰《運氣要旨論》、《精要宣明論》。慮庸醫或出妄說，又著《素問玄機原病式》，特舉二百八十八字，注二萬餘言，然好用涼劑，以降心火，益腎水爲主。自號通元處士云。
>
> 〔註69〕

《四庫全書總目·素問玄機原病式》：

> 《金史·方技傳》，是書因《素問·至眞要論》詳言五運六氣盛衰勝復之理，而以病機一十九條附於篇末，乃於十九條中採一百七十六字，演爲二百七十七字，以爲綱領，而復辨論以申之，凡二萬餘言。

〔註66〕見宋朱熹撰《易本義·繫辭下傳》卷之三，頁68。

〔註67〕參閱魏子孝、聶莉芳著《中醫中藥史》，頁235～236。

〔註68〕參閱黃崇民著《認識傳統醫學的眞貌》（台北：台灣書店，85 年 11 月初版），頁151～153 頁。

〔註69〕見《新校本圖書集成醫部全錄·醫術名流列傳六·》第五百九卷，頁206。

　　大旨多主火。〔註70〕

劉完素乃金人，性嗜酒，醉後大睡，對醫學頗有研究，爲免庸醫誤人性命，故根據《素問‧至眞要論》而編纂《素問玄機原病式》一書，內容主要是闡揚五運六氣盛衰勝復之理，篇末並附上自己所見「病機」共計十九條，所論多以火爲主，復引申之而爲二萬餘言，主要是「火熱論」及運氣病機理論爲主，又擴大了火熱致病的範圍。認爲風濕燥寒四氣外，在一定條件下也可化生火、熱，即「六氣皆從火化」，擅長運用寒涼藥治病，爲寒涼派的創始人。〔註71〕

　　（2）闡明五運六氣盛衰之理

　　書中將疾病，按六氣分爲風、暑、熱、燥、寒、火，將六氣與五行配合起來，劉完素認爲一身之氣皆隨四時五運六氣興衰而行，故欲「明醫之得失」，必須「類推運氣造化之理」。他最大的貢獻是疾病分類法的創立，以後的傳統醫學也因而在分類學上有所遵循與變革。然而張景岳在《景岳全書》，卻對他大力撻伐。

　　其實由於完素生於北方，所以體質較強，又嗜飲酒，與南方人體質殊異，故其持論與南方不同，而多以寒涼爲主。故醫者應知變通，而不應拘泥成法，不察虛實，應知人體會隨著氣候及地域的不同而有差異，故醫法亦不應相同。〔註72〕

3. 《醫方精要宣明論》

　　《四庫全書總目‧宣明論方》：

　　　　是書皆對病處方之法，首諸證門，自煎厥、薄厥、飧洩、腫脹，以及諸痹心疝，凡六十一證，皆採用《內經》諸篇，每證各有主治之方，一宗仲景。次諸風，次熱，次傷寒，次積聚，次水濕，次痰飲，次勞，次燥，次洩痢，次婦人，次補養，次諸痛，次痔瘻，次癧疾，次眼目，次小兒，次雜病。其十七門，每門各有總論，亦發明運氣之理，兼及諸家方論。於軒岐奧旨，實多闡發，而多用涼劑。偏主其說者，不無流弊。在善用者消息之耳。〔註73〕

〔註70〕見《四庫全書總目》第三冊第一百四卷子部十四‧醫家類二‧素問玄機原病式，頁2027。

〔註71〕參閱魏子孝、聶莉芳著《中醫中藥史》，頁215～216。

〔註72〕見《四庫全書總目》第三冊第一百四卷子部十四‧醫家類二‧素問玄機原病式，頁2027。

〔註73〕見《四庫全書總目》第三冊第一百四卷子部十四‧醫家類二‧宣明論方，頁2027。

劉完素除了將《內經》裏的《素問》中出現的病名加以解釋外，並附上藥方，共載有六十一證。另外針對病證分成十七門，每門皆有總論，加以闡述並討論各家不同藥方之異同，不啻爲增添傳統醫學一大特色，更使傳統醫學又往前邁向一大步。

六、金、元時期

《四庫全書總目》：

> 儒之門户分於宋，醫之門户分於金、元。觀元好問〈傷寒會要序〉，知河間之學與易水之學爭。觀戴良作《朱震亨傳》，知丹溪之學與宣和局方之學爭也。然儒有定理而醫無定法，病情萬變，難守一宗。〔註74〕

儒家之學自宋而有不同派別，而醫學亦產生不同派別，而且各家不同派別各護其主互不相讓，尤其是到了金、元時期爲烈，百家爭鳴的結果更加促進了醫學理論的發展。大體而言，期間有河間與易水學派之爭，藥方方面則有丹溪和宣和之爭。綜觀各派別雖然理論各有差異，然而醫學理論原本變化莫測，它隨時可能因時因地之不同而必須作適度調整。如南轅北轍，南舟北馬，不同地域生長之人是無法要求標準一致的。雖然不同學派或因其本身生長環境之差異，或因其所受師承學養不同，而產生不同理論。然而追根究柢，各派別學說依然以《易經》與《內經》爲主，不出其範圍。

（一）元李杲

1. 作　者

《元史》本傳：「李杲，字明之，鎮人也。世以貲雄鄉里。」〔註75〕《四庫全書總目・內外傷辨惑論》：「初，杲母嬰疾，爲眾醫雜治而死，迄莫知何證。杲自傷不知醫理，遂捐千金，從易州張元素學，盡得其法，而名乃出於元素上，卓爲醫家大宗。」〔註76〕又「其學於傷寒、癰疽、眼目病爲尤長。」〔註77〕

其著作有《醫學發明》九卷，《內外傷辨惑論》三卷，《脾胃論》三卷，《蘭

〔註74〕見《四庫全書總目》第三冊第一百三卷子部十三・醫家類一，頁1998。
〔註75〕見《新校本圖書集成醫部全錄・醫術名流列傳六》第五百九卷，頁210。
〔註76〕見《四庫全書總目》第三冊第一百四卷子部十四・醫家類二・內外傷辨惑論，頁2029。
〔註77〕見《新校本圖書集成醫部全錄・醫術名流列傳六》第五百九卷，頁211。

室秘藏》五卷，《脾胃虛損論》一卷，《傷寒治法舉要》一卷，《東垣試效方》九卷及《用藥法象》一卷等，皆列入《東垣十種醫書》中。〔註78〕李杲係元朝人，家裡頗富有，因見母親被眾醫雜治致死，而發憤學醫，其醫學對於傷寒、癰疽及眼目病之醫治最爲擅長，並且著作甚多，均收編於《東垣十種醫書》中。

2. 著作概述

（1）《內外傷辨惑論》、《脾胃論》

《四庫全書總目・內外傷辨惑論》：

> 是編發明內傷之證，有類外感。辨別陰陽寒熱，有餘不足，而大旨總以脾胃爲主。故特製補中益氣湯，專治飲食勞倦、虛人感冒，法取補土生金，升清降濁，得陰陽生化之旨，其闡發醫理，至爲深微。
> 〔註79〕

《四庫全書總目・脾胃論》：

> 其說以土爲萬物之母，故獨重脾胃，引經立論，精鑿不磨。〔註80〕

書中大旨以仍以脾胃爲主，其實李杲所著書大都闡明此論。李杲因母病而跟隨張元素學習醫理，後名聲更凌駕其上。認爲醫者治病必須先能分辨病機，察其陰陽寒熱，判斷是太過或不及，方能確實對證下藥，否則庸醫不察反而害人。五行以脾胃爲中土，以化生萬物，故李杲認爲人體首重脾胃，脾胃盛，陰陽水火乃能化生，而臟腑方能正常運行。

（2）《珍珠囊・指掌補遺・藥性賦》

《四庫全書總目・蘭室秘藏》：

> 此書載所自製諸方，動至一二十味，而君臣佐使，相制相用，條理井然。〔註81〕

《四庫全書總目・醫家類存目》：

> 《珍珠囊・指掌補遺・藥性賦》四卷。舊本題金李杲撰。……是編首載寒、熱、溫、平四賦，次及用藥歌訣。〔註82〕

〔註78〕參閱陳立夫主編，鄭曼青、林品石編著《中華醫藥學史》，第 293～294 頁。
〔註79〕見《四庫全書總目》第三冊第一百四卷子部十四・醫家類二・內外傷辨惑論，頁 2029。
〔註80〕見《四庫全書總目》第三冊第一百四卷子部十四・醫家類二・脾胃論，頁 2029～2030。
〔註81〕見《四庫全書總目》第三冊第一百四卷子部十四・醫家類二・蘭室秘藏，頁 2030。
〔註82〕見《四庫全書總目》第三冊第一百五卷子部十五・醫家類存目・珍珠囊指掌

《蘭室秘藏》中李杲自製藥方多達二十幾味，可見其用藥種類之多。其藥方性味分爲五類：味之薄者爲陰中之陽，例如酸苦鹹平之屬。氣之厚者陽中之陽，辛甘沮熱屬之。中土之氣，兼具四氣，鹹苦屬之。氣之薄者陽中之陰，辛甘淡平寒涼屬之。味之厚者陰中之陰，酸苦鹹寒屬之。李杲認爲藥以氣爲主，藥有陰陽之氣，因不同變化，而有酸甘鹹苦寒涼辛熱等不同氣味，不同病證固當以不同藥方醫治，不可一方治萬病。先前劉河間用補瀉法治脾胃，而李杲改以溫補益氣之法。〔註83〕

（二）元朱震亨

1. 作　者

元朱震亨，震亨，字彥修，金華人，受業於羅知悌，得劉守眞之傳。
〔註84〕

> 丹溪翁者，婺之義烏人也，姓朱氏，諱震亨，字彥修。學者尊之曰
> 丹溪翁。翁自幼好學，日記千言，稍長，從鄉先生治經，爲舉子業，
> 後聞許文懿公得朱子四傳之學，講道八華山，復往拜焉，益聞道德
> 性命之説，宏深粹密，遂爲專門。〔註85〕

朱震亨，世人因其所居故鄉有溪流名丹溪，故尊稱其爲丹溪先生。後拜許文懿爲師，專研朱熹之學。因遭逢母親與老師許文懿長期臥病之苦，於是棄儒從醫。然由於當時各家理論不盡相同，又有些醫方無效，故四處遍尋名醫，後從羅知悌學醫，盡得劉完素、張從正與李杲名醫之學。〔註86〕

2. 創立「陽易動、陰易虧」與「陽常有餘、陰常不足」學說

《古今圖書集成》：

> 得金劉完素之眞傳，而旁通張從正、李杲二家之説。……乃以三家
> 之論，去其短而用其長，又復參之以太極之理，《易》、《禮記》、《通
> 書》、《正蒙》之義，貫穿《內經》之言，以尋其指歸。而謂《內經》
> 之言火，蓋與太極動而生陽，五性感動之説有合。其言陰道虛，則
> 又與《禮記》之養陰意同。因作相火及陽有餘陰不足二論以發揮

補遺・藥性賦，頁 2060。
〔註83〕參閱《中華醫藥學史》，頁 295～296。
〔註84〕見《四庫全書總目》第三冊第一百四卷子部十四・醫家類二・格致餘論，頁 2033。
〔註85〕見《新校本圖書集成醫部全錄・醫術名流列傳六・》第五百九卷，頁 213。
〔註86〕參閱黃崇民《認識傳統醫學的眞貌》，第 157 頁。

之。……火內陰而外陽，主乎動者也，故凡動皆屬火。〔註87〕
朱震亨融合三家學說，去長補短，復參考《易經》、《禮記》與《內經》之學，
而創「陽常有餘，陰常不足」之論。

朱震亨《格致餘論》，主要在闡揚「補陰」的重要，不同於劉完素主於瀉
火。而《局方發揮》，大旨為闡釋溫補戒燥之義。前者為補其不足，後者攻其
有餘。〔註88〕朱震亨將理學融入醫學來研究，更加推動了醫學的發展，促使
後來丹溪滋陰學派及明代溫補學派的形成。從此，「太極」、「理氣」、「先天」、
「後天」等名詞經常出現於醫學中。所創立「陽常有餘、陰常不足」、「相火
論」，因而形成滋陰學派，為寒涼派的創始人。並主張以清心寡欲來防治疾病，
認為「滋陰」才是治病的根本方法。〔註89〕

3. 著　作

《古今圖書集成》：

> 先生所著書有《宋論》一卷，《格致餘論》若干卷，《局方發揮》若
> 干卷，《傷寒論辨》若干卷，《外科精要發揮》若干卷，《本草衍義補
> 遺》若干卷，《風水問答》若干卷。凡七種，微文奧義，多發前人之
> 所未發。先生嘗曰：「義理精微，禮樂制度，吾門師友，論述已悉，
> 吾可以無言矣。」故其所述，獨志於醫為多。〔註90〕

朱震亨著作有《宋論》、《格致餘論》、《局方發揮》、《傷寒論辨》、《外科精要
發揮》、《本草衍義補遺》、《風水問答》七種，可謂相當豐富，大部分都能闡
發前人所未能發明者。至於其著作大都以醫學為主，主要是因為他覺得禮樂
之儒學，多有師友撰述闡揚，已足夠矣，故其專注於較少人研究之醫學。

（三）元王履《醫經溯洄集》

1. 作　者

《四庫全書總目·醫經溯洄集》：

> 元王履撰，履，字安道，崑山人，學醫於金華朱震亨，盡得其術，
> 至明初始卒。〔註91〕

〔註87〕見《新校本圖書集成醫部全錄·醫術名流列傳六》第五百九卷，頁214。
〔註88〕見《四庫全書總目》第三冊第一百四卷子部十四·醫家類二·局方發揮，頁2033。
〔註89〕參閱魏子孝、聶莉芳著《中醫中藥史》，頁243。
〔註90〕見《新校本圖書集成醫部全錄·醫術名流列傳六》第五百九卷，頁222。
〔註91〕見《四庫全書總目》第三冊第一百四卷子部十四·醫家類二·醫經溯洄集，

號奇翁、道安、抱獨老人，江蘇省崑山縣人，生於西元 1332 年，歿於西元 1391 年。是金、元四大家之一，也是朱震亨的得意門生。醫術高明，編撰《醫經溯洄集》明確指出「溫病」與「傷寒」之異，誠屬傳統醫學史上之突破，醞釀日後「溫病學說」之創立。〔註 92〕

2. 《醫經溯洄集》

《四庫全書總目・醫經溯洄集》：

> 嘗以《傷寒論》中〈陽明篇〉無目痛，〈少陰篇〉言胸背滿不言痛，〈太陰篇〉無嗌乾，〈厥陰篇〉無囊縮，必有脫簡，乃取三百九十七法，去其重複者二百三十八條，復增益之，仍為三百九十七法。因極論內外傷經旨異同，併中風、中暑之辨，撰為此書，凡二十一篇，期間闡發明切者，如亢則害、承乃制，及四氣所傷，皆前人所未及。他若溫病熱病之分，三陰寒熱之辨，以及瀉南補北諸論，尤確有所見。又以《素問》云傷寒為熱病，言常不言變。至仲景始分寒熱，然義猶未盡，乃備列常與變，作《傷寒立法考》一篇。」〔註 93〕

王履《醫經溯洄集》中將《傷寒論》中〈陽明篇〉、〈少陰篇〉、〈太陰篇〉及〈厥陰篇〉所缺的病證補齊，並加上自己見解，復參考內外傷經旨，加上中風及中暑辨證。共計二十一篇，三百九十七法條。首度提出亢則害、承乃制及四氣所傷之見解。復根據《素問》傷寒病所言之常與變，而撰《傷寒立法考》一篇。

七、明朝時期

（一）明繆希雍撰《神農本草經疏》

1. 作　者

《四庫全書總目・先醒齋廣筆記》：

> 明繆希雍撰，希雍字仲醇，常熟人。……希雍又增益群方，兼採《本草》常用之藥，增至四百餘品，又增入傷寒溫病時疫治法，故曰「廣筆記」。希雍與張介賓同時，介賓守法度，而希雍頗能變化。介賓尚

頁 2036。

〔註 92〕參閱黃崇民《認識傳統醫學的真貌》，頁 168～169。

〔註 93〕見《四庫全書總目》第三冊第一百四卷子部十四・醫家類二・醫經溯洄集，頁 2036。

溫補，而希雍頗用寒涼，亦若易水、河間各爲門徑。然實各有所得
力。〔註94〕

繆希雍《先醒齋廣筆記》以《本草》爲基礎，復加上四百餘品，及傷寒溫病
時疫治法。與張景岳同時，然而又較張景岳知所變化。

2. 《神農本草經疏》

《四庫全書總目·神農本草經疏》：

> 《明史·方技傳》載希雍嘗謂《本草》出於神農，譬之五經，其後
> 又復增補別錄，譬之註疏，惜朱墨錯互，乃沉研剖析，以《本草》
> 爲經，別錄爲緯。……其書分《本草》爲十部，首玉石，次草，次
> 木，次人，次獸，次禽，次蟲，次魚，次果，次米穀，次菜。皆以
> 神農本經爲主而發明之，附以名家主治藥味禁忌，次序悉依宋《大
> 觀證類本草》。部分混雜者，爲之移正。首爲《序例》二卷，論三十
> 餘首，備列九方十劑，及古人用藥之要。自序云：據經以疏義，緣
> 義以致用，參互以盡其長，簡誤以防其失，是也。〔註95〕

繆希雍撰有《神農本草經疏》，如其所言，必須緣經以求義，得其義理後再學
以致用，爲免錯誤，故仍須常常參考不同書籍加以佐證或辨正。而此書乃作
者根據《本草》及《別錄》二書內容，互相參考辨正編纂而成。書中將藥品
分成十部，先後順序是根據《大觀證類本草》之編排，共計有九方十劑，此
外附錄各醫家主治之醫方及禁忌。

（二）明溫補學派的代表人物

1. 薛　己

《四庫全書總目·薛氏醫案》：

> 明薛己撰。己，字立齋，吳縣人。是書凡六十種，己所自著者爲《外
> 科樞要》四卷、《原機啓微》三卷、《內科摘要》二卷、《女科撮要》
> 二卷、《癧瘍機要》三卷、《正體類要》二卷、《保嬰粹要》一卷、《口
> 齒類要》一卷、《保嬰金鏡錄》一卷。其訂定舊本，附以己說者爲陳

〔註94〕見《四庫全書總目》第三冊第一百四卷子部十四·醫家類二·先醒齋廣筆記，
頁 2044。

〔註95〕見《四庫全書總目》第三冊第一百四卷子部十四·醫家類二·神農本草經疏，
頁 2044～2045。

自明《婦人良方》二十四卷、《外科精要》三卷、王綸《明醫雜著》

六卷、錢乙《小兒眞訣》四卷、陳文中《小兒痘疹方》一卷、杜本

《傷寒金鏡錄》一卷，及其父鎧《保嬰撮要》二十卷。」〔註96〕

明朝薛己，生於成化二十二年，卒於嘉靖三十七年（西元1486～1558）。初期以外科著稱，曾爲御醫。將畢生五十餘年之臨床治療經驗，編撰成《薛氏醫案》一書，共計有三千餘醫案，可謂案無遺漏。治病以「務求本源」爲主，承襲李杲補土派學說，對命火亦相當重視。認爲脾胃與腎命互爲因果影響，提出「補腎不若補脾」。另外，他認爲雜病以虛證最多見，首開溫補學說。〔註97〕

己本瘍醫，後乃以內科得名，其老也，竟以瘍卒，詬之者，以爲溫補之弊，終於自戕。然己治病務求本原，用八味丸、六味丸，直補眞陽眞陰以滋化源，實自己發之。其治病多用古方，而出入加減，具有至理，多在一兩味間，見神明變化之妙。〔註98〕

薛己主治瘍病，後來以內科著稱，結果竟死於瘍，故後人疑其溫補之說。然薛己治病務求其源的理論是正確的，補眞陽眞陰以強身亦無誤，所用醫方多在一兩味之增減。實則後人不應以偏概全，僅見其治瘍卻死於瘍之巧合，而漠視其在醫學之貢獻。

2. 孫一奎

《四庫全書總目·赤水元珠》：

明孫一奎撰，一奎字文垣，號東宿，又號生生子，休寧人。是編分門七十，每門又各條分縷析，如風門則有傷風、眞中風、類中風、瘖痱之別。寒門則有中寒、惡寒之殊。大旨專以明證爲主，故於寒熱虛實表裡氣血八者，諄諄致意。其辨古今病證名稱相混之處，尤爲明晰。惟第十卷〈怯損勞瘵門〉附方外還丹，專講以人補人採煉之法，殊非正道。〔註99〕

孫一奎生於嘉靖至萬曆年間。他將理學融於醫學，創立「命門太極說」，並專研腎藏與命門之問題。根據周敦頤《太極圖說》創立「命門太極說」，以解說腎與命門之間氣之流動關係。在此之前，醫者僅言及左腎右命之說，而孫一奎首度

〔註96〕見《四庫全書總目》第三冊第一百四卷子部十四·醫家類二·薛氏醫案，頁2038。

〔註97〕參閱魏子孝、聶莉芳著《中醫中藥史》，頁286～287。

〔註98〕見《四庫全書總目》第三冊第一百四卷子部十四·醫家類二·薛氏醫案，頁2039。

〔註99〕見《四庫全書總目》第三冊第一百四卷子部十四·醫家類二·赤水元珠，頁2041。

提出腎與命門是體與用的關係，二者相輔相成，成爲溫補學派的理論之一。著有《醫旨緒餘》二卷，《赤水玄珠》三十卷，《孫文垣醫案》五卷。〔註100〕

又《四庫全書總目・醫旨緒餘》：

> 大旨發明太極陰陽五行之理，備於心身，分別臟腑形質、手足經上下、宗氣、衛氣、榮氣、三焦、包絡、命門相火，及各經絡配合之義。〔註101〕

孫一奎在《醫旨緒餘》中將心身分開解說，認爲心猶如太極一般，主宰著陰陽變化與五行運行，而身體主要是臟腑、器官、經絡與氣血組成。身心各司其職，掌管各部位正常運行不輟。

3. 趙獻可

《古今圖書集成》引《鄞縣志》：

> 趙獻可，字養葵，自號醫巫閭子，好學淹貫，由善於《易》而精於醫。其醫以養火爲主，嘗論「命門乃人身之君，養身者，既不知撙節，致戕此火以致於病，治病者復不知培養此火，反用寒涼以賊之，安望其生？」著《醫貫》一書，論義甚精，俱前人未發，爲醫家指南，盛行於世。後遊秦、晉，著述甚多，有《內經抄》、《素問註》及《經絡考證》、《脈論》、《二本一例》諸書。〔註102〕

趙獻可深通《易經》及醫學，並將之融合加以創新。發展「命門學說」，治病以「養火」爲主，認爲命門是身體最重要的部位，故應加以保健，莫使之病。著書甚多，著有《醫貫》、《內經鈔》、《素問註》、《經絡考》、《正脈論》等，及其子整理其遺著《鄞鄲遺稿》。大體而言，其學說以命門相火理論對後世影響較大。

〔註100〕參閱魏子孝、聶莉芳著《中醫中藥史》，頁287～288。
〔註101〕見《四庫全書總目》第三冊第一百四卷子部十四・醫家類二・醫旨緒餘，頁2041。
〔註102〕見《新校本圖書集成醫部全錄・醫術名流列傳九》第五百十二卷，頁310。

第四章　〈醫易義〉論易蘊醫理

　　《易經》言天地人之道，包含宇宙萬有及陰陽變化均在其中。中國第一部醫學經典《內經》，即承襲自《易經》思想而加以發揮的。中醫認為天人一體，宇宙為一個大天地，而將人視為一個小天地。人與天地相通，無論形體、經脈、生理變化皆可依易理解釋。所謂「天地之易，外易也。身心之易，內易也。」〔註1〕中醫將易的範圍分為內、外兩個部分，認為天地是屬於外易的部分，而人是屬於內易的部分。畢竟人是最重要的部分，「先乎內而後可以及乎外。是物理之易猶可緩，而身心之易不可緩。」〔註2〕人處於天地之間，必須先把身體照顧好，把自己的小天地管理好後，行有餘力再去兼顧這個大天地。

　　《易經》每卦有卦辭、彖傳與大象，每卦六爻，各爻亦有爻辭與小象。「一象一爻，咸寓尊生之心鑑。故聖人立象以盡意，設卦以盡情偽，繫辭焉以盡言。」〔註3〕象、傳，每先言天地，次言人事，道盡天地人萬象。萬事萬物盡在其中矣。「易之為書也，一言一字，皆藏醫學之指南。」〔註4〕《易經》不僅說明天地萬物的各種變化，字字珠璣亦皆蘊藏醫理！

第一節　《易經》與中醫原理相同

　　誠然《易經》為中醫理論基礎，事實上《易經》本身即有許多醫療價值

〔註1〕見明・張景岳《張氏類經圖翼・類經附翼・醫易・醫易義》，頁241。
〔註2〕見明・張景岳《張氏類經圖翼・類經附翼・醫易・醫易義》，頁241。
〔註3〕見明・張景岳《張氏類經圖翼・類經附翼・醫易・醫易義》，頁248。
〔註4〕見明・張景岳《張氏類經圖翼・類經附翼・醫易・醫易義》，頁248。

在其中，如卦爻辭中出現許多「疾」字，如《復卦》：「復，亨，出入无疾，朋來无咎。」〔註5〕又如《无妄卦》：「九五，无妄之疾，勿藥有喜。」《象》曰：「无妄之藥，不可試也。」〔註6〕等含有許多醫藥常識。遠古時代，醫與易的關聯性表現在以卦象解說醫理。俟《易傳》問世後，《易經》哲理漸趨理性，而且由巫術轉變爲哲學，其中陰陽、太極、道、數等概念對中國醫學影響深遠，不僅中醫第一部醫書以其爲圭臬，對後世影響更大。

《內經》中雖無《易經》之卦、爻、象、辭，但至少有兩篇《素問·天元紀大論》及《靈樞·九宮八風篇》完整地引用了《易傳》。例如《素問·天元紀大論》曰：

> 太虛寥廓，肇基化元。萬物資始，五運終天。布氣眞靈，總統坤元。
>
> 九星懸朗，七曜周旋，曰陰曰陽，曰柔曰剛。〔註7〕

其中「肇基化元，萬物資始，五運終天，布氣眞靈，總統坤元」，乃引用《易經·乾卦·彖》：「大哉乾元，萬物資始，乃統天。」〔註8〕而「曰陰曰陽，曰柔曰剛」一句，則語出《易經·說卦傳》：「是以立天之道，曰陰與陽；立地之道，曰柔與剛；立人之道，曰仁與義。」〔註9〕

《易經》以陰陽思維爲基礎，而《內經》無論是生理或病理的藏象學說、經絡學說，或作爲診斷學、治療學基礎的四診、八綱、證侯、本標、正邪等學說，均是陰陽思維的反映。誠如《景岳全書·陰陽篇》所云：

> 凡診病施治，必須先審陰陽，乃爲醫之綱領。陰陽無謬，治焉有差。
>
> 醫道雖繁，而可以一言蔽之者，曰陰陽而已。〔註10〕

中醫亦以陰陽爲診病之綱領，認爲只要掌握住陰陽，則所有疾病都可對症下藥。〈醫易義〉曰：「《易》具醫之理，醫得《易》之用。」〔註11〕中醫藉《易經》六十四卦錯綜互變之變化反映人體十二經脈之走向、五臟六腑之關係、生理之平衡和諧、病理病變之因素，足見二者關係之密切。

〔註5〕見宋·程頤撰《易程傳·上經》卷三，頁105。
〔註6〕見宋·程頤撰《易程傳·上經》卷三，頁112。
〔註7〕見明·馬元台、張隱庵合註《馬張合註素問靈樞，天元紀大論篇》中集，第六卷，頁29。
〔註8〕見宋·程頤撰《易程傳·上經》卷一，頁4。
〔註9〕見宋·朱熹撰《易本義·說卦傳》卷四，頁70。
〔註10〕見明·張景岳撰，清·葉天士批評《葉氏批評景岳全書·陰陽篇》上篇，卷一，頁2。
〔註11〕見明·張景岳《張氏類經圖翼·類經附翼·醫易·醫易義》，頁241。

一、太極與無極

（一）太極本無極

〈醫易義〉：

> 易有太極也，太極本無極。無極即太極。象數未形理已具，萬物所
> 生之化原。〔註12〕

說明宇宙形成前，太極即已存在，它是宇宙萬有生化的根本。即未有宇宙之前，「太極」是宇宙的本體，是渾然無可名狀，所以太極又稱「無極」。段玉裁《說文解字注》：「惟初太極，道立於一，造分天地，化成萬物。」〔註13〕「太極」剛開始是混沌一元的，後分陰陽，參贊變化，萬事萬物方得以化生。

（二）易曰太極、醫曰元氣

〈醫易義〉云：

> 易有太極也，……萬物所生之化原」。〔註14〕

又曰：

> 杳杳冥冥，其中有精，其精甚眞，其中有信，是爲造物之初。〔註15〕

《易經》言太極是生化之原，是造物之初。而《內經》則曰：

> 太虛寥廓，肇基化元，萬物資始。〔註16〕

所謂「化元」，是中醫所謂「元氣」，是創造萬物的起源，與《易經》所言之「太極」其實是一樣的。

（三）萬物所生之化原

> 太極動而生陽，靜而生陰。天生於動，地生於靜。陽爲陰之偶，陰
> 爲陽之基。〔註17〕

易有太極，由此元氣之活動，而生陰陽二氣，陰陽一動一靜，運轉變化，於是天地萬物生焉。生生化化，陰陽運行，故萬物常生常化。

〔註12〕見明・張景岳《張氏類經圖翼・類經附翼・醫易・醫易義》，頁248。
〔註13〕見清・段玉裁《說文解字注》第一篇，頁1。
〔註14〕見明・張景岳《張氏類經圖翼・類經附翼・醫易・醫易義》，頁241。
〔註15〕見明・張景岳《張氏類經圖翼・類經附翼・醫易・醫易義》，頁241。
〔註16〕見明・馬元台、張隱庵合註《馬張合註素問靈樞・天元紀大論篇》中集，第六卷，頁29。
〔註17〕見明・張景岳《張氏類經圖翼・類經附翼・醫易・醫易義》，頁241。

二、兩儀、四象、八卦、六十四卦

〈醫易義〉云：

> 易有太極，是生兩儀；兩儀生四象，四象生八卦。天尊地卑，乾坤
> 定矣。〔註18〕

《易經》以太極之觀念，認為天地萬物皆由陰陽兩儀化生而來的，陰陽兩儀再衍生成八卦，那麼天地萬象無不包藏其中。「八卦成列，象在其中矣。……剛柔相摩，八卦相盪，變在其中矣。」〔註19〕八卦再兩兩重疊為六十四卦，則「森乎昭著，而無所遯乎易矣！」〔註20〕如此一來，六十四卦中有三百八十四爻，共有一萬一千五百二十策，則萬物萬事無所不包了。

（一）兩儀與中醫

1.「太極動而生陽，靜而生陰」

〈醫易義〉云：

> 一分為二者，是生兩儀也。太極動而生陽，靜而生陰。天生於動，
> 地生於靜。陽為陰之偶，陰為陽之基。〔註21〕

太極動而分陰陽兩儀，然而陽屬動，陰屬靜，一動一靜之間，才有變化之可能。《乾卦·象》曰：天行健，君子以自強不息。」〔註22〕《坤卦·象》曰：「地勢坤，君子以厚德載物。」〔註23〕言乾陽生生不息，如天之運行不止。而坤陰所形成之地，大而廣博，無所不包。陽動不止，陰靜廣厚，如此變化才有萬物之生生不息。

> 以體而言，為天地；以用而言，為乾坤；以道而言，為陰陽。一動
> 一靜，互為其根。分陰分陽，兩儀立焉，是為有象之始。〔註24〕

太極未動之前為一個無形之體，乃形而上之道，內蘊渾沌之陰陽。太極無形的「元氣」是動靜，動故分陰陽，陰陽二儀即萬化之原。

2. 陰陽學說形成中醫形氣稟賦之說

〔註18〕見明·張景岳《張氏類經圖翼·類經附翼·醫易·醫易義》，頁240。
〔註19〕見明·張景岳《張氏類經圖翼·類經附翼·醫易·醫易義》，頁241。
〔註20〕見明·張景岳《張氏類經圖翼·類經附翼·醫易·醫易義》，頁241。
〔註21〕見明·張景岳《張氏類經圖翼·類經附翼·醫易·醫易義》，頁241。
〔註22〕見宋·程頤《易程傳·上經》卷一，頁5。
〔註23〕見宋·程頤《易程傳·上經》卷一，頁13。
〔註24〕見明·張景岳《張氏類經圖翼·類經附翼·醫易·醫易義》，頁241。

〈醫易義〉云：「人生之理，以陰陽二氣而長養百骸。」〔註25〕認為人體亦由陰陽二氣生成，人生之保健無他，亦即體內陰陽之調養，所以中醫也特別注重氣之保健。又曰：「偉哉人生，稟二五之精，為萬物之靈，得天地之中和。」〔註26〕其中二、五乃分屬上下卦之中，人類何其偉大，是萬物之靈，因為我們得天獨厚，是由天地陰陽二氣精化而成。故「天之氣，即人之氣。人之體，即天之體。」〔註27〕所以說，天人是一體的，天地陰陽之氣，與人體內陰陽之陽，是沒有什麼差別的。

> 因形以寓氣，因氣以化神，而為後天體象之祖也。醫而明此，乃知
> 陰陽血氣，皆有所鍾。則凡吾身之形體氣質，可因之以知其純駁、
> 偏正，而默會其稟賦之剛柔矣！〔註28〕

人體有陰陽之氣，後轉化為精神。個人會因體內陰陽消長變化而呈現出不同的氣質。所以從觀察個人顯現在外的精神氣質，純雜或偏正，即可看出其體內體質或稟賦的陰陽。

（二）四象與中醫

〈醫易義〉云：

> 所謂二分為四者，兩儀生四象也。謂動之始則陽生，動之極則陰生；
> 靜之始則柔生，靜之極則剛生。太少陰陽為天四象，太少剛柔為地
> 四體。〔註29〕

這段話說明了天地萬物形成的過程。渾沌世界化為陰陽兩儀後，陰陽一動一靜輾轉變化，剛柔復從其生焉。至此，兩儀化生為四象後，則天地陰陽剛柔立焉。又〈醫易義〉云：

> 耳目口鼻以應天，血氣骨肉以應地。醫而明此，乃知陽中有陰，陰
> 中有陽。則凡人似陽非陽，似陰非陰。可因之以知其真假逆順，而
> 察其互藏之幽顯矣。〔註30〕

中醫將人體器官與血氣與天地相對應。耳目口鼻屬陽，與天相接對應；血氣骨肉屬陰，與地對應。然而，人在天地之間，本由陰陽化生，故有陰有陽。

〔註25〕見明・張景岳《張氏類經圖翼・類經附翼・醫易・醫易義》，頁240。
〔註26〕見明・張景岳《張氏類經圖翼・類經附翼・醫易・醫易義》，頁241。
〔註27〕見明・張景岳《張氏類經圖翼・類經附翼・醫易・醫易義》，頁241。
〔註28〕見明・張景岳《張氏類經圖翼・類經附翼・醫易・醫易義》，頁242。
〔註29〕見明・張景岳《張氏類經圖翼・類經附翼・醫易・醫易義》，頁242。
〔註30〕見明・張景岳《張氏類經圖翼・類經附翼・醫易・醫易義》，頁242。

（三）八卦與中醫

〈醫易義〉云：

> 所謂四分爲八者，四象生八卦也。謂乾一、兌二、離三、震四、巽
> 五、坎六、艮七、坤八也。〔註31〕

至此，八卦完備。

> 醫而明此，方知陰陽之中，復有陰陽；剛柔之中，復有剛柔。而其
> 對待之體，消息之機，交感之妙，錯綜之義，昭乎已備，則凡人之
> 性理神機，形情病治，可因之以得其綱領，而會通其變化之多矣！
> 〔註32〕

八卦中陰陽相盪，其變化之義其實可運用在人體病機上，因爲人體彷彿就是一
個小天地，其陰陽變化莫不與天地同。因爲「八卦相盪，變在其中矣，繫辭焉
而命之動在其中矣，吉凶悔吝生乎動。」〔註33〕八卦變動不已，吉凶也就隨之
改變。如果能夠掌握八卦變動哲理，其變化軌跡應能提供醫理方面的參考。

（四）六十四卦與中醫

〈醫易義〉云：

> 八卦相盪，爲六十四。分內外以配六爻，推九六以成著數，人物由
> 之而大成，萬象因之以畢具。〔註34〕

八卦又互相推移，其卦爻之排列組合各不同，錯綜互變，而成六十四卦。陽
陰生化其中，一切萬象變化都在其中。各卦之陰陽卦爻相交，以陰陽二氣排
列組合不同，而造化萬物。

〈醫易義〉云：

> 六十四卦列於外，昭陰陽交變之理也；太極獨運乎其中，象心爲一
> 身之主也。乾南坤北者，象首腹之上下也；離東坎西者，象耳目之
> 左右也。〔註35〕

天地以太極爲中心，引領著六十四卦交盪運行變化。就像人以心臟爲中心一
樣，五臟六府就像六十四卦一樣，在心的主導之下，正常的運行而不墜。

〔註31〕見明·張景岳《張氏類經圖翼·類經附翼·醫易·醫易義》，頁242。
〔註32〕見明·張景岳《張氏類經圖翼·類經附翼·醫易·醫易義》，頁242。
〔註33〕見明·張景岳《張氏類經圖翼·類經附翼·醫易·醫易義》，頁241。
〔註34〕見明·張景岳《張氏類經圖翼·類經附翼·醫易·醫易義》，頁242。
〔註35〕見明·張景岳《張氏類經圖翼·類經附翼·醫易·醫易義》，頁242。

第二節 《易經》三才與中醫三焦之關聯

《易經·繫辭下傳》曰:

> 易之爲書也,廣大悉備,有天道焉,有人道焉,有地道焉。兼三才
> 而兩之,故六。六者,非它也,三才之道也。〔註36〕

《易經》哲理體大而完備,舉凡宇宙間天地人所有道理無所不備。天地人三
才又重疊相衍而成六爻,嚴格來說,亦在天地人三才範圍之內,不過是三才
陰陽相盪,動靜不已,陰陽中復有陰陽,生生不息。《易經·說卦傳》曰:

> 是以立天之道,曰陰與陽;立地之道,曰柔與剛;立人之道,曰仁
> 與義。兼三才而兩之,故易六畫而成卦。〔註37〕

《易經》所言三才,爲天地人。所謂天道,以陰陽爲主,運行不已。地道則
已陽化剛,陰化柔相間共存。人道則以陰陽化爲仁義之知之氣存乎人心。是
以宇宙雖以太極爲一體,以陰陽化生爲萬物,然而會以不同形式存在天地人
三才之間。

另外,中醫有所謂「命門」與「原氣」之說,人體機能來源有先天與後
天兩種。後天爲食物補充之穀氣,轉化而爲營衛之氣。先天之氣由「命門」
發動,是人體生命、生長等機能的來源,稱之爲「原氣」,其位置當在背後
第十四椎下,臍下關元穴,左右兩腎之間。「原氣」藉由三焦之管道,分布
到各臟腑及經絡,以推動人體全身血氣之運行。又當人體「原氣」愈旺盛,
則人體生命力愈強盛。根據實驗調查結果顯示,工作過勞,運動量少,長期
熬夜,抽菸喝酒,或曾經動過大手術者,其「原氣」值較低。而飲食正常,
有經常運動習慣,起居正常,或經常用腹式呼吸法呼吸的人,則其「原氣」
值較高。〔註38〕

一、易道三才

《易經·乾卦·彖》曰:

> 大哉乾元,萬物資始,乃統天。

《易經·乾卦·象》曰:

〔註36〕見宋·朱熹《易本義·繫辭下傳》卷三,頁68。
〔註37〕見宋·朱熹撰《易本義·說卦傳》卷四,頁70。
〔註38〕參閱許昇峰、張榮森、黃維三撰,〈根據傳統中的生理學說對先天原氣之研
　　　　究〉,《中國醫藥研究叢刊》第15期(82年6月),頁5～25。

　　天行健，君子以自彊不息。〔註39〕

《易經・坤卦・彖》曰：

　　至哉坤元，萬物資生，乃順成天，坤厚載物，德合無疆。〔註40〕

《易經・坤卦・象》曰：

　　地勢坤，君子以厚德載物。

太極分陰陽兩儀，以化生萬物。乾卦六爻皆陽，統天運行而天息。坤卦六爻皆陰，順承陽氣而變化，氣成形，地廣以載物，陰陽化生不息，天地得以運行不止，萬物得以生焉。而人居其中，有陰有陽，為萬物之靈。故易卦三畫，代表天、地與人，稱為三才，而人居其中，處於天地之間。另易卦六爻，上兩爻屬天，中兩爻屬人，下兩爻屬地，亦為天地人三才。

二、中醫三焦

《靈樞・五癃津液別論》曰：

　　三焦出氣，以溫肌肉，充皮膚，固已顯然指為肌肉之內，臟腑之外，

　　為三焦也。〔註41〕

體內有陰有陽，有形有氣。除了有形之肌肉臟腑外，亦有無形的三焦之氣充塞體內，它的作用是溫潤體溫，及充實體膚。可見三焦之重要，影響著人體形氣於無形。所以《靈蘭秘典論》曰：「三焦者決瀆之官，水道出焉。」〔註42〕「夫三焦者，五藏六府之總司。」〔註43〕三焦主管體內五臟六府之運行，及體內水氣宣洩與貯存之機，所以三焦在體內扮演著無比重要的地位。

　　《靈樞・決氣篇》曰：上焦開發，宣五穀味，熏膚充身澤毛，若霧露之溉，是謂氣。中焦受氣取汁，變化而赤，是謂血。」〔註44〕《靈樞・營衛生會篇》：「營出中焦，衛氣出於下焦。」〔註45〕「下焦者，別迴腸，注於膀胱而滲入焉。」〔註46〕「上焦如霧，中焦如漚，下焦如瀆。」〔註47〕中醫所謂

〔註39〕見宋・程頤《易程傳》卷一，頁4〜5。
〔註40〕見宋・程頤《易程傳》卷一，頁12。
〔註41〕見明・張隱庵、馬元台《馬張合註素問靈樞》下集，第五卷，頁9。
〔註42〕見明・張隱庵、馬元台《馬張合註素問靈樞》上集，第一卷，頁41。
〔註43〕見明・張景岳《張氏類經圖翼・類經附翼・求正錄・三焦包絡命門辨》，頁267。
〔註44〕見明・張隱庵、馬元台《馬張合註素問靈樞》下集，第五卷，頁2。
〔註45〕見明・張隱庵、馬元台《馬張合註素問靈樞》下集，第三卷，頁21。
〔註46〕見明・張隱庵、馬元台《馬張合註素問靈樞》下集，第三卷，頁22。
〔註47〕見明・張隱庵、馬元台《馬張合註素問靈樞》下集，第三卷，頁22。

「三焦」之說，其實取法於《易經》三才之說。因中醫視人爲一小宇宙，故人身亦有天地人三焦之說。上焦之氣如天霧，灌漑滋潤肌膚；中焦則將上焦之氣轉化爲血提供體內營養；下焦則化爲有形之水而出。

三、三才與三焦之關聯

《素問·六微旨大論》曰：

> 上下之位，氣交之中，人之居也。故曰天樞之上，天氣主之，天樞之下，地氣主之，氣交之分，人氣從之，萬物由之。〔註48〕

將人體視爲一個小天地，所以上部屬天，下部屬地，中部乃天地相交之處，陰陽相合之處。

三焦學說首創於《內經》，後世許多醫家如果論及三焦，也往往參考《內經·靈樞·營衛生會篇》，將人體分爲上中下三焦，認爲三焦各有其臟腑相應。例如上焦應於肺臟與心包絡，中焦與脾胃相應，而下焦則與肝賢等臟相應。臟腑又因三焦部位、氣候與五行之變化，而有不同的治法。例如，肺在上焦，屬火，位在南，其卦象屬邪熱，故治法如視上焦爲輕羽，非輕莫舉。〔註49〕

（一）易之三才，中醫之三部

《易經·繫辭下傳》：

> 《易》之爲書也，廣大悉備，有天道焉，有人道焉，有地道焉。兼三才而兩之，故六。六者，非它也，三才之道也。〔註50〕

易卦三爻爲天地人三才之義，易卦六爻，則上二爻爲天，中二爻爲人，下二爻爲地，亦爲天地人三才之義，即中醫所謂人身六氣相表裡的上中下三部。如《類經·三部九候》所曰：

> 人有三部。……有下部，有中部，有上部。部各有三候，三候者，有天，有地，有人也。〔註51〕

又曰：

〔註48〕見明·張隱庵、馬元台《馬張合註素問靈樞》中集，第七卷，頁9。
〔註49〕參閱謝作權撰〈三焦太玄淺說〉，《中華易學月刊》，第十八卷第4期（總第208期）（86年6月），頁53～54。
〔註50〕見宋·朱熹撰《易本義·繫辭下傳》卷三，頁68。
〔註51〕見明·張景岳《張氏類經·脈色類·三部九候》，頁101。

天以候頭角之氣，地以候口齒之氣，人以候耳目之氣。〔註52〕

是故中醫除了將人體部位分天地人三才外，並將器官與之對應，如將頭角對應於天，口齒對應於地，耳朵眼睛對應於人。

（二）形成中醫三部九候學說

《素問・三部九候論》：

人有三部，部有三候，以決生死。〔註53〕

三部者，各有天，各有地，各有人。三而成天，三而成地，三而成人。〔註54〕

人體有天地人三部，各部又各分天地人，因此中醫有「三部九候之說」，也就是說陽中有陰，陰中有陽；陰陽之中復有陰陽，即〈醫易義〉所云「消長之機，交感之妙，錯綜之義，昭乎已備」。〔註55〕

另外，中醫「三部九候之說」中，亦將人體臟腑、經脈與天地人相應。如《素問・三部九候論》：

上部天，兩額之動脈；上部地，兩頰之動脈；上部人，耳前之動脈。

中部天，手太陰也；中部地，手陽明也；中部人，手少陰也。下部天，足厥陰也；下部地，足少陰也；下部人，足太陰也。〔註56〕

將人體分為上中下三部分，每部份又細分天地人三部分。如此，人體器官與經脈均會因陰陽屬性之不同，而各自有其遵循之對應。如果陰陽之氣不協調，則人體對應失序，亦將導致器官經脈無法正常運作。

第三節　先天、後天八卦與中醫的關係

〈醫易義〉云：

伏羲八卦分陰陽之體，文王八卦明五行之精微。〔註57〕

伏羲依據《河圖》畫八卦以法自然之現象，所謂先天八卦也。伏羲八卦相摩

〔註52〕見明・張景岳《張氏類經・脈色類・三部九候》，頁102。
〔註53〕見明・張隱庵、馬元台《馬張合註素問靈樞》上集，第三卷，頁2。
〔註54〕見明・張景岳《張氏類經・脈色類・三部九候》，頁102。
〔註55〕見明・張景岳《類經附翼・醫易義》，頁242。
〔註56〕見明・張隱庵、馬元台《馬張合註素問靈樞・三部九候論》（上）第三卷，頁1～2。
〔註57〕見明・張景岳《張氏類經圖翼・類經附翼・醫易・醫易義》，頁242。

相盪後而成六十四卦，六十四卦包羅萬象，「凡人之性理神機，形情病治，可因之以得其綱領。」〔註58〕文王八卦則是運用《河圖》之數來加以說明。伏羲八卦是以乾坤來定方位，而文王則是以木火土金水五行來定方位。雖然先天、後天八卦內容或方位均不同，然而同樣對中醫產生莫大影響。

一、先天八卦、後天八卦

（一）先天八卦

1. 伏羲八卦，分陰陽體象

張景岳云：

> 伏羲出自然之象，故乾上坤下，離左坎右。〔註59〕

《說卦傳》曰：

> 天地定位，山澤通氣，雷風相薄，水火不相射，八卦相錯。〔註60〕

先天八卦是指伏羲八卦，它是根據自然現象而定八卦，天地先以乾坤來分上下，再以坎離來分左右的方位，如此以八卦將萬象定位。八卦定位後，則天、地、雷、風、水、火、山、澤等自然現象皆有所依循，因為伏羲八卦道法自然，所以可以通神明之德，以類萬物之情。

2. 乾坤為「易之門」

《易經·繫辭上傳》所云：

> 天尊地卑，乾坤定矣。卑高以陳，貴賤位矣。動靜有常，剛柔斷矣。〔註61〕

> 乾坤其易之縕邪？乾坤成列而易立乎其中矣。〔註62〕

宇宙由陰陽二氣變化而為萬物，陰陽分而天地定位，故六十四卦以乾坤為中心，再化衍出六十二卦，故曰乾坤卦立，則乾為天為陽，坤為地為陰，陰陽動而交感變化而生萬物。所以說乾坤「其易之門」。〔註63〕

〔註58〕見明·張景岳《張氏類經圖翼·類經附翼·醫易·醫易義》，頁242。
〔註59〕見明·張景岳《張氏類經圖翼·類經附翼·醫易·醫易義》，頁243。
〔註60〕見宋·朱熹《易本義·說卦傳》卷四，頁70。
〔註61〕見宋·朱熹《易本義·繫辭上傳》卷三，頁56。
〔註62〕見宋·朱熹《易本義·繫辭上傳》卷三，頁63。
〔註63〕見宋·朱熹《易本義·繫辭下傳》卷三，頁67。

3.生數得其體，成數得其用

張景岳《類經圖翼‧五行生成數解》：

> 土曰五，此五行生數之祖。先有生數，而後有成數。乃成一陰一陽
> 生成之道。

> 雖《易繫》有天十成之之謂，而《三部九候論》曰：「天地之數，始
> 於一，終於九焉，此所以土不待十而後成也。」〔註64〕

陰陽化生之初，無不先有生數，而後有成數。五土爲生數之中，因爲萬物皆
賴之以生。而十爲成數之極，因爲萬物盡包藏其中，而中醫所日三部有九候，
是因爲土是生數之祖，不待而生，故其數仍爲十。

4. 五為全數之中，十為成數之極

張景岳《類經圖翼‧五行統論》：

> 其實元初，只一太極，一分爲二，二分爲四，天得一箇四，地得一
> 箇四，又各有一箇太極行乎其中，便是兩其五行而已。〔註65〕

又《繫辭上傳》日：

> 天一地二，天三地四，天五地六，天七地八，天九地十。天數五，
> 地數五，五位相得而各有合。天數二十有五，地數三十，凡天地之
> 數五十有五，此所以成變化而行鬼神也。〔註66〕

> 有地即有土矣。……然土之所以五與十者，蓋五爲全數之中，十爲
> 成數之極。中者，言土之不偏而總統乎四方；極者，言物之歸宿而
> 包藏乎萬有。〔註67〕

也就是說宇宙本來是只有一個太極，而後分陰分陽，天地分開後仍各有其陰
陽，是故天地又各有其五行運行，所以天數地數皆爲五。然而天地仍然陰陽
交流，故天五行與地五行仍然變化不已。以五行而言，土屬五，五位居中央
以統馭其他四方，爲全數之中。而十爲成數之最，因爲它已包藏萬物。

（二）後天八卦

文王八卦爲後天八卦：

〔註64〕見明‧張景岳《張氏類經圖翼‧運氣‧五行統論》第一卷，頁16。
〔註65〕見明‧張景岳《張氏類經圖翼‧運氣‧五行統論》第一卷，頁16。
〔註66〕見宋‧朱熹《易本義‧繫辭下傳》卷三，頁60。
〔註67〕見明‧張景岳《張氏類經圖翼‧運氣‧五行生成數解》第一卷，頁16。

> 文王合《河圖》之數，故火南水北木東金西。質諸人身，天地形體
> 也，乾坤性情也，陰陽氣血也。〔註68〕

後天八卦將木火土金水五行與方位相配，並且將人體五臟六腑相對應。例如
天有十二月，故人有十二藏；天有十二會，故人有十二經。所以文王八卦主
要是說明人體之藏象陰陽與運用，可說是易道的發揮與實際運作。

（三）先天後天八卦之相異處

1. 先天為易之體，後天為易之用

張景岳《類經附翼・卦氣方輿論》：

> 先天者，所以言六合之象。後天者，所以明氣候之詳。故邵子曰：「先
> 天爲易之體，後天爲易之用也。」〔註69〕

伏羲八卦主要是說明易之本體，自然之體象。文王八卦主要說明易的作用，
說明陰陽五行之變化，氣候之變化及作用在人體的變化及影響。

2. 卦位、方位不同

張景岳《類經附翼・卦氣方輿論》：

> 先天以乾坤分天地而定上下之位，後天以坎離分水火而定南北之
> 方。先天以乾居正南，坤居正北，其陽在南，其陰在北。後天以乾
> 居西北，坤居西南，其陽在北，其陰在南。〔註70〕

先天八卦是取法天地自然現象而定位，所以乾陽在上坤陰在下。後天八卦必
須陰陽作用變化，故以水火定南北方位。結果，後天與先天陰陽南北方向恰
好相反，然一爲易之體象，一爲易之作用，也正說明了易之不易、變易與常
易之道理。

二、中醫之運用

（一）氣者神之宅，體者氣之宅

〈醫易義〉云：

> 陰陽兩儀立焉，是爲有象之始。因形以寓意，因氣以化神。

〔註68〕見明・張景岳《張氏類經圖翼・類經附翼・醫易・醫易義》，頁243。
〔註69〕見明・張景岳《張氏類經圖翼・類經附翼・醫易・卦氣方輿論》，頁249。
〔註70〕見明・張景岳《張氏類經圖翼・類經附翼・醫易・卦氣方輿論》，頁249。

陰陽血氣，皆有所鍾。〔註71〕

偉哉人生，稟二五之精，爲萬物之靈，得天地之中和，參乾坤之化

育。四象應天，四體應地。天地之合闢，即吾身之呼吸也。〔註72〕

陰陽兩儀立，則乾陽爲天，坤陰爲地。而人之體即天之體，故人亦有陰陽與
形氣。而陽動陰靜，故陽動化爲「人氣」，陰靜化爲「人形」。人位在天地之
間，與天地之變化，或乾坤之化育，是共存於一體的。故人之氣與天氣相通，
人之形化而歸地陰。

（二）《內經》言八者，與八卦有關

《醫易·卦氣方輿論》：

先天以上下分左右，故以乾坤爲縱，六子爲橫。後天以東西界陰陽，

故以震兌爲橫，六卦爲縱。〔註73〕

無論是先天或後天八卦，均以八數涵蓋萬物，而《內經》有所謂八宮、八正，
及氣有八止，治有八法，方有八陣，還有像八風、八候、八略、八間、八會、
八農、八節等亦以八爲單位的名稱，莫不與《易經》八卦有關。所以《內經》
凡言八者，均是取法「乾坤爲陰陽之綱領，八卦又以乾坤爲總綱」之義加以
發揮的。

（三）五行陰陽說明人體變化

中醫取法《易經》五行與陰陽學說，說明人體精氣神之變化。又認爲天
人一體，故以人體與天地相對應。人體除了有陰有陽，另外五臟六腑也會因
不同卦爻之對應而有不同之陰陽屬性。加上五行學說，則體內臟腑經絡均有
金木水火土之屬性。如此以《易經》哲學說明闡釋人體生理病理之變化，使
醫者益知病理之所以然，而能循線尋出病因，以正確醫治。

〔註71〕見明·張景岳《張氏類經圖翼·類經附翼·醫易·醫易義》，頁242。
〔註72〕見明·張景岳《張氏類經圖翼·類經附翼·醫易·醫易義》，頁241。
〔註73〕見明·張景岳《張氏類經圖翼·類經附翼·醫易·卦氣方輿論》，頁250。

第五章　〈醫易義〉論以易釋醫

第一節　以六十四卦說明生老病死

　　〈伏羲六十四卦圓圖〉將人心視爲太極而獨運於人體之中心，而其他臟腑如六十四卦般環列在外。並將六十四卦分成前後半，前半部由復卦一陽始生，陽氣漸長，至乾卦共計三十二卦，視爲人之前半生。後半部由姤卦一陰始凝，陰氣漸升，至坤卦亦共計三十二卦，是爲人之後半生。六十四卦之遞變，就像人生年歲之增長。六十四卦環列在圓圖外層，都是由於太極在其中心運作而產生出來的，陰陽變動交錯不已，就像我們人類亦以人心爲主，而後所有生理變化與情慾於是生焉。

一、自復至同人卦

　　〈醫易義〉云：

　　　自復至同人，當內卦震、離之地，爲陰中少陽之十六，在人爲二八。

〔註1〕

（一）當內卦震、離之地，在人為二八

　　天地由一陽始生，故〈伏羲六十四卦圓圖〉中自復卦至同人卦，共十六卦，均一陽所生之卦，象徵人生一至十六歲。自復卦至无妄卦等八個卦，計有復、頤、屯、益、震、噬嗑、隨、无妄等，都是以震卦爲內卦。自明夷卦至同人卦等八個卦，計爲明夷、賁、既濟、家人、豐、離、革、同人等，都

〔註1〕見明・張景岳《張氏類經圖翼・類經附翼・醫易・醫易義》，頁242。

是以離卦為內卦。故曰「當內卦震、離之地。為陰中少陽之十六，在人為二八。」〔註2〕亦即自復卦一陽開始，至同人卦等十六卦，象徵人生一至十六歲，是由震卦與離卦變動而生。震，動也；離，麗也。一至十六歲正是處於陽動活躍的時期。

（二）女子七歲腎氣盛，二七任脈通

《素問·上古天真論》曰：

> 女子七歲腎氣盛，齒更髮長，二七而天癸至，任脈通，太衝脉盛，月事以時下，故有子。〔註3〕

《類經注》曰：

> 七為少陽之數。女本陰體而得陽數者，陰中有陽也。人之初生，先從腎始，女至七歲，腎氣稍盛。腎主骨，齒者，骨之餘，故更齒。腎為精血之藏。髮者，精血之餘，故髮長。〔註4〕

從圓圖方位言，為東北方之卦。時間上則當子、丑、寅、卯之間。為一日之始生，日出前之景象。此外，中醫亦不忘將陰陽納入並論，認為人體中陰中有陽，陽中有陰，所以女子雖屬陰而內有陽氣，故以七為變化變，女子七歲時腎氣盛，精氣旺盛，故換牙髮又長。到了十四歲時，氣盛而血海之衝脈通，代表著人生另一個階段。總而言之，這是屬於陽氣漸生的階段，是人生的生長期。

二、自臨至乾卦

〈醫易義〉云：

> 自臨至乾，當內卦兌、乾之地，為陽中太陽之十六，在人為四八。

（一）當內卦兌、乾之地，在人為四八

自臨卦至乾卦，亦共十六卦。均為二陽始生之卦。在人事現象為十六至三十二歲之間。自臨卦至履卦，計有臨、損、節、中孚、歸妹、睽、兌、履等八卦，都是以兌為內卦。從泰卦到乾卦，計有泰、大畜、需、小畜、大壯、大有、夬、乾等八卦，都是以乾為內卦。故曰「當內卦兌、乾之地。」自臨卦至乾卦，共十六卦，均由乾卦與兌卦所生。乾，健也；兌，悅也。所以十

〔註2〕見明·張景岳《張氏類經圖翼·類經附翼·醫易·醫易義》，頁242。
〔註3〕見明·張隱庵、馬元台《馬張合註素問靈樞·上古天真論》上集，第一卷，頁3。
〔註4〕見明·張景岳《張氏類經·臟象類》，第三卷，頁62。

六至三十二歲應當是人生最健壯且最喜悅的時期。

（二）女子四七筋骨髮長體壯，男子四八筋骨盛肌肉滿壯

《靈樞・天年篇》：

> 二十歲，血氣始盛，肌肉方長，故好趨。三十歲，五臟大定，肌肉
> 堅固，血脉盛滿，故好步。〔註5〕

《素問・上古天眞論》曰：

> 女子四七筋骨堅，髮長極，身體盛壯。〔註6〕

> 男子四八筋骨隆盛，肌肉滿壯。〔註7〕

《類經注》曰：

> 女子天癸之數，七七而止，年當四七，正及材力之中，故身體盛壯，
> 髮長極矣。〔註8〕

從圓圖方位言，爲東南方之卦。時間上則當卯、辰、巳、午之間。爲日出後
至日盛時之景象。當此之時，陽多陰少，正當人生壯盛時期，大約是十六至
三十二歲之間。此時血氣方剛氣盛，軀體成熟好動，如花之盛開綻放，無論
男女，均是花樣年華的青春時期。對於女子來說，二十八歲是長得最成熟姣
好的年紀，而對男子來說，三十二歲是長得最強壯肌滿的年紀，也就是說以
此爲生長的一個界線，這是生長期的巔峰了。

三、自姤至師卦

〈醫易義〉云：

> 自姤至師，當內卦巽、坎之地，爲陽中少陰之十六，在人爲六八。

〔註9〕

（一）當內卦巽、坎之地，在人爲六八

自姤卦至師卦，共十六卦，均爲一陰始生之卦。在人事現象爲三十二至

〔註5〕見明・張隱庵、馬元台《馬張合註素問靈樞・天年篇》下集，第六卷，頁19。
〔註6〕見明・張隱庵、馬元台《馬張合註素問靈樞・上古天眞論》上集，第一卷，頁3。
〔註7〕見明・張隱庵、馬元台《馬張合註素問靈樞・上古天眞論》上集，第一卷，頁3。
〔註8〕見明・張景岳《張氏類經・臟象類》，第三卷，頁62。
〔註9〕見明・張景岳《張氏類經圖翼・類經附翼・醫易・醫易義》，頁242。

四十八歲之間。自姤卦至師卦，計有姤、大過、鼎、恆、巽、井、蠱、升等八卦，都是以巽爲內卦。從訟卦至師卦，計有訟、困、未濟、解、渙、坎、蒙、師等八卦，都是以坎爲內卦。故曰「當內卦巽、坎之地。」亦即自姤一陰始生於下，至師卦第十六卦，均由陰儀而少陽，由少陽而生巽五、坎六。巽，入也，巽順而入；坎，陷也，外虛而中實也。至此，人生壯盛時期剛過，雖未衰退，然而此時必須好好保養身體，順勢量力而行。

（二）女子六七陽脈衰於上，男子六八陽氣衰於上

《素問‧上古天眞論》曰：

> 女子五七陽明脈衰，面始焦，髮始墮。六七，三陽脈衰於上，面皆焦，髮始白。〔註10〕

> 男子五八腎氣衰，髮墮齒槁。六八，陽氣衰竭於上，面焦，髮鬢頒白。

《類經注》曰：

> 男爲陽體，不足於陰，故其衰也，自腎始，而髮齒其微也。〔註11〕

自姤至師，從圓圖方位言，爲西南方之卦。時間上則當午、未、申、酉之間。爲中午過後及落日前之景象。此時，人生已過大半，猶如夕陽前之景色，身體雖未衰退，然而卻漸漸衰老。例如女子三十五歲時臉部不再像年輕時那般的光滑具有彈性，頭髮也開始漸漸掉落，到了四十二歲時則頭髮開始斑白，臉部完全失去了彈性。男子則大約四十歲後腎氣開始衰退，頭髮與牙齒均開始掉落，四十八歲以後，則陽脈皆衰也。故在這階段，人生已過壯年期，生理機能逐漸衰退，因爲此時，陰漸生而陽漸滅，此時人生亦宜由動態轉趨靜態，適當修身守道，莫再逞強好鬥，以免傷了陽氣，以保養天年。

四、自遯至坤卦

〈醫易義〉云：

> 自遯至坤，當內卦艮、坤之地，爲陰中太陰之十六，在人爲八八。

（一）當內卦艮、坤之地，在人爲八八

自遯卦至坤卦，共十六卦，均爲太陰所生之卦。在人事現象爲四十八歲

〔註10〕見明‧張隱庵、馬元台《馬張合註素問靈樞‧上古天眞論》上集，第一卷，頁3。
〔註11〕見明‧張景岳《張氏類經‧臟象類》，第三卷，頁64。

到六十四之間。均由陰儀而太陰，由太陰而生艮七、坤八。自遯卦至坤卦，計有遯、咸、旅、小過、漸、蹇、艮、謙等八卦，都是以艮為內卦。從否卦至坤卦，計有否、萃、晉、豫、觀、比、剝、坤等八卦，都是以坤為內卦。所以說是「當內卦艮、坤之地」。為陰中太陰之十六。艮，止也，時止則止，時行則行。坤，陰之數也，順也。此時已至人生最後階段，更應保養身體，時行時止，皆應順勢而為，不可遷強。

（二）男不過盡八八，女不過盡七七，天地之精氣皆竭

《素問·上古天真論》：

> 七七任脈虛，太衝脈少，天癸竭，地道不通，故形壞而無子也。
> 〔註12〕

> 男子七八肝氣衰，筋不能動，天癸竭，精少腎藏衰，形體皆極。八八，則齒髮去。腎者主水，受五藏六府之精而藏之，故五藏盛乃能瀉。今五藏皆衰，筋骨解墮，天癸盡矣。故髮鬢白，身體重，行步不正，而無子耳。〔註13〕

> 男不過盡八八，女不過盡七七，而天地之精氣皆竭矣。〔註14〕

從圓圖方位言，為西北方之卦，時間上則當酉、戌、亥、子之間。為日落後景象，人生至此已至晚年。女子大約到了四十九歲時，血海之衝脈少，已至更年期。男子五十六歲時肝氣腎臟衰敗，亦已至更年期。男子遲至六十四歲，女子則遲至四十九歲，應是精氣衰竭的時候。人生至此，已到了老年的階段，更應該好好保養身體，以保存體內那麼一點陽氣，使自己在晚年得以減少病痛，以享受快樂的日子。

《靈樞·天年篇》曰：

> 五十歲，肝氣始衰，肝葉始薄，膽汁始減，目始不明。六十歲，心氣始衰，善憂悲，血氣懈惰，故好臥。七十歲，脾氣虛，皮膚枯。八十歲，肺氣衰，魄離，故言善誤。九十歲，腎氣焦，四藏經脉空虛。百歲，五藏皆虛，神氣皆去，形骸獨居而終矣。〔註15〕

大體而言，人到了五十歲時，肝臟先衰退，所以視力不好。六十歲時，心臟

〔註12〕見明·張隱庵、馬元台《馬張合註素問靈樞·上古天真論》上集，第一卷，頁3。
〔註13〕見明·張隱庵、馬元台《馬張合註素問靈樞·上古天真論》上集，第一卷，頁4。
〔註14〕見馬張合註《素問靈樞·上古天真論》上集，第一卷，頁5。
〔註15〕見明·張隱庵、馬元台《馬張合註素問靈樞·天年篇》下集，第六卷，頁20。

功能衰退，較容易憂傷悲痛，又因血氣虛弱，所以常臥床休息。到了七十歲時，脾藏功能衰退，所以皮膚乾枯。到了八十歲時，肺臟功能衰退，所以健忘。所以，隨著年紀增長，五臟六腑由壯而逐漸衰退，身體內陽氣逐漸減少，而陰氣逐漸增加，而五藏衰退亦有其順序，故我們的保健養生方式，必須隨著年紀增長而有所調整。

五、小　結

〈醫易義〉云：

> 陽生於子而極於午，故復曰「天根」，至乾爲三十二卦，以應前之一世。陰生於午而極於子，故姤曰「月窟」，至坤三十二卦，以應後之半生。前一世，始於復之一陽，漸次增添，至乾而陽盛已極，乃象人之自少至壯。後半生，始於姤之一陰，漸次耗減，至坤而陽盡以終，乃象人之自衰至老。〔註16〕

中醫將六十四卦與人生對應，人之初由一陽始生而極盛於午，共三十二卦，以象徵人之前半生。《乾卦·上九·象》：「亢龍有悔，盈不可久也。」〔註17〕然而物極必反，陽極而陰生，人生過了三十二歲以後，壯碩期達到巔峰以後，就會開始逐漸衰老。而後一陰始生，故陰生於午而極於子，亦共三十二卦，以象徵人之後半生。

總而言之，自復卦至乾卦，共三十二卦。從人的年齡來說，一歲一卦，則自童年到壯年三十二歲的成長時期，說明了我們的前半生。自姤卦至坤卦，亦共三十二卦，自三十二歲起到六十四歲止，以應後半生，說明人生由壯年到老年，後半生的衰老現象。前半生，是復卦一陽開始，陽氣逐漸增加，到乾卦陽氣已上升至極限，就像我們人類從少年到壯年一樣。後半生，是自姤卦一陰開始，陽氣逐漸消耗，到坤卦陽氣已經被消減完了，就像我們人類精力衰退到老年一樣。

人體內有陰有陽，但陰陽變動不已，其變化軌跡就如日月之嬗變，由初陽而陽盛，陽極盛而生陰，由夕陽日落以迄陰極。人生變化有如六十四卦，陰陽動靜無時止息，如果能夠深明《易經》哲理，就能夠了解人生老病死自然之理，並運用在人生保健方面，相信我們會更樂天知命而活得更健康。

〔註16〕見明·張景岳《張氏類經圖翼·類經附翼·醫易·醫易義》，頁 242。
〔註17〕見宋·程頤《易程傳》上經卷三，頁 5。

第二節　爻象與醫理

《易經·繫辭下傳》曰：

> 八卦成列，象在其中矣。因而重之，爻在其中矣。〔註18〕

> 天人之妙，運氣之理，無不具矣。〔註19〕

原卦乃爲天地人三畫，重疊後有六爻，上二爻爲天，中二爻爲人，下二爻爲地，雖爲六爻，天地萬象盡在其中矣。陰陽剛柔相盪其中，則六爻產生許多變化，爻有陰陽之分，數有六奇六偶，天地人變化盡在其中，不僅是卦象，更可由爻象解釋人體生理萬象之變化。

一、爻象動乎其中，變化乃見

〈醫易義〉云：

> 縱觀之，則象在初爻，其乾盡於午，坤盡於子，當二至之令，爲天地中而左右以判。左主升而右主降。升則陽居東南，主春、夏之發生，以應人之漸長。降則陰居西北，主秋、冬之收斂，以應人之漸消。橫觀之，則象在二爻，其離盡在卯，坎盡於酉，當二分之中，爲陰陽之半，而上下以分，上爲陽而下爲陰。〔註20〕

（一）縱觀則天地分左左，左主陽昇，右主陰降

以乾坤爲縱，則觀象在初爻，是以子時與午時爲垂直的中分線，自復卦至乾卦，共三十二卦，其初爻皆爲陽爻。自姤卦至坤卦，共三十二卦，其初爻皆爲陰爻。左邊的陽爻從復卦一陽起，發展至乾卦六爻皆陽。然盛極必衰，一陰始生，則爲姤卦。右邊自姤卦一陰起，陰長陽消，至坤卦六爻皆陰，陽爻殆盡。此以乾坤卦爲「子午線」，天地以此爲中線。天爲陽，陽卦在左邊，主昇；地爲陰，陰卦在右邊，主降。

此以陰陽消長說明人生。陽爻上升的方位在東南，它的作用是春生夏長，和我們人類由少年到壯年，逐漸長大到成年相配合；陰長陽消的方位在西北，它的作用是秋收冬藏，和我們人類由中年到老年，精力體力都在逐漸衰退相符合。

〔註18〕見宋·朱熹《易本義·繫辭下傳》卷三，頁64。
〔註19〕見明·張景岳《張氏類經圖翼·類經附翼·醫易·醫易義》，頁243。
〔註20〕見明·張景岳《張氏類經圖翼·類經附翼·醫易·醫易義》，頁242～243。

（二）橫觀則天地分上下，上為陽長，下為陰消

橫觀則象在二爻，其離卦盡於卯時，坎卦盡於酉時，以此分陰陽，則上為陽而下為陰。意謂陽則日出於卯時，相應於晝；陰則日入於酉時，相應於夜。橫觀圓圖時，則以卯時、酉時為中線，將天地劃分為上陽下陰，藉以說明上陽下陰消長之理。

橫觀象在二爻，上半段自臨卦至師卦，共三十二卦，其第二爻均為陽爻九二。下半段自遯卦至同人卦，共三十二卦，其第二爻均為陰爻六二。另外，從明夷卦到同人卦，均用離卦做下卦。從訟卦到師卦，均用坎卦做下卦。說明上為陽，下為陰的道理。離卦象徵日為陽，故人應日出而作；坎象徵水為月，故人應日入而息。宇宙造化無不與人生相感應，相互契合的奧妙，陰陽二氣運行的道理，盡在其中矣。

二、爻象具醫中運用之玄妙

〈醫易義〉云：

> 以爻象言之，則天地之道，以六為節，三才而兩，是為六爻。六奇六偶，是為十二。故天有十二月，人有十二藏；天有十二會，人有十二經；天有十二辰，人有十二節。知乎此，則營衛之周流，經絡之表裡，象在其中矣。〔註21〕

卦有三畫，代表天地人。重卦則有六爻，亦為天地人之道，因上兩爻屬天，中兩爻屬人，下兩爻屬地。爻位復分陰陽，以九代表陽爻，以六代表陰爻，六奇六偶，故有十二爻。人與天地相應，故人有十二臟、十二經脈及十二節。陰陽動乎其中，故人體五臟、六腑及經脈皆應之而變化。

（一）十二爻位與十二經脈

《靈樞·逆順肥瘦篇》曰：

> 手之三陰，從藏走手；手之三陽，從手走頭。足之三陽，從頭走足；足之三陰，從足走腹。〔註22〕

《靈樞·九鍼十二原》：

> 五藏有六府，六府有十二原。十二原出於四關。四關主治五藏，五

〔註21〕見明·張景岳《張氏類經圖翼·類經附翼·醫易·醫易義》，頁243。
〔註22〕見明·張隱庵、馬元台《馬張合註素問靈樞·逆順肥瘦篇》下集，第五卷，頁13。

藏有疾，當取之十二原。十二原者，五藏之所以稟。〔註23〕

此為十二經脈走向規律。手足經脈各分三陰與三陽，共有十二經脈，分別與十二爻位相應。經脈走向則配合身體之陰陽屬性。可知十二經脈與五臟六府關係密切，如果五臟六腑發生病變，醫者應當從觀察其經脈藉以得知病因。

醫家看脈診，本身必須具有形神合一的觀念，要確實能將脈位、脈數、脈勢與脈象，統合來觀察判斷病情，如此方能切中要領。因為天地人相應，則宇宙一切事物、陰陽升降、消長變化，其實都已反映在人體脈象中。中醫之與西醫不同，最大特點是西醫少了中醫所強調的「神」，這在西醫科學儀器是不存在的，卻是中醫統馭人心之本，所謂「得神者昌，失神者亡」，人若有形無神，則與傀儡無異，猶如形屍走肉，終必敗亡。又人脈運行與四時陰陽相合，各有其正常之脈象，若出現不合之脈象，則可知其病矣。故若從其十二經脈觀察，當知其五臟六腑之病變。〔註24〕

（二）爻位與臟腑

〈醫易義〉云：

> 以臟象言之，則自初六至上六，為陰為藏。〔註25〕初六次命門，〔註26〕六二次腎，六三次肝，六四次脾，六五次心，上六次肺。初九至上九，為陽為府，初九當膀胱，九二當大腸，九三當小腸，九四當膽，九五當胃，上九當三焦。知乎此，而藏府之陰陽，內景之高下，象在其中矣。〔註27〕

爻位分陰陽，臟腑應之亦有陰陽屬性之分。人體內臟腑各種生理器官與乾坤二卦之卦爻相結合，彼此之間密不可分，此亦天人相應之象。如此看來，則腎、肝、脾、心、肺屬陰屬臟，膀胱、大腸、小腸、膽、胃、三焦屬陽屬腑。如此臟腑有了陰陽屬性，則其走向亦可窺其一斑。

《靈樞・本輸篇》：

〔註23〕見明・張隱庵、馬元台《馬張合註素問靈樞・九鍼十二原》（中）第一卷，頁5。

〔註24〕參閱郭曉東撰，〈太素脈之易學原理初探〉，《中華易學月刊》，第十八卷第3期，（總第207期）（86年5月），頁48～49。

〔註25〕《難經・五十一難》曰：「藏者，陰也。」是以坤卦立言，蓋坤之六爻皆陰，故以六爻配六臟。

〔註26〕《難經・三十九難》曰：「五臟亦有六藏者，謂腎有兩藏，左者為腎，右為命門。命門者，謂精神之所舍也。男子以藏精，女子以繫胞，以言藏有六也。」

〔註27〕見明・張景岳《類經附翼・醫易・醫易義》，頁243。

> 肺合大腸，大腸者，傳道之府。心合小腸，小腸者，受盛之府。肝合
> 膽，膽者，中精之府。脾合胃，胃者，五穀之府。腎合膀胱，膀胱者，
> 津液之府也。少陽屬腎，腎上連肺，故將兩藏。三焦者，中瀆之府也。
> 水道出焉，屬膀胱，是孤之府也，是六府之所與合者。〔註28〕

進一步將人體臟腑緊密相結合，例如肺臟與大腸、心臟與小腸、肝臟與膽、
脾臟與胃、腎臟與膀胱，將各臟與各腑關係連結，臟腑彼此互為表裡關係，
各具有陰陽不同之屬性。

（三）爻象與形體

〈醫易義〉云：

> 以形體言之，則乾為首，陽尊居上也。坤為腹，陰廣容物也。坎為
> 耳，陽聰於內也。離為目，陽明在外也。兌為口，折開於上也。巽
> 為股，兩垂而下也。艮為手，陽居於前也。震為足，剛動在下也。
> 天不足西北，故耳目之左明於右。地不滿東南，故手足之右強於左，
> 知乎此，而人身之體用，象在其人矣。〔註29〕

以爻象說明人之形體。從人的外表形體來說，乾卦為首，因為乾卦六爻都是
陽，高高在上。坤地象腹，因為坤卦六爻都是陰，能容納萬物。坎卦象兩耳，
因為坎卦一陽在內，所以聽覺特別敏銳。離卦象雙目，因為離卦二陽在外，
所以觀察得很清楚。兌卦象口，因為兌卦一陰在上，有飲食歡樂之狀。巽卦
象大腿，因為巽卦一陰在下，像兩腿垂直在下。艮卦象手，因為艮卦一陽居
上，象徵手能控制物質。震卦象足，因為震卦一陽在下，剛健的行動靠雙足。
如此，則身體各部位皆有卦象相應，亦具陰陽不同屬性。

第三節　五行五臟與醫理

〈醫易義〉云：

> 以精神言之，則北一水，我之精，故曰「腎藏精」。南二火，我之神，
> 故曰「心藏神」。東三木，我之魂，故曰「肝藏魂」。西四金，我之
> 魄，故曰「肺藏魄」。中五土，我之意，故曰「脾藏意」。〔註30〕

〔註28〕見明・張隱庵、馬元台《馬張合註素問靈樞・本輸篇》（中）第一卷，頁12。
〔註29〕見明・張景岳《張氏類經圖翼・類經附翼・醫易・醫易義》，頁243。
〔註30〕見明・張景岳《張氏類經圖翼・類經附翼・醫易・醫易義》，頁244。

文王八卦將五行之數、屬性與方位，與臟腑之運行與人體之精血氣神魂魄結合。例如腎臟與五行之水相應，方位當居北方，藏有人體之精氣。心臟與五行之火相應，方位當居南方，藏有人體之神。

　　《河圖》與《洛書》將臟腑與五行之生成數，結合八卦陰陽學說，陰陽之氣會在人體的「細胞核」內產生「氣化作用」，而形成陰陽平衡調節之「氣功態」，以達到「中軸」及「兩翼」，藉以催化並促進身體之機能。利用今之數學密碼與陰陽協調呈現生理的「條件反射」，如果是正面的反射結果，則生理會產生「良性循環」，以強制催化身體免疫力使之旺盛，以促進人體修復與康復力。反之，如果是負面的反射結果，則會降低身體的免疫機能，而減緩人體康復能力。〔註31〕

一、五行方位

（一）以震兌為橫，六卦為縱，以東西界陰陽

　　文王八卦是以震、兌二卦來分東西方位，自震卦而南，為巽木離火。自兌卦而北，為乾金坎水。故《說卦傳》曰：

> 帝出乎震，齊乎巽，相見乎離，致役乎坤，說言乎兌，戰乎乾，勞乎坎，成言乎艮。〔註32〕

藉此說明萬物隨著氣候變化運行，而有不同生長消息之景象。如東南方位呈現春夏之盛景，西北方位則呈現秋冬之衰退。

（二）八宮方位，其陽在北，其陰在南

　　〈醫易義〉云：

> 文王八卦曰後天，離象火而居南，坎象水而居北，震象木而居東，兌象金而居西。以次而數，則乾起西北，順而左旋，曰乾坎艮震巽離坤兌，以周八宮也。〔註33〕

伏羲八卦取象自然，為易之體，故以乾坤分天地而定上下之位；文王八卦為易之用，則以坎離分水火而定南北之方，強調變化與運行。以致先後天八卦方位及陰陽不盡相同。先天以乾居正南，坤居正北，其陽在南，其陰在北。

〔註31〕參閱聶樹良撰，〈盲效「天」人略圖「易」醫錄〉，《中華易學月刊》，第十八卷第3期，（總第206期）（86年4月），頁53～57。

〔註32〕見宋・朱熹《易本義・說卦傳》卷四，頁71。

〔註33〕見明・張景岳《張氏類經圖翼・類經附翼・醫易・醫易義》，頁250。

後天以乾居西北，坤居西南，其陽在北，其陰在南。後天以坎離爲變化之機，其他各卦萬象藉乾坤之道以變化。坎卦化爲水而居北，離卦變火而居南。故天體居北而偏於西，乾卦位於西北。地體居西而偏於南，坤卦位於西南。

二、五行與五臟

（一）坎象水而居北，腎藏精

〈醫易義〉云：

> 坎象水而居北。〔註34〕

《說卦傳》曰：

> 坎者，水也。正北方之卦也。勞卦也，萬物之所歸也。故曰勞乎坎。
> 〔註35〕

《靈樞‧本神篇》曰：

> 天之在我者，德也。地之在我者，氣也。德流相薄而生者也，故生之來，謂之精。〔註36〕

坎卦五行屬水，方位在北方，萬物皆賴以爲生，故坎卦勞也。天地萬物由水而化，萬物初生皆因有水，無水則無以變化，故水爲萬物生命之精，故曰之精。精氣是由天地陰陽二氣交會而生，萬物化生由精水開始。

《素問‧上古天眞論》曰：

> 腎者主水，受五藏六府之精而藏之，故五藏盛，乃能瀉。〔註37〕

《素問‧六節藏象論》曰：

> 腎者，主蟄封藏之本，精之處也。其華在髮，其充在骨，爲陰中之少陰，通於冬氣。〔註38〕

腎臟是精所藏之處，主管水氣，體內五臟六腑所有精氣最後均匯聚儲存於此。精氣盛，則腎臟功能正常，頭髮亮麗，骨骼強壯。在節氣上是屬於冬天之氣，在人體經脈則屬於陰中之少陰。

〔註34〕見明‧張景岳《張氏類經圖翼‧類經附翼‧醫易‧醫易義》，頁250。
〔註35〕見宋‧朱熹《易本義‧說卦傳》卷四，頁71。
〔註36〕見明‧張隱庵、馬元台《馬張合註素問靈樞‧本神篇》中集，第二卷，頁1。
〔註37〕見明‧張隱庵、馬元台《馬張合註素問靈樞‧上古天眞論》上集，第一卷，頁4。
〔註38〕見明‧張隱庵、馬元台《馬張合註素問靈樞‧六節藏象論篇》上集，第一卷，頁46。

（二）離象火而居南，心藏神

〈醫易義〉云：

> 離象火而居南。〔註39〕

《說卦傳》曰：

> 離也者，明也。萬物皆相見，南方之卦也。〔註40〕

《靈樞·本神篇》曰：

> 兩精相薄謂之神。〔註41〕

《素問·靈蘭秘典》：

> 心者，君主之官，神明出焉。〔註42〕

《靈樞·邪客篇》：

> 心者，五藏六府之大主也，精神之所舍也。其藏堅固，邪弗能容也。
> 容之則心傷，心傷則神去，神去則死矣。〔註43〕

離卦爲日，爲明，在五行屬火，方位屬南，象徵萬物皆賴光明以得見。離卦如日之光火之明，又象徵萬物如日火光明，可使天下治。人體內有精氣神，精氣產生後，神跟著產生，並由心臟主管。心臟如果健壯，則百病不侵，得以強身。心臟如果病了，則神氣必爲所傷，如果心神喪失，則命不保矣。

（三）震象木而居東，肝藏魂

〈醫易義〉云：

> 震象木而居東。〔註44〕

《說卦傳》曰：

> 萬物出乎震，震，東方也。〔註45〕

《靈樞·本神篇》曰：

> 隨神往來者，謂之魂。〔註46〕

〔註39〕見明·張景岳《張氏類經圖翼·類經附翼·醫易·醫易義》，頁250。
〔註40〕見宋·朱熹《易本義·說卦傳》卷四，頁71。
〔註41〕見明·張隱庵、馬元台《馬張合註素問靈樞·本神篇》中集，第二卷，頁1。
〔註42〕見明·張隱庵、馬元台《馬張合註素問靈樞·靈蘭秘典論》上集，第一卷，頁40。
〔註43〕見明·張隱庵、馬元台《馬張合註素問靈樞·邪客篇》下集，第八卷，頁7。
〔註44〕見明·張景岳《張氏類經圖翼·類經附翼·醫易·醫易義》，頁250。
〔註45〕見宋·朱熹《易本義·說卦傳》卷四，頁71。
〔註46〕見明·張隱庵、馬元台《馬張合註素問靈樞·本神篇》中集，第二卷，頁1。

又曰：

> 肝藏血，血含魂，肝氣虛則恐，實則怒。〔註47〕

《靈樞・六節藏象論》曰：

> 肝者，罷極之本，魂之居也。其華在爪，其充在筋。〔註48〕

震卦象徵如春天到來，木之生長，萬物開始生長。震卦五行屬木，方位在東，故象徵萬物初生以長之現象。魂附隨著神往來出入，是以神爲主，魂爲附；神散，則魂不能自主。魂主要是存在肝臟，隨著血液流佈潤澤全身，但肝氣過虛會使人驚恐，肝氣過實則會使人易怒。肝臟是魂所，它的作用能使指甲與筋得到充分營養。

（四）兌象金而居西，肺藏魄

〈醫易義〉云：

> 兌象金而居西。〔註49〕

《說卦傳》曰：

> 兌，正秋也，萬物之所說也。〔註50〕

《靈樞・本神篇》曰：

> 並精出入，謂之魂。〔註51〕

《素問・五藏生成論》曰：

> 諸氣者，皆屬於肺。〔註52〕

《素問・六節藏象論》曰：

> 肺者，氣之本，魄之處也。〔註53〕

《素問・靈蘭秘典論》曰：

> 肺者，相傳之官，治節出焉。〔註54〕

〔註47〕見明・張隱庵、馬元台《馬張合註素問靈樞・本神篇》中集，第二卷，頁2。

〔註48〕見明・張隱庵、馬元台《馬張合註素問靈樞・六節藏象論篇》上集，第一卷，頁46。

〔註49〕見明・張景岳《張氏類經圖翼・類經附翼・醫易・醫易義》，頁250。

〔註50〕見宋・朱熹《易本義・說卦傳》卷四，頁71。

〔註51〕見明・張隱庵、馬元台《馬張合註素問靈樞・本神篇》中集，第二卷，頁1。

〔註52〕見明・張隱庵、馬元台《馬張合註素問靈樞・五臟生成論》上集，第二卷，頁2。

〔註53〕見明・張隱庵、馬元台《馬張合註素問靈樞・六節藏象論篇》上集，第一卷，頁46。

〔註54〕見明・張隱庵、馬元台《馬張合註素問靈樞・靈蘭秘典論》上集，第一卷，頁40。

兌卦在五行屬金，其方位在西。象徵萬物到了秋天，正是開花結果，成熟收藏之時，故人們歡喜欣悅。魄者隨著精而出入，不僅自然界之空氣，體內上下、表裏、內外之氣，均為肺所主管，故肺臟為魄儲存的地方。而且輔助心藏之運行，協調五藏六府各種組織器官，保持正常生理活動。

（五）天五地十居中央，脾藏意

〈醫易義〉云：

> 土統四氣，故意獨居中，其數惟五，而藏府五行之象，存乎其中矣。
> 〔註55〕

《易經・繫辭上傳》：

> 五位相得而各有合。〔註56〕

《素問・太陰陽明論篇》曰：

> 脾者，土也，治中央，常以四時長四藏。〔註57〕

五行中土居中位，其數五，主管其他四時之運行。其他四行隨四時而運行，惟中土無時無刻皆運行不輟，並將四時運化所生收藏，故中土乃統駇水、火、木、金四行以集大成。土位居中央，在人體內與脾藏相應，象徵人之脾胃隨時吸收運化及收藏穀氣，以提供體內臟腑之供需。

三、臟腑之五行運行

〈醫易義〉云：

> 欲知魂魄之陰陽，須識精神之有類。木火同氣，故神魂藏於東南。
> 而二八、三七同為十。金水同原，故精魄藏於西北。而一九、四六
> 同為十。〔註58〕

由此可見藏府之間，脈絡相連，生理活動相互各組織器官相協調，才能達到中和之健康狀態。此外，體內之精氣神魂魄等如五行般運行於其間，益增添生理神妙之變化。中醫認為人類的情緒反應雖屬於精神情志層面，但與人體組織器官有密切關係。正常情況下，情緒不會使人致病，但若超過正常承受

〔註55〕見明・張景岳《張氏類經圖翼・類經附翼・醫易・醫易義》，頁244。
〔註56〕見宋・朱熹《易本義・繫辭上傳》卷三，頁60。
〔註57〕見明・張隱庵、馬元台《馬張合註素問靈樞・太陰陽明篇》上集，第三卷，頁34。
〔註58〕見明・張景岳《張氏類經圖翼・類經附翼・醫易・醫易義》，頁244。

範圍，會使體內氣機、臟腑、陰陽、氣血失調，則會導致疾病的發生。如「肝主怒」，過怒則傷肝；「心主喜」，過喜則傷心；「脾主憂思」，過度憂思則傷脾；「肺主悲」，過悲則傷肺；「腎主驚或恐」，過驚（或恐）則傷腎。即內臟病變，可能會使精神失調；而精神情緒若過度反應，也會引起相關臟腑的病變。

　　中國醫藥學院中國醫學研究所王敏弘先生，在其〈《內經》五臟五志關係之臨床研究〉中利用「五志問卷」，以中醫診斷爲主，以西醫檢驗之數據爲依據，對具有肝、心、脾、肺、腎等臟之病患作調查與分析，結果顯示《內經》中所云五臟與五志之相對應果然應驗。即肝病患者易怒，心病患者易憂慮，脾病患者喜歡思慮，肺病患者容易悲傷，腎病患者容易恐懼。又情緒若過度，也會影響加重其病情。另外，情緒不僅會對臟腑有所影響，彼此之間還會互相影響，例如肺病患者不僅善怒而已，還善喜善恐。其實醫家若能確實掌握五志與五臟對應，相信在診治上必定有莫大助益。例如患肝病者，醫家應告戒勿過易怒以免影響病情。〔註59〕

第四節　易理與醫理

一、知剛柔動靜之精微，得醫用之玄妙

　　〈醫易義〉云：

　　　欲詳求夫動靜，須精察乎陰陽。動極者，鎮之以靜；陰亢者，勝之以陽。病治脉藥，須識動中有靜；聲色氣味，當知柔裡藏剛。知剛柔動靜之精微，而醫中運用之玄妙，思過半矣！〔註60〕

　　《易經・乾卦・象》：

　　　亢龍有悔，盈不可久也。〔註61〕

　　《易經・坤卦・上六》：

　　　龍戰於野，其血玄黃。象曰：龍戰於野，其道窮也。〔註62〕

凡物之動靜應與陰陽相符，若過動則應以陰治之；反之，若過陰則應以陽昇

〔註59〕參閱王敏弘撰，〈《內經》五藏五志關係之臨床研究〉，《中國醫藥學院雜誌》第四卷第2期（84年12月），頁123～127。
〔註60〕見明・張景岳《張氏類經圖翼・類經附翼・醫易・醫易義》，頁244。
〔註61〕見宋・程頤《易程傳・周易上經》第一卷，頁5。
〔註62〕見宋・程頤《易程傳・周易上經》第一卷，頁15。

之。另外，須知陰陽中復有陰陽，或剛柔中復有剛柔，故醫家治病需識陰陽剛柔之變化再予以對症下藥。所謂物極必反，亢陰亢陽，皆非正常情況，終必殃其身。應用在醫理，則須先觀察其動靜陰陽，以靜制動，以動制靜，使之趨於平衡，勿使過剛或過柔，方為治病之良策。

二、中醫培元固精，防範未然

〈醫易義〉云：

> 欲知升降之要，則宜降不宜升者，須防《剝》之再進，宜升不宜降者，當培《復》之始生。異《剝》所從衰，須從《觀》始，求《復》之漸進，宜向《臨》行。〔註63〕

氣有陰陽，故有升降，清昇濁降，陽升陰降是自然現象，然須禦防亢陰或亢陽，故氣有宜升宜降者，勿使太過。宜降者，主要是防止《剝》卦之再進，因《剝》卦再進則為《坤》卦，則陽氣殆盡。防《剝》之道，理應從《觀》卦開始預防，因其尚有二陽在上，陽氣仍充足，應培其陽。宜升者，當求《復》卦之漸進，宜向《臨》卦前進。《復》卦如果保存好，則可自此生生不息，進而為《臨》卦，則可茁壯不已，此即培《復》之道理。應用在醫學上，如中醫強調不治已病治未病，如《復》卦之培養，平時即必須注重保健，不要等到有病才求醫，為時晚矣。平時若能多保重身體，培元固精，則病無從侵犯。

三、中醫不治已病治未病

〈醫易義〉云：

> 以伸屈言之，如寒往則暑來，晝往則夜來，壯往則衰來，正往則邪來。故難易相成，是非相傾，剛柔相制，水炭相刑。知乎此，則微者甚之基，盛者衰之漸。大由小而成，遠由近而偏。故安不可以忘危，治不可以忘亂。積羽可以沉舟，群輕可以折軸。是小事不可輕，小人不可慢，而調和相濟，以一成功之道，存乎其中矣。〔註64〕

《素問·四氣調神大論》：

> 聖人不治已病治未病，不治已亂治未亂，此之謂也。夫病已成而後藥之，亂已成而後治之，譬猶渴而穿井，鬪而鑄兵，不亦晚乎！

〔註63〕見明·張景岳《張氏類經圖翼·類經附翼·醫易·醫易義》，頁244。
〔註64〕見明·張景岳《張氏類經圖翼·類經附翼·醫易·醫易義》，頁244、245。

〔註65〕

凡事有一體兩面，如寒與暑、晝與夜、壯與衰、正與邪，往往兩兩相對相生，又變化其中，相生相須，相剋又相成。故安不可忘危，治不可忘亂。微者可積大，故莫以病微而不治，所以我們應當居安思危，要有憂患意識，能防患治亂於未發生之前。所以中醫講求的是不治已病，而治未病於未萌，平常就要做好保健工作，因爲預防重於治療。

四、病理變化萬端，先辨陰陽

〈醫易義〉云：

> 以變化言之，則物生謂之化，物極謂之變。陰可以變爲陽，陽可以變爲陰。……陽始則溫，陽極則熱。陰始則涼，陰極則寒。溫則生物，熱則長物。涼則收物，寒則殺物。而變化之盛，於斯著矣。
>
> 夫以陰孕陽，以柔孕剛，以小孕大，以圓孕方，以水孕火。
>
> 庶貿次化同大象，而應用可以無方矣。〔註66〕

《易經·繫辭下傳》曰：

> 陽卦多陰，陰卦多陽〔註67〕

大凡宇宙萬物皆因變化而能生生不息，故動極則靜，陽極爲陰。因爲太極動而生陽，靜而生陰，靜極復動，動極復靜，一動一靜，相互爲根。而陰之與陽，亦非對立之體，而是相互倚伏之體。以陰孕陽，以柔孕剛，因陰孕陽也，陽孕陰也。

如張景岳《景岳全書·陰陽篇》：

> 凡診病施治，必須先審陰陽，乃爲醫之綱領。陰陽無謬，治焉有差！醫道雖繁，而可以一言蔽之者，曰陰陽而已。故證有陰陽，脈有陰陽，藥有陰陽。〔註68〕

中醫談到病理變化，必須先辨別陰陽，因爲病理雖然變化莫測，然總不離陰

〔註65〕見明·張隱庵、馬元台《馬張合註素問靈樞·四氣調神大論》上集，第一卷，頁9。

〔註66〕見明·張景岳《張氏類經圖翼·類經附翼·醫易·醫易義》，頁245。

〔註67〕見宋·朱熹《易本義·繫辭下傳》卷三，頁65。

〔註68〕見明·張景岳撰，清·葉天士批評《景岳全書·陰陽篇》上集，第一卷，頁1。

陽動靜變化之理，故醫者看病必須觀察病理之陰陽，作不可僅憑外表表徵，而忽略內在實際陰陽之病變。不僅病症有陰陽，經脈有陰陽，就連醫藥都有陰陽，故醫者不可不慎。

五、常者易之體，變者易之用

〈醫易義〉云：

> 以常變言之，則常易不易，太極之理也。變易常易，造化之動也。常易不變，而能應變。變易不常，靡不體常。是常者易之體，變者易之用。……由是以推，則屬陰屬陽者，稟受之常也。或寒或熱者，病生之變也。素大素小者，脉賦之常也。忽浮忽沉者，脉應之變。〔註69〕

> 常者易以知，變者應難識。故以寒治熱得其常，熱因熱用爲何物。痛隨利減得其常，塞因塞用爲何物。……故曰：「不通變，不足以知常。不知常，不足以通變。」知常變之道者，庶免乎依樣畫葫蘆，而可與語醫中之權矣。〔註70〕

易有不易、變易與常易。常中有變，變中有常。不變爲本體之常，變爲本體之用。是以陰陽會變，寒熱也會變，人之脈搏大小浮沉也會變。故中醫看病務求病理陰陽變化，加以變通。例如《景岳全書・傳忠錄》有云：

> 夫醫者，一心也。病者，萬象也。舉萬病之多，則醫道誠難。然而萬病之病，不過各得一病耳。〔註71〕

醫理是不變的道理，儘管病理變化萬端，但有一定軌跡可循，應有方法可治。惟醫道確實是很難的學問，但相信只要能掌握住常理與變通的道理，則醫道不遠矣。

《類經注・諸卒痛》：「痛證亦有虛實，治法亦有補瀉。」〔註72〕中醫治病，講求治必求本。所謂「常者易以知，變者應難識」，故對於陰陽之常變與正反務求明察秋毫。正治則以寒抑陽，以寒治熱；反治則以寒治寒，因其寒非眞寒，概外寒內陽也。治病最難之處，即必須審視病之眞陰眞陽。病理有陰陽虛實之異，而治法則有補瀉之不同。例如陽勝則熱，陽氣勝則產生熱性

〔註69〕見明・張景岳《張氏類經圖翼・類經附翼・醫易・醫易義》，頁245。
〔註70〕見明・張景岳《張氏類經圖翼・類經附翼・醫易・醫易義》，頁245。
〔註71〕見明・張景岳撰，清・葉天士批評《景岳全書・傳忠錄》第一卷，頁1。
〔註72〕見明・張景岳《張氏類經・疾病類・諸卒痛》第十七卷，頁374。

的病變，其病在表者，宜用寒涼之物清熱。但若屬於裏陽者，則不適用此法。因陰虛而熱甚者，所顯熱象實為陰極之病變，若再以寒治之，則裡愈衰弱，故反而應該先補陰退熱。

六、陰陽聚散是其理，剝復消長是其機

〈醫易義〉云：

> 以死生言之，則人受天地之氣以生。聚則為生，散則為死。故氣之為物，聚而有形；物之為物，散歸無象。〔註73〕

人是由天地之氣而生，氣聚化而為人形，氣散則化為無形，然而無論是形或氣均存在於天地之間。根據六十四卦推演，則陰陽變動不已，故人之生長必由陽生而至陰生陽盡。即由無形之氣始生，氣聚成形而為人，後形散復歸無形之氣。

陰陽聚合成形則生，散離則死。其實形神聚散，有其規律，並且遵循著六十四卦的軌跡而行。正當人們初生時，譬若復卦一陽之初生，為宇宙萬有生命之起源。而後人隨陽之漸長而茁壯，至乾卦則六爻皆陽，陽氣至此已極盛。又物極必反，一陰潛生於下而為姤卦，很快地，自此陽消陰長，故體力日衰，視力漸茫，至坤卦而六爻皆陰，則體陰虛弱到達了極點。人身陽盡為純陰，則神魂化為氣升於天，體魄化為形而藏諸地，《易經》早已道盡生死之道。

〈醫易義〉云：

> 陽候多語，陰證無聲；無聲者死，多語者生。魂強者多寤，魄強者多眠；多眠者少吉，多寤者易安。……陰陽聚散是其理，剝復消長是其機。而生死之道，盡乎其中矣。〔註74〕

天地有陰陽，人亦有陰陽。將陰陽應用在人體，則陽象徵生氣，陰象徵死寂。中醫從病人表象約略可得知病情之輕重，如果病人多語則表示仍然健康，少語無聲則表示病情嚴重。另外，從病人日夜睡眠之多寡，亦可判斷出其病態之輕重。日乃屬陽氣，人體應活潑好動，然而病人仍多眠，可見其病情之重。故六十四卦陰陽變化之理，無不與人體生理病理相應，故掌握住陰陽變化之

〔註73〕見明・張景岳《張氏類經圖翼・類經附翼・醫易・醫易義》，頁246。
〔註74〕見明・張景岳《張氏類經圖翼・類經附翼・醫易・醫易義》，頁246。

契機，對於病理病機實有莫大之助益。

七、卦象對中醫之啓示

〈醫易義〉云：

> 以疾病言之，則《泰》爲上下之交通，《否》爲乾坤之隔絕。《既濟》
> 爲心腎相諧，《未濟》爲陰陽各別。《大過》、《小過》，入則陰寒漸深，
> 而出爲癥瘕之象。《中孚》、《頤》卦，中如土藏不足；而頤爲臌脹之
> 象。《剝》、《復》如隔陽脫陽；《夬》、《姤》如隔陰脫陰。《觀》是陽
> 衰之漸；《遯》藏陰長之因。姑象其槩，無能贅陳。又若離火臨乾，
> 非頭即藏；若逢兌卦，口肺相連。〔註75〕

張景岳進一步將卦象及卦義實際運用到醫理以解釋。例如：

（一）《泰》為上下之交通，《否》為上下之隔絕

《泰卦·彖傳》曰：

> 泰，小往大來，吉亨。則是天地交而萬物通也，上下交而其志同也。
> 內陽而外陰，內健而外順。〔註76〕

《泰卦》之卦體爲乾下坤上。天氣下降，地氣上升，爲天地相交而萬物亨通
之象。天地陰陽之氣交通，象徵體內陽氣旺盛，體外陰氣順暢，故陰平陽秘，
精神乃治。

《否卦·彖傳》曰：

> 否，之匪人，不利君子貞。大往小來，則是天地不交而萬物不通也，
> 上下不交而天下无邦也。內陰而外陽，內柔而外剛。〔註77〕

《素問·四時調神大論》曰：

> 交通不表，萬物命故不施。不施，故名木多死。〔註78〕

故《素問·生氣通天論》曰：

> 故病久則傳化，上下不并。〔註79〕

〔註75〕見明·張景岳《張氏類經圖翼·類經附翼·醫易·醫易義》，頁246。
〔註76〕見宋·朱熹《易本義·上經》卷一，頁14。
〔註77〕見宋·朱熹《易本義·上經》卷一，頁15。
〔註78〕見明·張隱庵、馬元台《馬張合註素問靈樞·四氣調神大論》上集，第一卷，
　　　　頁7。
〔註79〕見明·張隱庵、馬元台《馬張合註素問靈樞·生氣通天論篇》上集，第一卷，
　　　　頁12。

而《否卦》之卦體剛好相反，坤下而乾上，代表天地陰陽之氣不相交，爲閉塞不通之象。陰陽不交，天地無從變化，萬物之生命無從而生，草木多死之象。好比久病不癒，疾病傳到其他部位後，體內之氣必阻絕不通，上下陰陽隔絕，精氣乃絕，則病情嚴重矣。

所以人體內有陰陽二氣，彼此相生相須不能完全隔離。陰陽二氣平衡，則全身上下之氣相交則生，否則陰陽二氣不協調，上下不相交或隔絕則死期不遠矣，故我們必須注重陰陽二氣之保養，使之平衡協調。

（二）《既濟》爲心腎相諧，《未濟》爲陰陽各別

《既濟卦·彖》曰：

> 既濟，亨。小者，亨也。利貞，剛柔正而位當也。初吉，柔得中也。
>
> 終止則亂，其道窮也。〔註80〕

《易經·說卦傳》曰：

> 坎爲水。……爲心病、爲耳痛。〔註81〕
>
> 北一水，我之精，故曰腎藏精。〔註82〕

《既濟卦》體爲離下坎上。卦體上卦爲坎水，下卦是離火。象徵火炎上，水潤下，水火得以相交化生，乃亨吉之象。《既濟卦》六爻，爲三柔三剛，一、三、五爻爲陽位，二、四、六爻爲陰位，陰陽爻皆居正當之位。上下剛柔交位，又都陰陽相互呼應，故吉。坎卦屬水代表腎臟，腎臟是藏精的地方，心與腎又相互連屬。如果腎臟功能差，則會引起心病及耳痛。

《未濟·彖傳》曰：

> 未濟，亨，柔得中也。小狐汔濟，未出中也。濡其尾，无攸利，不
>
> 續終也。雖不當位，剛柔應也。〔註83〕

《未濟卦》體爲坎下離上，離火在上，坎水在下。水性當往下流，而火性當往上蒸騰，結果水火不相交無以化生，故曰未濟。《未濟卦》，亦爲三柔三剛，但六爻陽居陰位，陰居陽位，均爲不正當之位。還好上下剛柔交位，彼此相互呼應，故《未濟卦》雖曰未濟，亦亨，因其剛柔相應，所以柔得中也。《未濟卦》水火上下不交陰陽二氣交，故應防範心病及耳痛。

〔註80〕 見宋·朱熹《易本義·下經》卷二，頁53。

〔註81〕 見宋·朱熹《易本義·上經》卷一，頁15。

〔註82〕 見明·張景岳《張氏類經圖翼·類經附翼·醫易·醫易義》，頁244。

〔註83〕 見宋·朱熹《易本義·下經》卷二，頁54。

（三）《大過》、《小過》，入則陰寒漸深

《大過・彖傳》曰：

> 大過，大者過也。棟橈，本末弱也。剛過而中，巽而說行，利有攸
> 往，乃亨。大過之時大矣哉！〔註84〕

《大過卦・象傳》曰：

> 澤滅木，大過。〔註85〕

《大過卦》中，有四陽二陰，陽爻多陰爻一倍，且陰居初爻與上爻，故名「大過」，陽太過也。《大過卦》，巽下兌上，巽爲木，兌爲澤。樹木本來需要澤水的滋潤，但兌澤反而在巽木上，淹滅了樹木，釀成了水災變成「大過」，故曰「入則陰寒漸深」，因爲小水可滋潤樹木，但大水太過反致陰寒太甚而成災，如颱風一來反而釀成災害也，故凡事應中庸即可，無使太過也。

《小過卦・彖傳》曰：

> 小過，小者過而亨也。過以利貞，與時行也。柔得中，是以小事吉
> 也。剛失位而不中。是以不可大事也。有飛鳥之象焉：飛鳥遺之音，
> 不宜上宜下，大吉，上逆而下順也。〔註86〕

《小過卦・象傳》曰：

> 山上有雷，小過。君子以行過乎恭，喪過乎哀，用過乎儉。〔註87〕

《小過》卦，卦體艮下震上，過與不及相對，都不好。《小過卦》中，有四陰二陽，陰爻多陽爻一倍，但陽爻居整個卦體三與四之中位，故仍有可爲，尚不致釀成大災難，故曰「小過」。其實太過恭謹哀傷節儉，都不好。太過與不及均不合禮節，故小過亦會逐漸招致禍害，故曰「入則陰寒漸深」，所以我們不僅應以中庸之道處世，亦應將之運用在身體保健，例如飲食應定時定量，睡眠應充足且不要熬夜，運動應適中，秉持中庸之道，使身心更加健康。

〈醫易義〉云：

> 出爲癥痞之象。〔註88〕

《景岳全書・論證》：

〔註84〕見宋・朱熹《易本義・上經》卷一，頁27。
〔註85〕見宋・朱熹《易本義・上經》卷一，頁27。
〔註86〕見宋・朱熹《易本義・下經》卷二，頁53。
〔註87〕見宋・朱熹《易本義・下經》卷二，頁53。
〔註88〕見明・張景岳《張氏類經圖翼・類經附翼・醫易・醫易義》，頁246。

惟飲食無節，以漸留滯者，多成痞積。〔註89〕

《說文》：

痞，痛也。腹內結痛。〔註90〕

《大過卦》和《小過卦》，都不合乎中庸之道，都是過，都會使陰寒之氣逐漸加深。所以飲食必須適中，否則太過會傷胃，太少又無法供應體內養分。飲食無度，就會漸漸的在體內形成癥痞的病痛。

（四）《中孚》如土藏不足，《頤》為臟脹之象

《易經・說卦傳》曰：

巽爲木爲風，⋯⋯兌爲澤，爲少女。〔註91〕

《中孚卦》體爲兌下巽上，象徵風在水澤上，中六三、六四兩中爻爲陰爻，象徵空曠虛渺，故曰「如土藏不足。」所以說《中孚卦》象徵土性不夠，不足以收藏。

《頤卦・彖傳》：

觀頤，觀其所養也，自求口實，觀其自養也。〔註92〕

而《頤卦》爲臟脹之象，《頤卦》體震下艮上。頤，有取其飲食宴樂之象。然飲食之道，應求勿太過，飲食若不節制，太過則凶。若貪戀口腹之慾，太過則病矣，故曰：「頤爲臟脹之象」，若飲食像《頤卦》那般地貪吃，肚皮鼓脹了起來，脾胃無法消化，則病生焉。

（五）《觀》是陽衰之漸，《遯》藏陰長

《觀卦・彖傳》：

大觀在上，順而巽，中正以觀天下。⋯⋯觀天之神道，而四時不忒，聖人以神道設教而天下服矣。〔註93〕

《觀卦》，卦體坤下巽上，風行地上。六爻位中有四陰二陽，故陽氣在逐漸衰弱，表示須慎防陽之消失。因爲卦中陰是陽的兩倍，故我們應隨時敬慎小心，隨時謹守聖人所設禮教，以免犯錯而招致禍害。也就是說，我們必須隨時謹

〔註89〕見明・張景岳撰，清・葉天士批評《景岳全書・論證》上集，第二十三卷，頁 2。

〔註90〕見清・段玉裁《說文解字注》，頁 355。

〔註91〕見宋・朱熹《易本義・說卦傳》卷四，頁 72。

〔註92〕見宋・朱熹《易本義・上經》卷一，頁 26。

〔註93〕見宋・朱熹《易本義・下經》卷一，頁 21。

守保健之哲學，勿因一時貪念過度飲食或過度逸樂，以免病患染身。

《易經・序卦傳》：

> 遯者，退也。〔註94〕

《遯卦・彖傳》：

> 遯，亨，遯而亨也，剛當位而應，與時行也。〔註95〕

《遯卦》體，艮下乾上。《遯卦》二陰在下，四陽在上，爲陰漸長陽漸消之象，有陰氣逐漸增強的現象。故當位者，應無太逸樂，平時當有憂患意識，要囤積實力，以免陰長陽消時，失去了一切，而後悔莫及。

中醫注重平時之保健，認爲健康是必須靠平日適當的保養。如同財富一般，必須逐日累積，切不可因富而怠惰揮霍。故我們年輕時切不可自恃身強體壯，而過度消耗體力。年輕時就應當注重保養，以免導致老年時疾病累積纏身，而後悔莫及。

（六）《剝》、《復》如隔陽脫陽，《夬》、《姤》如隔陰脫陰

《剝卦・彖傳》：

> 剝，剝也。〔註96〕

《復卦・彖傳》曰：

> 反復其道，七日來復，天行也。〔註97〕

《剝卦》體，坤下艮上，剝有剝削、耗蝕之義。六爻中自初爻至五爻皆爲陰，只有上九一陽，爲陰長陽消之象，有「脫陽」之虞，故須防剝之再進而爲坤陰。《復卦》，則有陽氣不足的現象。《復卦》，爲震下坤上。復有循環再生之象。《剝卦》僅存一陽位於上，若再進則盡爲坤，必假以時日則可「七日來復」者，因剝盡爲坤陰，物極必反，一陽始生而爲復，生機初動，一陽初動，生機盎然。然《復卦》一陽五陰，陽氣尚薄，故有「隔陽」之象。

《夬卦・彖傳》：

> 夬者，決也。〔註98〕

《姤卦・彖傳》：

〔註94〕見宋・朱熹《易本義・序卦傳》卷四，頁73。
〔註95〕見宋・朱熹《易本義・下經》卷二，頁30。
〔註96〕見宋・朱熹《易本義・上經》卷一，頁23。
〔註97〕見宋・朱熹《易本義・上經》卷一，頁24。
〔註98〕見宋・朱熹《易本義・下經》卷二，頁38。

姤，遇也，柔遇剛也。勿用，取女，不可與長也。〔註99〕

《夬卦》，爲乾下兌上，六爻有五陽在下，一陰在上。夬有決斷之意。然夬之六爻，自初至五皆陽，五陽盛長，上六一陰薄弱，故有「脫陰」之象。《姤卦》，卦體巽下乾上，六爻爲一陰在下，五陽在上。姤有相逢之義。乾天在上，巽風在下，凡暴露在天空下之物體，無不與之遭遇者。因姤卦一陰在下，自二至上爻皆陽，有陰漸長而陽漸消之象，故有「隔陰」之象。

《剝卦》與《復卦》，皆爲五陰一陽，如脫陽者，陰氣盛極，陽氣不守。故應當小心翼翼善養陽氣，儘量使之陰平陽秘，勿使陰氣再長，以致六爻全陰。《夬卦》與《姤卦》，皆爲五陽一陰，如脫陰者，陽氣盛極，會導致陰血不生。故宜補陰滋陰，勿使陽氣再旺，以致六爻全陽，如此亦可使陰平陽秘，精神乃治。也就是說不論是陰盛或陽極，最主要的原則，仍然是務必使體內之陰陽二氣調和，勿使失調，如果陽氣過盛，則須滋補陰氣，如果陰氣過盛，則須補養陽氣，使陰陽二氣中和，則百病不侵也。

（七）《離卦》火臨乾，非頭即藏，逢《兌卦》，口肺相連

《易經·說卦傳》曰：

乾爲首，……離爲目。〔註100〕

離爲火，爲日。……其於人也，爲大腹，爲乾卦。〔註101〕

《靈樞·大惑論》曰：

五藏六府之精氣，皆上注於目，而爲之精。精之窠爲眼。〔註102〕

《離卦》和《乾卦》，則離爲目，乾爲首。《離卦》方位在南，時序當在夏季。因爲臟腑之精氣匯聚於雙目，故我們必須隨時保養腦部，如果保養失當致腦部發燒，則很容易由眼睛傳變到五藏六府。

《素問·熱論》：

傷寒……五日，少陰受之，少陰脉貫腎絡於肺，繫舌本，故口燥舌乾而渴。〔註103〕

《兌卦》象口舌，口與鼻同爲呼吸器官，故曰「口肺相連」。肺臟與口舌相通，

〔註99〕見宋·朱熹《易本義·下經》卷二，頁39。
〔註100〕見宋·朱熹《易本義·說卦傳》卷四，頁71。
〔註101〕見宋·朱熹《易本義·說卦傳》卷四，頁72。
〔註102〕見明·張隱庵、馬元台《馬張合註素問靈樞·大惑論》下集，第九卷，頁15。
〔註103〕見明·張隱庵、馬元台《馬張合註素問靈樞·熱論》上集，第三卷，頁37。

故離火若逢兌澤，因口肺相連，故必須降火以保肺，勿使離火過旺而傷肺，並使之能水火相濟。否則會造成口乾舌燥的疾病，因為口舌裡的津液，是和肺部相連接的，所以口乾舌燥的病因是在肺部。所以我們必須善養肺臟，以免發生津液減少、口乾舌燥等症狀。

第六章　結　論

　　根據前文的論述，可得下列數點結論：

　　其一，《易經》以陰陽爲基礎暢論天地人之道，中國醫學乃根據《易經》思想再加以發揮，而成一個完整系統之理論。事實證明，中國醫學確實是運用《易經》的最佳成就，不僅醫學理論完備，實際運用在醫學上，更是精確無比。所謂「天地之易，外易也。身心之易，內易也。」《易經》言天地人三位一體觀念，中醫則將人歸納於內易範圍，而將天地歸納於外易範圍，所以中國醫書原本有《內經》與《外經》兩個部分，只可惜目前僅《內經》留存至今。另外，《易經》因陰陽錯綜變化而有六十四卦，其中變化哲理更是帶給中國醫學許多啓示。

　　在以前經驗傳承的上古時代，醫學與易理即有不可分的相關性，然而其關聯性僅止於以卦象解說醫理，等到《易傳》完成後，《易經》哲理更具有系統性，至此，對於中國醫學影響則更加深遠。中國醫學將《易經》六十四卦錯綜之變化，更進一步，運用在闡釋人體經脈走向、臟腑關係及生理病理現象。

　　必須注意的是，八卦有先天、後天之分，所以也分別對中國醫學產生不同的影響。大體而言，先天八卦以乾坤來定方位，主要是說明易的本體；而後天八卦則是以五行來定方位，主要是說明易的作用，諸如陰陽五行的變化，及氣候的變化對人體產生的影響。雖然內容不盡相同，然而各有其影響。

　　其二，中醫將人心視爲太極，而其他臟腑如六十四卦般環列在外，這是人體臟腑與六十四卦的對應關係。另外，將六十四卦與人生相對應，將人生分成前後期。前期由復卦至乾卦共計三十二卦，後期由姤卦至坤卦亦共計三十二卦。六十四卦之遞變，就像人生年歲之增長，藉此說明人生生長過程的各種變化。人體內有陰有陽，陰陽變動不已，故其生長軌跡亦隨時變化，譬

若日月，由初陽而陽盛，由陽盛而生陰，以迄陰極。如果我們能夠深明《易經》變化哲理，就能了解生老病死乃自然之理，以平常心坦然接受它，並運用在人生保健方面，相信我們會更樂天知命而活得更健康。

其三，易有不易、變易與常易。不變爲易之本體，變易則爲易之用。所以萬物皆會變易，陰陽會變，人體也會變，唯有眞理永恆不變，中醫講求看病須掌握陰陽變化的原則，再根據所處的環境加以變通。所以根據人體生長之規律，它是遵循著六十四卦的變化軌跡而行，亦即《易經》六十四卦卦義及卦爻變化，其實都可作爲中國醫學觀察臟腑經脈變化走向之參考。所以用《易經》變化的哲理來研究醫學，則卦象爻象，無一不是醫學的詮釋。

中國醫學非常重視陰陽調和，強調身體保養，必須注重陰陽之平衡。生病無非是陰或陽的一方偏勝，以致陰盛陽衰或陽盛陰衰的病理現象，所以只要恢復陰陽調和，則病自痊癒矣。所謂「順乎四時，養護陰陽」，所以我們平時即應當保持生活起居之正常，並配合節氣變化隨時調整作息。

《易經》六十四卦變化多端，告訴我們陰陽消長無時不在，我們應當確實掌握住陰陽變化之契機，然後權衡機宜，並適時調整，切不可一成不變，則能名哲保身。所謂「宜中有變，變即宜也；變中有宜，宜亦變也。」《易經》啓發我們變化的道理，如果我們能確實掌握陰陽變化道理，並適當的運用在醫學上，將是《易經》哲理發揮的最高境界。

參考書目

壹、專　著

一、醫　學

1. 《黃帝內經》，（唐）王冰，台北，大孚出版社，1994 年 7 月 30 日。

2. 《馬張合註素問靈樞》，（明）馬元台、張隱庵合註，台北，廣文書局，71 年 8 月初版。

3. 《張氏類經》，（明）張景岳，新文豐出版公司，1976 年 5 月。

4. 《張氏類經圖翼》，（明）張景岳，新文豐出版公司，1976 年 5 月 1 日。

5. 《葉氏批評景岳全書》，（明）張景岳撰，清葉天士批評，台北，廣文書局印行，1982 年 8 月初版。

6. 《景岳全書》，（明）張景岳，清康熙 49 年（1710 年）魯超刊本。

7. 《內經知要》，（明）李念莪、薛蘇雪，上海，商務印書館，1955 年。

8. 《新編醫宗金鑑》，（清）吳謙等，世一出版社，2001 年 11 月 1 日。

9. 《本草備要》，（清）汪昂，台北，鼎文書局，2001 年 12 月 10 日。

10. 《醫門棒喝》，（清）章楠，上海，上海古籍出版社，1997 年。

11. 《醫學實在易》，（清）陳修園，福州，福州科學技術出版社，1982 年第一版。

12. 《醫易通說》，（清）唐宗海，台中，瑞成書局，1974 年。

13. 《醫林指月》，（清）王琦，台北，集文書局，1980 年，王崔輯。

14. 《傷寒論》，（清）吳謙等著，台北，鼎文書局，2001 年 8 月 27 日初版。

15. 《圖書集成醫部全錄》（新校版），（清）陳夢雷纂，台北，新文豐出版公司，1979 年 8 月。

16. 《內經》，程士德主編，台北，知音出版社，1994 年 6 月。

17. 《黃帝內經靈樞譯解》，楊維傑，樂群出版社，1976 年 7 月。

18. 《黃帝內經素問新解》，陳太義，台北縣，國立中國醫藥研究所，1995 年 2 月 1 日。

19. 《易經與中醫學》，黃紹祖，台北，中華日報出版部，1995 年 5 月二版。

20. 《中國醫學大辭典》，謝觀，台北，台灣商務印書館，1984 年第 15 版。

21. 《中醫人物辭典》，上海，上海辭書出版社，1988 年 7 月第一版。

22. 《歷代名醫人物誌》，劉飛白編著，台北，五洲出版社，1986 年 1 月。

23. 《醫易集粹註解》，李雨春撰，台北，宋林出版社，1999 年。

24. 《新版醫宗必讀》，李中梓，台北，文光圖書公司，1998 年。

25. 《圖解中國醫學篇》，山田光胤、代田文彥著，台北縣，培琳出版社，1990 年。

26. 《認識傳統醫學的真貌》，黃崇民，台北，台灣書店，1996 年 11 月。

27. 《醫宗必讀》，李中梓，上海，上海古籍出版社，1997 年。

28. 《易學與中醫》，張其成，北京，中國書店，2001 年 1 月第二次印刷。

29. 《中國古代醫藥衛生》，魏子孝、聶莉芳著，台北，台灣商務印書館，1994 年 8 月初版第一次印刷。

30. 《中華醫藥學史》，陳立夫主編、鄭曼青、林品石編著，台北，台灣商務印書館，1982 年 11 月。

31. 《中國醫學史》，史仲序，台北，正中書局印行，國立編譯館，1984 年。

32. 《中國醫學史》，甄志亞主編，傅維康副主編，台北，知音出版社，1994 年 11 月。

33. 《中國醫學史》，陳邦賢著，台北，台灣商務印書館，1973 年 8 月臺四版。

34. 《醫方類聚》，台北，中華世界資料供應出版公司，67 年 11 月 11 日。

35. 《中醫基礎理論》，印會河、張伯訥主編，台北，知音出版社，1993 年 10 月再版。

36. 《中醫各家學說》，裘沛然、丁光迪主編，台北，知音出版社，1993 年 3 月初版。

37. 《中醫學概論》，孟景春、周仲瑛主編，台北，知音出版社，1994 年 3 月初初二刷。

38. 《傷寒論診治入門》，李家雄，台北，武陵出版，2000 年 9 月。

二、經學

1. 《太極圖書論》，王嗣槐，上海，上海古籍出版社，1997 年。

2. 《易程傳·易本義》，（宋）程頤、朱熹，台北，世界書局，1996 年 2 月出版 13 刷。

3. 《易學啓蒙》，（宋）朱熹，武陵出版社，1998 年 10 月 1 日。

4. 《周易略例一卷》，（魏）王弼，台北，大化書局，1983 年。

5. 《珍本皇極經世書》，（宋）邵雍，武陵出版社，1996 年 2 月 1 日。

6. 《河洛精蘊》，（清）江永，台北，鼎文書局，2001 年 8 月 1 日。

7. 《尚書釋義》，屈萬里，台北，中國文化大學出版部，1980 年 8 月 1 日。

8. 《易經傳》，林漢仕，台北，文史哲出版社，1994 年 12 月 1 日。

9. 《新譯周易參同契》，劉國樑注釋、黃沛榮校閱，台北，三民書局，1999 年 11 月。

10. 《點校補正經義考》，朱彝尊原著、林慶彰、蔣秋華、楊晉龍、張廣慶編審，台北，中央研究院中國文哲研究所籌備處，1999 年 8 月初版。

三、其他

1. 《說文解字注》，（清）段玉裁著，台北，藝文印書館，1997 年 4 月。

2. 《史記》，司馬遷撰，台北縣，藝文印書館，1982 年。

3. 《四庫全書總目》，台北，藝文印書館，1997 年 9 月初版七刷。

4. 《新校本漢書集注並附編二種》，台北，鼎文書局，80 年 9 月第七版。

5. 《山海經校注》，袁珂校注，台北，里仁書局，1995 年 4 月 15 日初版三刷。

6. 《叢書集成新編》，台北，新文豐出版公司，1986 年 1 月臺一版。

7. 《新譯淮南子下集》，熊禮匯注譯，台北，三民書局，1997 年 5 月初版。

8. 《中國人名大辭典》，臧勵龢，台北，臺灣商務印書館，1977 年 10 月。

貳、期刊論文

1. 〈易與醫學〉，張漁帆撰，《易學》第一卷第 2、3 期，56 年 11 月。

2. 〈臟腑學說與古天文〉，趙定理撰，《中華易學月刊》第十八卷第 1 期（總第 205 期），86 年 3 月。

3. 〈盲效「天」人略圖「易」醫錄〉，轟樹良撰，《中華易學月刊》第十八卷第 3 期（總第 206 期），86 年 4 月。

4. 〈揭示八卦預測之謎－在于「天人感應」〉（一），潤歧、朱志華撰，《中華易學月刊》第十八卷第 3 期（總第 206 期），86 年 4 月。

5. 〈《周易》的系統思想〉，周建中撰，《中華易學月刊》第十八卷第 3 期（總第 207 期），86 年 5 月。

6. 〈太素脈之易學原理初探〉，郭曉東撰，《中華易學月刊》第十八卷第 3 期（總第 207 期），86 年 5 月。

7. 〈三焦太玄淺說〉，謝作權撰，《中華易學月刊》第十八卷第 4 期（總第 208 期），86 年 6 月。

8. 〈談中醫的「內在病因」〉，陳紬藝撰，《中國醫藥研究叢刊》第 8 期，68 年 9 月。

9. 〈易理鍼灸學—簡易針療法〉，陳照撰，《中國醫藥研究叢刊》第 10 期，68 年 10 月。

10. 〈根據傳統中的生理學說對先天原氣之研究〉，許昇峰、張榮森、黃維三撰，《中國醫藥研究叢刊》第 15 期，82 年 6 月。

11. 〈《內經》五臟五志關係之臨床研究〉，王敏弘撰，《中國醫藥學院雜誌》第四卷第 2 期，84 年 12 月。

12. 〈易道陰陽，衍化醫學〉，德林撰，《華岡易學》第 5 期，79 年 3 月。

13. 〈南朝醫家入仕北朝之探討—唐代醫學淵源考論之一〉，范家偉撰，《漢學研究》第十八卷第 2 期，89 年 12 月。

14. 〈中醫學之特質〉（續），胡鵬菜撰，《中國醫藥雜誌雙月刊》第九卷第 1 期，59 年 8 月。

15. 〈醫療行善：中國醫學道德傳統的詮釋〉，張大慶撰，《中外醫學哲學》第二卷第 2 期，1995 年 5 月。

16. 〈中醫古籍簡介：《內經》〉，吳國定撰，《新醫潮》第 10 期，69 年 8 月。

17. 〈中醫古籍簡介：《難經》〉，吳國定撰，《新醫潮》第 10 期，69 年 8 月。

18. 〈中醫古籍簡介：《傷寒雜病論》〉，包天白撰，《新醫潮》第 10 期，69 年 8 月。